LA PARODIA EN LA NUEVA NOVELA

PURDUE UNIVERSITY MONOGRAPHS IN ROMANCE LANGUAGES

William M. Whitby, Editor Emeritus
Howard Mancing, General Editor
Enrique Caracciolo-Trejo and Djelal Kadir, Editors for Spanish
Allan H. Pasco and Allen G. Wood, Editors for French

Associate Editors

I. French

Max Aprile, Purdue University
Paul Benhamou, Purdue University
Willard Bohn, Illinois State University
Gerard J. Brault, Pennsylvania State University
Germaine Brée, Wake Forest University
Victor Brombert, Princeton University
Ursula Franklin, Grand Valley State College
Floyd F. Gray, University of Michigan
Gerald Herman, University of California, Davis
Michael Issacharoff, University of Western Ontario
Thomas E. Kelly, Purdue University
Milorad R. Margitić, Wake Forest University
Bruce A. Morrissette, University of Chicago
Roy Jay Nelson, University of Michigan
Glyn P. Norton, Williams College
David Lee Rubin, University of Virginia
Murray Sachs, Brandeis University
English Showalter, Jr., Rutgers University, Camden
Donald Stone, Jr., Harvard University

II. Spanish

J. B. Avalle-Arce, University of California, Santa Barbara
Rica Brown, M.A., Oxon
Frank P. Casa, University of Michigan
James O. Crosby, Florida International University
Alan D. Deyermond, Westfield College (University of London)
David T. Gies, University of Virginia
Roberto González Echevarría, Yale University
Thomas R. Hart, University of Oregon
David K. Herzberger, University of Connecticut
Floyd F. Merrell, Purdue University
Geoffrey Ribbans, Brown University
Elias L. Rivers, SUNY, Stony Brook
Francisco Ruiz Ramón, Vanderbilt University
J. M. Sobrer, Indiana University
Bruce W. Wardropper, Duke University

Volume 34

Elżbieta Skłodowska

La parodia en la nueva novela hispanoamericana (1960-1985)

ELŻBIETA SKŁODOWSKA

LA PARODIA EN LA NUEVA NOVELA HISPANOAMERICANA
(1960-1985)

JOHN BENJAMINS PUBLISHING COMPANY
Amsterdam/Philadelphia

1991

Ilustración de cubierta: Jorge Enciso (d. 1969), *Design Motifs of Ancient Mexico*, Dover Pictorial Archive Series (1947; New York: Dover, 1953).
© 1947 Jorge Enciso © 1953 Dover Publications, Inc.

Library of Congress Cataloging in Publication Data

Skłodowska, Elżbieta.
 La parodia en la nueva novela hispanoamericana (1960-1985) / Elżbieta Skłodowska.
   p. cm. -- (Purdue University monographs in Romance languages, ISSN 0165-8743; v. 34)
 Includes bibliographical references and index.
 1. Spanish American fiction -- 20th century -- History and criticism. 2. Parody. 3. Fiction -- Technique. I. Title. II. Series.
 PQ7082.N7S57   1991
 863 -- dc 20   90-28664
 ISBN 90 272 1753 X (Eur.) / ISBN 1-55619-087-5 (US) (alk. paper) (hardbd.)   CIP

© Copyright 1991 - John Benjamins B.V.
No part of this book may be reproduced in any form, by print, photoprint, microfilm, or any other means, without written permission from the publisher.

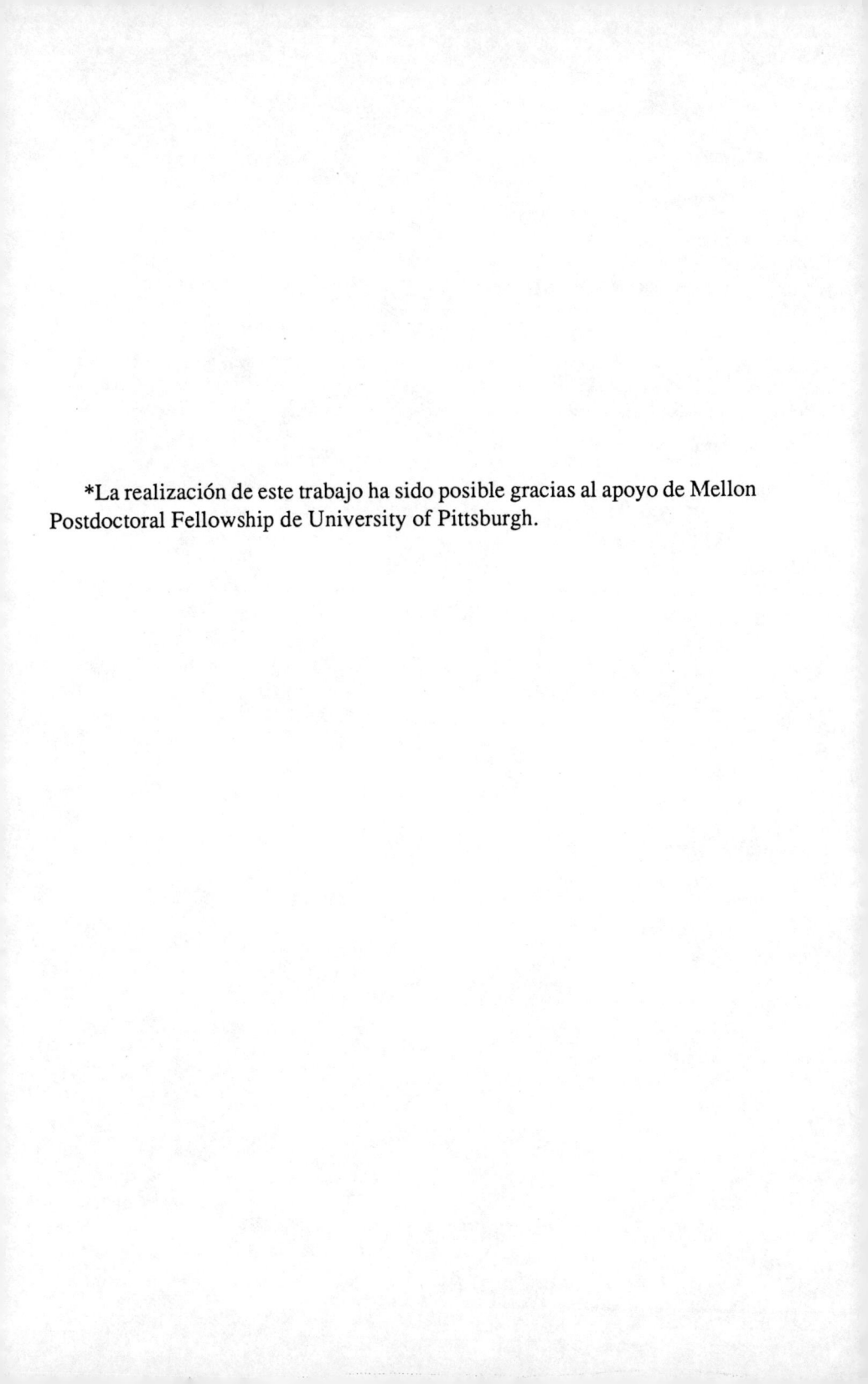

*La realización de este trabajo ha sido posible gracias al apoyo de Mellon Postdoctoral Fellowship de University of Pittsburgh.

Indice

Introducción .... *ix*

1. En torno al concepto de parodia 1
   1.1. La evolución del concepto de parodia: un bosquejo histórico 1
   1.2. Hacia una definición de la parodia literaria postvanguardista 8
   1.3. La parodia como factor de evolución literaria en la novela hispanoamericana 15

2. La novela histórica revisitada: parodia y reescritura 25
   2.1. Novela: historia y ficción 25
   2.2. El (re)descubrimiento de América: *Crónica del descubrimiento* y *Los perros del paraíso* 34
   2.3. *El mundo alucinante*: poética y política de autoparodia 43
   2.4. *Pepe Botellas* y *Los relámpagos de agosto*: sátira paródica y transformación de la historia 50

3. *Ethos ludens* y la parodia total 63
   3.1. Metaficción–parodia–juego: algunas aproximaciones a la narrativa auto-reflexiva 63
   3.2. Bajo el lema de "parodio no por odio": *Tres tristes tigres* y el narcisismo total 70
   3.3. *Cómico de la lengua* y *Cuadernos de gofa*: *ethos ludens* paródico y el placer del texto 77

4. Del anacronismo a *le scriptible*: la parodia como renovación 91
   4.1. *Postmodernism*, post-boom, parodia: agotamiento y renovación ... 91
   4.2. Parodia como exorcismo: *El bazar de los idiotas*, *Breve historia*

de todas las cosas y *Enciclopedia de latinoamericana omnisciencia* 95
4.3. *La misteriosa desaparición de la marquesita de Loria* y *Galaor*: límites de una reescritura paródica 101
4.4. Del anacronismo a *le scriptible*: la sátira paródica en *Pantaleón y las visitadoras*, *Evangelio de Lucas Gavilán* y *De dioses, hombrecitos y policías* 105

5. Transgresión paródica de la fórmula policial 111
   5.1. La fórmula policial y su trayectoria en la narrativa hispanoamericana 111
   5.2. Ibargüengoitia y Giardinelli: reconocimiento y cuestionamiento de la novela negra 120
   5.3. *De paso*: la voluntad paródica y el *thriller* político 127
   5.4. *Triste, solitario y final*: parodia como homenaje 133

6. La escritura femenina: una contra-corriente paródica 141
   6.1. Parodia como subversión: en torno al discurso femenino en la nueva novela hispanoamericana 141
   6.2. *Hagiografía de Narcisa la Bella*: parodia satírica como (auto)destrucción grotesca 146
   6.3. *La casa de los espíritus*: parodia como reescritura sin venganza .. 152
   6.4. *Como en la guerra* y *Lumpérica*: operación paródica "como en la guerra" 155

Conclusiones 169
Notas 175
Bibliografía 197
Indice alfabético 213

Introducción

La novelística hispanoamericana del último cuarto de siglo (1960-85) constituye un fenómeno que —a pesar de su heterogeneidad estética e ideológica— suele conceptuarse sea en términos comerciales (boom/post-boom), sea histórico-literarios (nueva/novísima narrativa).[1] Aunque la falta de distancia temporal implica una evaluación de procesos literarios *in statu nascendi,* en la terminología empleada en ambas aproximaciones se percibe la noción de evolución, con una línea divisoria más o menos a mediados de los setenta: el boom / la nueva novela están interpretados como producto de la década optimista de expectativas socio-políticas, mientras que el post-boom/la novísima novela aparecen como frutos de la disociación del proyecto revolucionario en la época marcada por las dictaduras y el exilio.[2]

Si bien la noción del boom nos parece menos apropiada para un análisis de tendencias literarias que el término "nueva novela," en las páginas que siguen no nos será posible prescindir por completo de ese concepto que —aunque prestado del mundo del *marketing*— se ha convertido en sinónimo de la narrativa de los sesenta. Al margen de estas vacilaciones taxonómicas vale la pena, tal vez, evocar una advertencia de Octavio Paz: "Los hombres nunca han sabido el nombre del tiempo en que viven y nosotros no somos una excepción a esta regla universal."[3]

En el presente trabajo hemos favorecido, pues, el término "nueva novela" para designar un conjunto de tendencias estéticas que llegaron a predominar en la producción novelística hispanoamericana a partir de los años sesenta. Aunque tanto la noción del boom como la de la nueva novela implican una homogeneidad estética e ideológica inexistente en la praxis literaria, podemos afirmar que el agotamiento y la transgresión de la fórmula (neo)realista constituyen el denominador común de numerosas novelas publicadas en esta época. Bajo el rótulo de la nueva novela hispanoamericana entendemos, por lo tanto, una *intensificación* de varias tendencias estéticas antirrealistas que ya habían sido anticipadas por la vanguardia poética (Vicente Huidobro, César Vallejo, Pablo Neruda) y narrativa (Jaime Torres Bodet, Macedonio Fernández, el mismo Huidobro) de 1920-30.[4] Entre los precursores más inmediatos habrá que incluir a Jorge Luis Borges con su exploración de lo fantástico, a Alejo Carpentier y Miguel Angel Asturias con su proyecto de americanización del surrealismo (lo real maravilloso americano), a Juan Carlos Onetti y Ernesto Sábato y su experimentación con el existencialismo francés. La reelaboración de las estrategias narrativas de John Dos Passos y William Faulkner en *Al filo del agua* de Agustín Yáñez y el realismo mágico de *Pedro Páramo* de Juan Rulfo se suman a esta vasta corriente que intenta trascender la rigidez positivista de la novela.[5]

El cuadro de las tendencias precursoras de la nueva novela no sería completo si al realismo subjetivo y a la literatura fantástica o mítica no agregáramos las numerosas reflexiones metaliterarias de Borges y la ciencia ficción autoconsciente de Adolfo Bioy Casares (*Invención de Morel, Plan de evasión*) así como la parodia totalizante de Leopoldo Marechal (*Adán Buenosayres*), todas ellas fundamentales para la formación del concepto intelectual, lúdico y altamente irónico de la escritura.

Los años sesenta en las letras de Hispanoamérica deben tratarse, por cierto, como una etapa de la evolución literaria caracterizada por la dominación de la escritura experimental, antirrealista, pero no desvinculada del contexto socio-histórico. Inclusive las obras que "prescinde[n] de la historia o la subordina[n] a una búsqueda formalista casi exasperada" parecen preservar lo que Edward Said llama "enraizamiento mundano del texto" (*worldliness*).[6] Según ha observado Fernando Ainsa, la nueva novela se destaca por su "capacidad de incorporar lo mejor de las vanguardias europeas para una mejor expresión de lo americano."[7]

Si bien el marco de nuestro trabajo no nos permite abordar los complejos problemas de la sociología de literatura, habrá que recordar que el surgimiento y la subsiguiente institucionalización de la nueva narrativa tienen que verse también en términos extraliterarios. En otras palabras, la transferencia del centro de gravedad estética que se da en la nueva novela no surge en el vacío, sino en un contexto marcado por tales eventos y procesos como la revolución cubana, la expansión urbana, el desarrollo de los medios masivos de comunicación, el creciente interés mundial por América Latina y, en consecuencia, la consagración de algunos autores por el aparato publicitario de las "metrópolis culturales" de Europa y Norteamérica.

Introducción

Los deslindes que acabamos de establecer con respecto al título de nuestro trabajo parecen muy rudimentarios, pero son necesarios por varias razones. En primer lugar, debido a la manipulación crítica-editorial, los términos "nueva novela hispanoamericana" y "boom" durante muchos años han sido empleados casi indistintamente y comúnmente abusados. Otra secuela de una falta de precisión terminológica se deja notar todavía en la igualación entre "novela hispanoamericana" y "literatura latinoamericana." Por cierto, es una sustitución metonímica deceptiva y totalmente ilegítima en un continente de varios idiomas donde a la sombra del canon narrativo va desarrollándose una abundante producción lírica, ensayística y dramática.

Para evitar equívocos y no exacerbar la existente confusión terminológica habrá que hacer un par de aclaraciones más específicas con respecto a nuestro tema. En primer lugar, la noción de la "nueva novela" no debe identificarse con el *nouveau roman,* aunque la deuda de algunos escritores hispanoamericanos con las técnicas objetivistas francesas es notable (Vicente Leñero, Severo Sarduy, Salvador Garmendia, Guillermo Cabrera Infante). En segundo lugar, el adjetivo *hispanoamericana* no pretende reducir la novelística de los países hispanohablantes al común denominador del "continente mestizo." La coexistencia conflictiva en el seno del mundo hispanoamericano de la tendencia unificadora "centrípeta" (la lengua española, el pasado colonial común, la dependencia neocolonial) con las fuerzas diversificadoras "centrífugas" (el patrimonio cultural precolombino, las influencias africanas, la inmigración europea, la configuración geográfica, etc.) nos hará reparar siempre en las características de las literaturas nacionales y regionales.

No es el propósito del presente estudio desenmarañar el complejo cuadro cultural de Hispanoamérica, pero en nuestro análisis siempre vamos a tener presente "la diversidad y la unidad" del contexto del cual han surgido novelas concretas. Por otro lado, si bien reconocemos la difusión de la estética antirrealista como signo distintivo de la nueva novelística, procuraremos desentrañar también los principios constitutivos de cada discurso y la especificidad de respuestas artísticas individuales frente al heterogéneo material preexistente al texto.

Es importante subrayar que la nueva novela no representa un modelo rígido, sino más bien una *summa* heterogénea de tendencias cuyo rasgo distintivo es el desafío con respecto al realismo decimonónico. Tal transgresión tiene que verse como resultado de la preocupación de los escritores "por las estructuras narrativas, por la función social del lenguaje, por la continuidad o discontinuidad de una tradición literaria en Hispanoamérica."[8] De los numerosos estudios al respecto hemos tratado de sacar en claro las características más representativas de la nueva novela. En lugar de una definición nos proponemos tan sólo establecer una noción aproximativa de la nueva novela hispanoamericana, una posible piedra de toque de su "novedad."

Simplificando al máximo, el consenso en cuanto a los rasgos de la nueva novela hispanoamericana sería, pues, el siguiente:

—la sustitución del principio causa-efecto por la narración fragmentaria y de la secuencia por la simultaneidad (*non sequitur*, multiperspectivismo, diferenciación tipográfica, trama acronológica);

—la desintegración del personaje y su frecuente reducción paródica al estatus de un antihéroe o un ser marginal;

—la coexistencia ambigua y conflictiva del orden real con el sobrenatural (imaginación, fantasía, magia, mito);

—la activación del lector;

—el texto concebido como laberinto, rompecabezas, misterio; "novelas que quieren burlar el concepto mismo de la novela" (Fernando Alegría);

—el concepto intelectual y erudito de la escritura en cuanto re-lectura (intertextualidad en cuanto "ansiedad de la influencia" en el sentido de Harold Bloom);

—la inclusión de meditaciones metaliterarias en el *corpus* narrativo;

—la interpretación del lenguaje no como reflejo, sino como refracción arbitraria de la realidad y, en consecuencia, el ejercicio de la libertad lingüística por medio de la vertiginosa experimentación formal (neologismos, yuxtaposición del lenguaje coloquial y culto, anacronismos, juegos de palabras, sintaxis barroca, etc.);

—la transgresión del regionalismo hacia el nivel más universal gracias al empleo de ideas inspiradas por el pensamiento moderno (psicoanálisis, existencialismo, teoría de la relatividad, estructuralismo lingüístico y antropológico);

—el creciente eclecticismo formal vinculado al fenómeno de *silva rerum* y "mímesis formal" (en términos de Michał Głowiński: influencia mutua entre los medios expresivos de varias disciplinas, por ejemplo de la sociología y de la literatura);

—la preservación de la tendencia crítico-social de la narrativa realista tradicional, pero con más hincapié que en aquélla en la eficacia crítica del humor;

Introducción

—la sucesiva incorporación —con frecuencia a través del discurso oral— de las manifestaciones literarias o culturales anteriormente marginadas (la subcultura juvenil, la cultura judía, la experiencia femenina).[9]

El marco cronológico de nuestro estudio (1960-85) no implica que la poética de la nueva novela que acabamos de esbozar se agote entre estas fechas. Si consideramos la nueva novela como una etapa de la evolución literaria que empezó a gestarse en Hispanoamérica ya en la época modernizadora vanguardista (1920-30), vamos a notar que precisamente a principios de los sesenta —todavía antes de que *La ciudad y los perros* de Mario Vargas Llosa iniciara el boom gracias al Premio de la Biblioteca Breve de Seix Barral— aparecieron varias novelas cuyo valor artístico aseguró la consolidación y el reconocimiento de la nueva estética. Así pues, tras la publicación de *La región más transparente* (1958) Carlos Fuentes dio a conocer *La muerte de Artemio Cruz* (1962), Carpentier reforzó su renombre de experimentador con *El siglo de las luces* (1962), Augusto Roa Bastos publicó *Hijo de hombre* (1960), Sábato *Sobre héroes y tumbas* (1962) y Onetti *El astillero* (1961). Esta nómina de novelas indica que el año 1960 puede marcar con cierta legitimidad el punto de partida para nuestra investigación.

Algo más problemático es el año 1985 que cierra nuestras reflexiones. Si hemos juzgado importante analizar aquí algunas novelas de los años 80, inclusive so pena de no ser capaces de suministrar una visión sintética de esta novísima narrativa, es para buscar en estos textos muy recientes y apenas estudiados atisbos de la innovación y discernir mecanismos de la evolución literaria.

A pesar del agotamiento del boom editorial y publicitario —fechado por algunos críticos hacia 1972-73[10]—, la estética de la nueva novela parece seguir una evolución que puede justificar el uso del término "novísima novela" para designar una parte de la producción novelística hispanoamericana a partir de mediados de los setenta. El concepto está funcionando con la misma suerte que la noción del post-boom: no está bien delineado, pero algunos escritores (Mempo Giardinelli, Antonio Skármeta) se autodefinen precisamente como "novísimos."[11]

La nueva y novísima novela hispanoamericana ha despertado un enorme interés crítico, pero desigualmente distribuido. Han sido publicadas y siguen apareciendo monografías dedicadas a los más destacados novelistas, estudios que trazan y revisan la historia del género, analizan sus manifestaciones nacionales o ahondan en los aspectos concretos de estética e ideología novelesca (el realismo mágico, el barroquismo, el tema de la violencia y de la dictadura han merecido una atención particular de la crítica).

Frente a esta proliferación de comentarios sobre la nueva novela hispanoamericana, parece sorprendente que no exista hasta la fecha una monografía sobre la dimensión paródica de la misma. Es cierto que la cuestión de la parodia aparece aludida en numerosos artículos, pero en la mayoría de los casos tan sólo de soslayo o con respecto a un texto específico o autor concreto. Las contribuciones al estudio de la parodia, carnavalización, ironía y sátira dotadas tanto de rigor metodológico como de un enfoque más amplio son todavía relativamente escasas (Alfred J. MacAdam, Emir Rodríguez Monegal, Jonathan Tittler, Lucille Kerr).[12] De ahí que a lo largo de nuestro trabajo procuraremos demostrar que este aspecto de la narrativa hispanoamericana reciente sí merece una atención crítica más sistemática, sobre todo debido a sus complejas implicaciones estéticas e ideológicas en el marco de la escritura moderna.

El propósito del presente estudio consiste en proporcionar una visión comprensiva de la nueva novela hispanoamericana con enfoque particular sobre su aspecto paródico. La parodia constituye, pues, el eje estructurador de nuestro proyecto y el común denominador de las obras analizadas, aunque de ningún modo pretendemos reducir la esencia del género novelístico a su parodicidad. A través de una amplia selección de novelas publicadas en momentos distintos del último cuarto de siglo y procedentes de varios países hispanoamericanos intentaremos demostrar —sin pretender una nómina completa de títulos y autores— la variedad de la escritura paródica y su carácter nada incidental en la estética de la nueva y novísima novela.

Obviamente, como cualquier selección, también ésta implica una manipulación inexorable. Junto a las omisiones involuntarias habrá también otras, deliberadas, que son resultado de algunas de las premisas de nuestro trabajo: la necesidad de explorar varias literaturas nacionales y distintas tendencias estético-ideológicas (dimensión globalizadora, sintética) junto al objetivo de poner de relieve la originalidad de las soluciones artísticas concretas (dimensión analítica). Por otra parte, el principio de "favorecer" a los escritores descuidados por la crítica nos ha llevado a dejar fuera a algunos autores cuya obra pudiera ser analizada como ejemplificación de la escritura paródica. Siguiendo esta premisa, hemos llegado a la conclusión de que —a la luz de la bibliografía existente— sería redundante volver sobre el tratamiento

Introducción

paródico de la literatura popular (el folletín, la novela policial) en las novelas de Manuel Puig, así como detenernos en las versiones satírico-paródicas de la cultura anglófila puertorriqueña (Luis Rafael Sánchez) o comentar de nuevo la parodia de los radioteatros en *La tía Julia y el escribidor* de Vargas Llosa. Tampoco requieren una discusión particular los aspectos paródicos de la integración de la contra-cultura juvenil por los escritores de la Onda mexicana (Gustavo Sáinz, José Agustín). Hemos limitado también al mínimo nuestras observaciones sobre aspectos paródicos de *Rayuela* de Julio Cortázar y de las novelas dictatoriales más reconocidas (*El otoño del patriarca* de Gabriel García Márquez, *El recurso del método* de Carpentier, *Yo el Supremo* de Roa Bastos) que cuentan hoy con una voluminosa bibliografía crítica.

Nos ocuparemos de textos por lo general bien estudiados sólo cuando el tratamiento crítico de sus aspectos paródicos nos ha parecido insuficiente (*Tres tristes tigres* de Cabrera Infante, *El mundo alucinante* de Reinaldo Arenas, *Pantaleón y las visitadoras* de Vargas Llosa, *La casa de los espíritus* de Isabel Allende). Por cierto, el presente estudio no pretende subsanar los descuidos críticos con respecto a la literatura hispanoamericana. El enfoque específico de nuestro estudio nos permitirá, sin embargo, dedicar algunas observaciones a una de las modalidades narrativas que David William Foster considera descuidadas,[13] puesto que en el capítulo 5 analizaremos ciertas variantes paródicas de la literatura policial.

Por lo demás, desde el punto de vista metodológico nuestro estudio es también una modesta tentativa de conciliar dos tendencias que con frecuencia aparecen separadas en los estudios literarios, según apunta al respecto John S. Brushwood:

> Encuentro dos fenómenos inquietantes en los estudios literarios en esta época de teoría. Uno es el gran número de ensayos que son análisis de obras individuales. Muchos de ellos son muy esclarecedores, pero me pregunto si la literatura puede ser estudiada con resultados óptimos si se presta tanta atención a los árboles y tan poco al bosque.... El otro fenómeno cuestionable es el que yo llamaría la "generalización selectiva." Me refiero al estudio género/período que propone una definición del género/período seleccionando sólo las obras que satisfacen.[14]

Siendo nosotros mismos producto de "esta época de teoría," hemos optado por abrir nuestras consideraciones con lo ineludible, o sea un capítulo dedicado a la revisión crítica de varias aproximaciones a la parodia (Yuri Tinianov, Víctor Shklovski, Mijail Bajtin, Linda Hutcheon, Margaret Rose, Gérard Genette, David Kiremidjian, Claude Bouché, Henryk Markiewicz, Jerzy Ziomek, entre otros), con hincapié en las complicadas relaciones de la parodia con el humor, la ironía y la sátira. Siguiendo a los formalistas rusos y a Bajtin vamos a fijarnos en el papel de la parodia en el proceso de la "marginalización del canon y la canonización de lo marginal" en la literatura y poner de relieve el mecanismo de la carnavalización.

El bosquejo histórico que cierra el capítulo introductorio constituye una ilustración del proceso de la evolución literaria en el contexto hispanoamericano: sirve para realzar la función de la parodia en la transformación del género novelístico en Hispanoamérica y para demostrar cómo los contenidos básicos del discurso de la nueva novela han ido formulándose a partir de la vanguardia para intensificarse en la década del sesenta. A lo largo del capítulo se subraya no solamente el aspecto formal, retórico de la parodia, sino también el proteísmo de sus atributos definidores y la necesidad de estudiar sus implicaciones ideológicas en textos concretos.

Los capítulos 2-6 van a la raíz del problema, o sea están dedicados al escrutinio de 25 novelas publicadas en la época de 1960-85, que representan varias literaturas nacionales de Hispanoamérica (México, Cuba, Argentina, Colombia, Chile, Perú, Uruguay). El denominador común de las novelas analizadas en capítulos 2 y 5 es el más homogéneo, puesto que en ambos casos el pre-texto sometido a la transgresión paródica está constituído por un *corpus* de convenciones genéricas (el discurso histórico y la novela policial, respectivamente).

Así pues, en el capítulo 2 —tras una breve presentación de la evolución del concepto "novela histórica" y unas reflexiones sobre el género novelístico como tal— examinamos la reescritura de la historia hispanoamericana y los modos de su articulación en la especificidad de cuatro obras. A la luz de la tradición de la novela histórica y en relación al sustrato de la realidad hispanoamericana estudiamos la praxis de la sátira paródica en *Los relámpagos de agosto* de Jorge Ibargüengoitia y la vehemente reescritura de la historia más reciente en *Pepe Botellas* de Gustavo Alvarez Gardeazábal. En la plurivalente autoparodia de *Los perros del paraíso* de Abel Posse, en *El mundo alucinante* de Arenas y en el humorismo de *Crónica del descubrimiento* de Alejandro Paternain percibimos tanto un cuestionamiento de la historiografía oficial como una profunda auto-reflexión.

Introducción

Las obras estudiadas en los capítulos 3 y 4 comparten un rasgo fundamental —son esencialmente auto-referenciales. En el capítulo 3 —tras una síntesis teórica del vasto repertorio de la metaficción postvanguardista[15]— se agrupan novelas que deconstruyen la escritura mimética a través de la parodia verdaderamente total, que se manifiesta sobre todo a través de las referencias intertextuales (*Tres tristes tigres* de Cabrera Infante, *Cuadernos de gofa* de Hugo Hiriart, *Cómico de la lengua* de Néstor Sánchez). Este capítulo sirve también para ahondar en los aspectos lúdicos de la escritura paródica y en las distintas dimensiones de lo metaliterario (auto-reflexión, autoconciencia, autoparodia, auto-referencialidad).

A su vez, cada uno de los textos metaliterarios que comparten el espacio del capítulo 4 va edificando su parodicidad a base de un solo modelo en vez de barajar un sinfín de antecedentes. Muchas de las novelas agrupadas bajo la rúbrica "Del anacronismo a *le scriptible*" nos remiten a sus propios pre-textos con el objetivo de demostrar lo obsoleto de algunas formas literarias y señalar la necesidad o la posibilidad de reescribirlas de acuerdo con las condiciones históricas actuales, de convertirlas en lo que Roland Barthes denomina *le scriptible*.[16] Dado su carácter autotemático, todas estas obras se caracterizan por un explícito planteo interdiscursivo, una obliteración de lo referencial y el despliegue de un repertorio exhaustivo de artilugios paródicos.

Así pues, Hiriart parodia en *Galaor* las novelas de caballerías, en *La misteriosa desaparición de la marquesita de Loria* José Donoso evoca "con diferencia crítica" los manierismos del modernismo hispánico, Vargas Llosa y Humberto Costantini elaboran el modelo de la epopeya burlesca (*mock epic*) en *Pantaleón y las visitadoras* y *De dioses, hombres y policías,* respectivamente, mientras que Leñero anuncia el carácter de su reescritura ya a partir del título de su novela, *Evangelio de Lucas Gavilán*. Dos novelas colombianas —*Breve historia de todas las cosas* de Marco Tulio Aguilera Garramuño y *El bazar de los idiotas* de Alvarez Gardeazábal— se enfrentan con irreverencia al discurso mágico-realista del boom, mientras que *Enciclopedia de latinoamericana omnisciencia* de Federico Arana lleva a una exacerbación realmente postvanguardista una burla de todo tipo de modelos discursivos totalizantes (realismo, mito, americanismo).

El escrutinio comparativo de una selección tan amplia de novelas nos servirá para comentar la variedad de recursos retóricos empleados por el "parodiante" postvanguardista y el amplio registro de las implicaciones ideológicas de esta práctica. Por otro lado, vamos a interpretar la proliferación de la práctica paródica en la década del setenta en términos diacrónicos de la evolución literaria, buscando el parteaguas estético entre la nueva y la novísima narrativa.

En el capítulo 5 proponemos una reflexión sobre el auge de la novelística policial hispanoamericana. Una vez trazados los lineamientos generales del desarrollo de esta modalidad narrativa en Hispanoamérica nos detenemos sobre el análisis de los procedimientos paródicos en *Las muertas* y *Dos crímenes* de Ibargüengoitia, *De paso* de Paco Ignacio Taibo II, *La luna caliente* de Giardinelli y *Triste, solitario y final* de Osvaldo Soriano. El objetivo de este escrutinio consiste también en captar el papel creativo de la parodia en la transgresión de una fórmula de literatura popular y la "elevación" estética de la misma.

En el capítulo final proponemos un criterio estructurador un tanto diferente: hemos considerado que la escritura femenina no solamente puede constituir un punto de enlace entre distintas novelas, sino también —debido a su perspectiva periférica, descentrada— demuestra una inherente actitud contestataria con respecto a los modelos consagrados de la ideología dominante (racionalista, masculina, machista). En el capítulo 6 se yuxtaponen, pues, cuatro novelas escritas por mujeres: *Hagiografía de Narcisa la Bella* de Mireya Robles, *La casa de los espíritus* de Allende, *Lumpérica* de Diamela Eltit y *Como en la guerra* de Luisa Valenzuela. Debemos subrayar que a pesar de los evidentes cambios en el canon literario hispanoamericano hasta la fecha, la escritura femenina no representa una estética dominante, sino marginal. Por lo tanto, más aún que con respecto a otros textos aquí comentados, esperamos en el modesto marco del presente estudio poder hacer justicia a estas novelas femeninas que recurren a la parodia para encontrar una expresión propia y para desmitificar los prejuicios profundamente arraigados en la cultura hispanoamericana.

Las páginas que siguen intentan encarar una diversidad de problemas estéticos e ideológicos a través del prisma de la parodia. Es cierto que en los años recientes se ha venido estudiando la narrativa femenina, la subliteratura, la metaficción y la reescritura de la historia, pero sin poner de relieve su entrelazamiento con la práctica paródica. A nosotros nos interesa en esta oportunidad revelar las diversas facetas de la práctica paródica y plantear la preeminencia de las operaciones paródicas en la nueva/novísima novela hispanoamericana —sobre todo a partir de mediados del setenta— no como signo de su epigonía, sino más bien de su innovación. También nos proponemos demostrar con ejemplos concretos que lo que confiere vigencia a este tipo de literatura paródica —aparentemente ensimismada y elitista— es su inserción en el espacio socio-histórico complejo y su capacidad de engarzar lo extraliterario con lo estético en la mejor tradición hispanoamericana de contestación del poder.[17]

1
En torno al concepto de parodia

1.1. LA EVOLUCION DEL CONCEPTO DE PARODIA: UN BOSQUEJO HISTORICO

Aunque el interés crítico por la parodia que se ha dado en los últimos años es un fenómeno sin precedentes —particularmente en relación al florecimiento en el mundo occidental de la llamada estética *postmoderna*— la bibliografía preexistente sobre el tema es abundante y de ningún modo puede limitarse a las monografías recientes.[1] No obstante, los críticos señalan la falta de una aproximación exhaustiva a la evolución de la parodia (Clive Thomson) y la imprecisión taxonómica imperante (Joseph A. Dane).[2] Si bien es cierto que el escrutinio de los estudios de varias épocas puede desconcertar a cualquier crítico empeñado en construir una poética general, la lectura diacrónica de estas teorías permite al menos reparar en dos características fundamentales de la parodia: su dinamismo histórico y la plasticidad de su práctica textual.

Ningún ensayo escrito desde una problemática unificadora de la parodia puede ignorar el desarrollo histórico de este concepto. El bosquejo de las teorías que presentamos a continuación no puede ni debe llevarnos a una definición transhistórica o ahistórica de la parodia, sino hacia su acepción *postvanguardista (postmoderna)*. Por otro lado, habrá que recordar que las teorías más congruentes y serias de la parodia se basen en las interpretaciones del arte y de las letras angloamericanas, francesas, alemanas y rusas, por lo cual su aplicación a la escritura hispanoamericana no puede ser de ningún modo automática.

Si bien el escrutinio de la parodia moderna se halla todavía en un plano de tanteos, de las dos líneas interpretativas que parecen aflorar en su estudio optamos por la más restrictiva: no intentaremos ver la parodia lisa y llanamente en cuanto *summa* de los antecedentes (tal como hace

Sanda Golopentia-Eretescu), sino como producto de una evolución peculiar y de un contexto concreto (según proponen —de diferentes maneras— Genette, Hutcheon, Dane, Tuvia Shlonsky, Rose, Kiremidjian).[3]

Si nos remontamos a los orígenes del concepto "parodia" —tal como lo hacen, por ejemplo, Ulrich Weisstein y Markiewicz— veremos que el término aparece tan sólo tangencialmente aludido en la *Poética* de Aristóteles, en referencia a la obra de Hegemon de Thaso (siglo V/VI a. de J.C.) quien "imitaba" en sus obras a los seres humanos "inferiores" a nosotros. Esta primera acepción de la parodia se basa, como señala Weisstein, en el criterio ético y no estético.[4] En otras fuentes de la antigüedad la parodia designa un tipo de la poesía épica que en vez de ser cantada, según exigía la tradición, fue recitada o "hablada." En *Institutia Oratoria* de Quintiliano (alrededor de 35-95 A.D.), según advierte Rose, se considera como paródicas varias formas de imitación burlesca, a la vez que el efecto cómico llega a ser indisociable de la parodia.

Cabe destacar, sin embargo, que en los trabajos normativos de la poética y retórica que hemos heredado de la antigüedad no existe una elaboración sistemática de la forma literaria de la parodia. El relativo desinterés de los preceptores antiguos por la parodia deja su huella, por ejemplo, en *Poética d'Aristotile parafrasata e comentata* (1586) de Lionardo Salviati, donde la parodia aparece mencionada entre los géneros a los cuales la poética aristotélica no puede ser aplicada. Tal vez el desprecio por la parodia por parte de los clásicos puede explicarse, según sugieren Kiremidjian y Nicholas Cronk, a la luz del mimetismo aristotélico. Si el arte presupone una imitación adecuada de una acción o de la naturaleza, la parodia no puede considerarse como arte, puesto que imita otro artefacto —o sea, palabras en vez de cosas— y, además, a través de su tonalidad burlesca subvierte la propia esencia de la mímesis.

A pesar de haber relegado la parodia al margen del canon estético, no cabe duda de que los clásicos nos han legado el término mismo. A diferencia de tales conceptos de invención moderna como lo burlesco, el pastiche o el travestimiento —que han "contaminado" la acepción moderna de la parodia— la parodia es una palabra de origen griego antiguo. De ahí que varios críticos contemporáneos intenten esclarecer el sentido del término a través de un *sui generis* "viaje a la semilla." La explicación etimológica propuesta por Fred W. Householder y Markiewicz y retomada por otros estudiosos percibe en la idea de la parodia el "contra-canto" (pero también "canto al lado de otro canto"). Esta aproximación tiene, por cierto, la ventaja de remontarse a los orígenes del término, trazar su desarrollo (en el estudio de Householder las definiciones enciclopédicas ocupan dos amplias columnas del texto), pero no define los matices y particularidades de la parodia actual.[5]

Tanto la admirable bibliografía manejada por Genette en su enciclopédico *Palimpsestes* como el libro seminal de Bajtin sobre François Rabelais parecen confirmar la conclusión de Markiewicz de que una vasta y heterogénea producción paródica que iba desarrollándose durante la antigüedad grecorromana y a lo largo del Medioevo no fue acompañada por una reflexión teórica paralela que permitiera evaluar en términos de su propio tiempo tales obras paródicas como *Batrachomyomachia,* las comedias de Aristófanes, la sátira menipea, el diálogo socrático, las parodias latinas de epitafios y testamentos o las innumerables parodias litúrgicas y bíblicas medievales. Señalamos aquí algunos ejemplos de la tradición paródica en la literatura europea solamente para destacar la diversidad de esta corriente. No consideramos necesario, sin embargo, un análisis y registro minucioso de los textos en cuestión, ya que nos parece preferible remitir al lector interesado a libros y artículos enfocados específicamente sobre estos asuntos.[6]

Lo que sí es pertinente para nuestro estudio es el hecho señalado por Dane, de que la labor codificadora y lexicográfica de los preceptores del siglo XVIII determina a veces de manera demasiado rigurosa y hoy en día hasta estereotipada las acepciones modernas de la parodia. Las primeras exégesis sistemáticas de la parodia antigua y el uso del término en las lenguas nacionales (en inglés y en francés) aparecieron hacia finales del siglo XVI.[7] Pero fue sobre todo la preceptiva neoclásica la que fijara para las épocas venideras los criterios de la evaluación de la parodia. Tan sólo con la labor de los formalistas rusos empezaron éstos a ser reajustados de acuerdo con una visión más diacrónica que transhistórica de los géneros literarios (particularmente de la novela).

En el siglo XVII el término parodia abarcaba, según Markiewicz, cuatro significados: el uso cómico de un fragmento de literatura seria por medio de una recontextualización; la reelaboración de una obra seria con el fin satírico extraliterario; cualquier imitación de un texto preexistente, inclusive sin intención cómica; la reelaboración de un texto serio en otra obra seria, aunque con contenido diferente.[8] No cabe duda, sin embargo, que nuestro entendimiento actual de la parodia ha sido influído de manera decisiva por la abundante práctica paródica propia de la estética neoclásica de los siglos XVII-XVIII: el poema heróico-cómico. Entre los ejemplos más conocidos de esta reescritura burlesca de la épica clásica pueden mencionarse *La secchia rapita* de

Alessandro Tassoni, *Rape of the Lock* de Alexander Pope, *Le Lutrin* de Nicolas Boileau o, para dar un ejemplo de literatura polaca, *Monachomachia* de Ignacy Krasicki.

La distinción en la poética aristotélica entre arte "alto" y "bajo," "serio" y "no-serio," ha dejado su huella en todas las acepciones de parodia que Markiewicz ha formulado basándose en varios textos heróico-cómicos y burlescos neoclásicos. De manera similar, Genette intenta ubicar los poemas heróico-cómicos franceses dentro del sistema genológico aristotélico: si la tragedia desarrolla una acción alta en el modo dramático y la comedia una acción baja en el mismo modo, la epopeya y la parodia reflejan, según el crítico francés, la acción alta y baja dentro del modo narrativo.[9]

Para Weisstein, la noción del rebajamiento del tema sin alteración del estilo puede ser considerada como legado directo de la antigüedad. Pero otros estudiosos enfatizan la ruptura entre la tradición paródica greco-romana y la medieval, lo cual sugiere la imposibilidad de trazar genealogías directas. Tal vez habría que referirse al legado estético esencialmente dualista de la cultura occidental y dentro de este contexto general ver la bipolaridad de la parodia en cuanto práctica ambivalente, tanto en su encarnación espontánea, popular, carnavalesca (Bajtin), como en su elaboración intelectual.[10]

La noción teórica de la parodia va complicándose a la par con el desarrollo de la literatura moderna. Bajtin encuentra en el Renacimiento la línea divisoria entre la parodia "bivocal" en cuanto práctica creadora de la carnavalización —apropiada por las novelas de Rabelais, Miguel de Cervantes y la picaresca— y su subsiguiente degeneración en la parodia moderna monologizada. Es curioso que un juicio semejante —aunque basado en premisas estéticas distintas— hubiera sido emitido por Johann Wolfgang von Goethe, quien apreciaba la parodia clásica por su capacidad de conseguir objetivos "sublimes," mientras que menospreciaba la naturaleza "bestial" de la parodia moderna.[11]

Aunque el juicio valorativo de Bajtin es discutible, la genealogía paródica de la novela establecida por el crítico soviético es muy importante para nuestro trabajo, puesto que ayuda a ver las transformaciones del género novelístico más allá de su forma realista-burguesa favorecida en la teoría de György Lukács. La parodia está vinculada a los orígenes de la novela europea: el arte de *Don Quijote* estriba en trascender paródicamente las novelas de caballería, mientras que a la novela sentimental inglesa (*Pamela* de Samuel Richardson, 1740) le siguen casi inmediatamente dos parodias de Henry Fielding (*Shamela*, 1741; *Joseph Andrews*, 1742). Bajtin ha puesto de relieve que la naturaleza genérica de la novela —en cuanto espacio de entrecruzamiento de varios discursos sociales— favorece la parodia, aunque la mera sobreimposición de dos discursos ideológicos no es suficiente para que la novela sea paródica.

La presencia de la práctica paródica a lo largo de la tradición literaria europea era verdaderamente ubicua, según demuestran Claude Abastado, Markiewicz, Genette y Andrés Sánchez Robayna. Dane señala, sin embargo, que esta parodicidad ha sido codificada en forma mucho más esquemática, unívoca y rígida de lo que parece sugerir la heterogeneidad de su praxis.[12] La difusión a partir del siglo XVII de tales términos modernos como el poema heróico-cómico (*mock epic*), lo burlesco alto y bajo (según la distinción de Joseph Addison de 1711), el pastiche y el travestimiento, no trajo una separación neta entre las formas vecinas de la parodia sino, al contrario, exacerbó la confusión taxonómica ya existente, sobre todo cuando se intentó aplicar esta terminología —basada en la práctica pre-novelesca— a un género tan declaradamente antinormativo e inherentemente paródico como la novela.

Pero inclusive en el marco de la preceptiva neoclásica reina una confusión. Markiewicz coteja las interpretaciones de lo burlesco, heróico-cómico, y paródico desde Nicolas Boileau, a través de Friedrich Schlegel, hasta Henri Bergson y demuestra que el consenso terminológico simplemente no existía. El cuadro comparativo del crítico polaco —que abarca varios siglos— es una muestra elocuente de que no podemos asumir una univocidad semántica de la palabra "parodia" ni proponer sus definiciones transhistóricas. Habrá que resignarse, pues, a la idea de que la parodia tiende a registros muy variados y cada intento de esclarecer su especificidad tendrá que partir de un texto concreto.

La tentativa del mismo Markiewicz de proporcionar un sistema de clasificación está limitada a las formas paródicas de la época en la cual el sentido de decoro podía servir todavía como punto de referencia (siglos XVII-XVIII). Muy arraigada en la tradición clásica de separación estricta entre los estilos, su sistematización está fundada en la noción de lo cómico en cuanto resultado de la discrepancia entre la forma "alta" y el contenido "bajo." Por nuestra parte tenemos que recordar que en el siglo XX la práctica literaria ha recolocado la parodia en un nuevo marco ideológico caracterizado por la disolución de normas estéticas clásicas y, en particular, por la eliminación del concepto de decoro.

Si bien la noción de lo cómico en cuanto sinónimo de una acción "baja" había dejado una huella peyorativa hasta en la acepción contemporánea de parodia, el aspecto negativo de la misma se vio reforzado aún más en la época que valoraba la originalidad y la invención creativa por encima de la destreza en la reelaboración de modelos preexistentes. Así pues, del romanticismo —con su hincapié en la inspiración y en el genio individual— hemos heredado la consolidación del concepto del autor y de la "propiedad" literaria, junto a la idea negativa de la parodia en cuanto forma aberrante y parasítica.[13] Por otro lado, la asociación de la parodia con la incongruencia cómica se vio reforzada en la influyente línea del pensamiento alemán y francés, desde Immanuel Kant hasta Arthur Schopenhauer y Bergson. Según anota Sander L. Gilman, la noción de la incongruencia era esencial para la explicación de lo cómico en la teoría estética de Kant y para la teoría bergsoniana de la risa y de lo caricaturesco.[14] No cabe duda de que las repercusiones de estos planteamientos estéticos en la configuración de la parodia moderna siguen siendo significativas.

La reivindicación de la parodia en cuanto artificio retórico empezó, según Abastado y Hutcheon, en el último tercio del siglo XIX, a la par con el ocaso de la estética romántica y el creciente interés —que hoy llamaríamos metaliterario— por el aspecto intencional de la creación artística. En palabras de Abastado en esta época: "El interés por la parodia ya no se limita a los capítulos de anécdotas literarias; empieza a estudiarse su historia, su evolución, su retórica; las preocupaciones éticas quedan suplantadas por una reflexión política sobre su poder subversivo."[15] La parodia iba despojándose de su sentido negativo gradualmente, tanto gracias a las reevaluaciones críticas como debido a la proliferación de las prácticas paródicas tan espectacular que le mereció al siglo XIX el nombre de la "edad de la parodia."[16] Más tarde, la consagración de la parodia iba a cumplirse a la par con la canonización de la escritura intertextual propulsada por la vanguardia (Marcel Proust, T. S. Eliot, Ezra Pound) y llevada a sus últimas consecuencias en la época contemporánea.

La heteróclita noción actual de parodia conlleva, por cierto, la memoria de su pasado, sobre todo las huellas del lenguaje crítico neoclásico. De ahí que su espacio semántico esté marcado por significados contradictorios. No obstante, el cambio más sustancial que parece haberse cumplido en la crítica contemporánea consiste en el abandono de una actitud negativa que acostumbraba relegar la parodia a las esferas marginales, subliterarias o derivativas de la creación artística.[17] Este giro se debe a la actual canonización de *marginalia* y su incorporación a la novela. Cabe subrayar también que la novela ha sido reconsiderada por los formalistas rusos precisamente a la luz de su inherente parodicidad. Debido a la traducción tardía de los trabajos de Tinianov, Shklovski y Bajtin al francés e inglés (los años sesenta-setenta), los formalistas rusos siguen siendo muy influyentes en la configuración de las teorías actuales de la novela y de la parodia.[18]

Según Shklovski, la parodia es un recurso esencial para la defamiliarización (*ostranen'e*) de formas artísticas petrificadas. Al deformar las normas literarias, la parodia rompe con la automatización de la percepción, pone al descubierto los recursos ya familiares y, en consecuencia, hace posible la recreación de una forma gastada. También en la labor crítica de Tinianov la parodia ocupa un lugar de mucha importancia. Mientras que su interpretación de la parodia se parece a la de Shklovski —en cuanto recurso de defamiliarización debido a la incongruencia entre dos planos—, Tinianov coincide con Bajtin en diferenciar la estilización de la parodia y en otorgar a esta última un papel destacado también en el nivel diacrónico. La parodia, según Bajtin y Tinianov, invierte la "dirección" general de su pre-texto, mientras que la estilización trata de preservar lo que los formalistas llaman la dominante. La parodia es, según Tinianov, una fuerza motriz y sumamente positiva de la evolución literaria entendida como un proceso de la canonización de formas marginales y de la marginación de normas canónicas. Esta ponderación del significado de la parodia ha sido debatida recientemente por el destacado teórico de la escuela semiótica soviética, Yuri Lotman, quien reconoce el papel de la parodia en cuanto "laboratorio de formas nuevas," pero apunta hacia su existencia amorfa en el espacio entre el texto y el lector, o sea en la esfera no controlada directamente por el autor. La aplicación mecánica de las teorías formalistas sobre la parodia a la literatura más reciente ha sido criticada, a su vez, por Rose quien advierte, por ejemplo, que mientras que las ideas de Shklovski sobre la discontinuidad e intertextualidad han sido generadas por sus lecturas de Cervantes y Laurence Sterne, los teóricos post-estructuralistas de la parodia han cometido un error al haber convertido estas características en atributos ahistóricos de *toda* producción literaria.[19]

Finalmente, vale la pena recordar que en la versión de los formalistas rusos la línea de la evolución literaria es bastante complicada: Tinianov propone una interpretación casi psicoanalítica, sugiriendo que las generaciones jóvenes, "parricidas," con frecuencia vuelven por línea quebrada al estilo de sus "tíos" espirituales, mientras que Shklovski emplea la imagen del movimiento del caballo de ajedrez. Estas ideas nos parecen muy sugerentes para la interpretación de la literatura hispanoamericana que con frecuencia recurre a los términos generacionales (José Juan Arrom, Cedomil Goič), habla de la continuación epigónica y ruptura renovadora (modernismo y postmodernismo en cuanto movimientos hispanoamericanos; boom–post-boom) y del enfrentamiento entre padres y "parricidas" (término empleado por Héctor A. Murena, Rodríguez Monegal), entre "los nuevos" y "los novísimos" (Skármeta).

1.2. HACIA UNA DEFINICION DE LA PARODIA LITERARIA POSTVANGUARDISTA

Uno de los clichés evocados con más frecuencia en relación a la parodia sostiene que la práctica paródica se remonta a los orígenes de la creación artística y va acompañando todas las obras de mérito: "Al lado de cada gran cosa hay una parodia," afirma Victor Hugo.[20] El cuestionamiento de la capacidad representativa del lenguaje —propio del pensamiento moderno y, en particular, postvanguardista— ha reforzado esta inclinación a interpretar el acto de escribir como proceso inexorablemente paródico. Estrechamente conexa al punto anterior es la suposición de que la parodia tiende a florecer en épocas de transición. Kiremidjian concluye que los tiempos de inestabilidad y cambio inminente resultan propicios para el ejercicio de la parodia en cuanto práctica metaliteraria, intratextual, y como una operación extraliteraria, subordinada a fines satírico-críticos.[21] La proliferación de obras paródicas está vinculada a la etapa de exuberancia manierista del arte, a este momento peculiar que Barthes describe metafóricamente con la imagen de un fósforo que lanza una llama más poderosa justamente antes de extinguirse.[22]

La literatura y el arte contemporáneos parecen situarse en este espacio ambiguo entre el ocaso de una estética y el posible surgimiento de otra, o por lo menos tal es la impresión de los que vivimos en la segunda mitad del siglo XX. Comenta al respecto Kiremidjian: "La presencia generalizada de la parodia sugiere...que su función en el desarrollo de los modos de expresión en los últimos cien años ha sido orgánica."[23]

Siguiendo los principios sociocríticos de Raymond Williams tenemos que recordar, sin embargo, que cada sistema cultural (artístico, literario) es dinámico y se intersectan en él elementos muy heterogéneos: junto a las fuerzas hegemónicas están los elementos residuales y los emergentes. Es posible inclusive una especie de alianza entre los gérmenes de lo nuevo y los elementos ya casi anacrónicos. La reciente consagración de la noción de

Postmodernism y su corolario, la práctica paródica —tal como nosotros la concebimos— tiene que interpretarse precisamente en términos del sistema cultural complejo, dinámico, heterogéneo.[24]

La presentación de la evolución histórica del concepto de parodia que acabamos de ofrecer ha tenido por objeto demostrar la necesidad de definirlo en su doble dinamismo —diacrónico y sincrónico. La parodia en la literatura contemporánea, y más específicamente en la novela hispanoamericana del último cuarto de siglo (dimensión sincrónica), es producto de una reelaboración de la tradición paródica occidental (lo diacrónico) de acuerdo con los impulsos configuradores de un *hic et nunc* complejo. El "aquí" de nuestras consideraciones es el diverso mundo hispanoamericano —vinculado a través de los lazos de dependencia económica, política y cultural al mundo occidental— y el "ahora" corresponde a la época que va desde el triunfo de la revolución cubana, a través de las luchas guerrilleras de los sesenta y diferentes proyectos de democratización, hasta el afianzamiento del poder autoritario en los setenta y la desesperanza del exilio.

La evocación de este contexto es necesaria para que la parodia —en cuanto término dinámico y ambiguo, prestado de las teorías europeas a falta de un *corpus* teórico latinoamericano— en vez de ser una "camisa de fuerza" conceptual sirva como una pista interpretativa para novelas concretas. La misma complejidad epistemológica, estructural y funcional del término parece sugerir una gama muy amplia de opciones críticas.

Recapitulemos. Las definiciones de parodia que van apareciendo en el pensamiento occidental desde el Renacimiento y proliferan durante los siglos XVII y XVIII para bifurcarse en una gran variedad de interpretaciones a partir del siglo XIX, parten de premisas muy heterogéneas. Lo mismo puede decirse de las teorías actuales: al lado de aproximaciones basadas en el criterio etimológico (Householder) y en la idea de la discrepancia entre el contenido y la forma (Markiewicz, Ziomek, Ikegami, Genette), encontramos estudios que ponen de relieve el efecto cómico de la parodia (Bouché, Rose) y/o su papel satírico-crítico. Algunas interpretaciones —influídas por la lingüística generativa y transformacional— llegan a enfocarse exclusivamente en los mecanismos de la reelaboración del modelo, a la vez que dejan de lado las implicaciones del contexto (Golopentia-Eretescu, Michael Riffaterre, Geneviève Idt).[25]

La función defamiliarizadora de la parodia (Shklovski) y su papel positivo en la evolución literaria (Tinianov) quedan retomados en el concepto de relevo histórico-estético de las generaciones (Mary O'Connor, Hutcheon,

Rose, Paz), aunque algunos teóricos niegan que la parodia tenga un rol privilegiado en el proceso de la evolución (Lotman).[26] Otros críticos ven el ejercicio de la parodia como un exorcismo imprescindible para superar la influencia de los precursores literarios demasiado influyentes y admirados (cf. el comentario de J. Gerald Kennedy sobre Gustave Flaubert y Proust).[27] Por otro lado, los orígenes populares y rituales de la parodia han llamado la atención de algunos investigadores quienes conceden enorme importancia a la fuerza subversiva de la práctica carnavalizadora (Bajtin, O. M. Freidenberg).[28]

La parodia está definida como una figura retórica o tropo literario que tan sólo ridiculiza ciertos temas o ideas (Ziomek, Genette), o bien como un género literario (Lionel Duisit, Hutcheon, Thomson, Ziva Ben-Porat, Shlonsky). Algunas aproximaciones genológicas procuran describirla por oposición al pastiche, pero no logran establecer líneas de demarcación claras ni convincentes (Abastado, Bouché).[29] En las teorías recientes —marcadas por la influencia de la estética de la recepción y de la fenomenología— se prefiere ver en la parodia una ejemplificación del proceso de "relectura competente," pero también aquí los investigadores coinciden en subrayar la naturaleza esquiva, ambivalente y protéica del concepto (Hutcheon, Dane). Conscientes de la heterógenea herencia semántica "pegada" a la parodia —su "arqueología," en palabras de Rose— los críticos pretenden redefinirla en términos de la literatura moderna, sobre todo partiendo de textos concretos (Kiremidjian en su estudio de Thomas Mann y James Joyce).

Una tendencia que parece predominar en las teorías recientes (Kiremidjian, Rose, Hutcheon, Genette, Deguy), otorgándoles cierta homogeneidad, consiste en destacar el carácter metaliterario, intertextual, de la parodia. En opinión de Gonzalo Navajas, la parodia es una forma de intertextualidad especialmente sugestiva, hiperbólica, que requiere una lectura doble: por un lado, una lectura horizontal evocadora del modelo y, por el otro, una interpretación imaginativa que se aparta del original. Genette y Deguy conciben la parodia como "el segundo grado de la literatura," puesto que funciona a base de la literatura misma, en cuanto sistema modelizador secundario.[30] A pesar de compartir la noción de intertextualidad, los estudiosos ven en la parodia tanto una reelaboración de todo un acervo literario preexistente (Rose) como una estructura esencialmente bi-textual, dialógica, evocadora de un texto concreto (Hutcheon).

Hemos venido señalando un elemento estrechamente conexo al tema de nuestro ensayo: el florecimiento de la parodia a la par del desarrollo de la literatura postvanguardista. Varios autores sostienen que en los últimos años el avance espectacular de procedimientos paródicos tiene repercusiones muy serias en la configuración de la sensibilidad actual. Este consenso crítico puede ser ilustrado por la siguiente opinión de Kiremidjian:

> La parodia representa este particular estado del arte cuando el arte se vuelve sobre si mismo, cuando es introvertido e introspectivo, curioso con respecto a su propio ser, explotando su propia forma con el propósito de autoconocimiento, menos interesado en reflejar las realidades metafísicas que en articular procesos epistemológicos.[31]

Para rendir la idea de la ficción actual en cuanto metáfora de su propio proceso narrativo, varios críticos han inventado conceptos que encarnan el peculiar y a veces exacerbado ensimismamiento de la literatura postmoderna. Así pues, Raymond Federman ha acuñado el término *surfiction,* mientras que Rose ha optado por la noción de metaficción, ya popularizada por Robert Scholes.[32] Tanto Federman como Rose prestan especial atención a la parodia como práctica indisociable de toda escritura auto-reflexiva (dedicaremos el capítulo 3 a este asunto). Rose entiende la parodia como una "cita crítica del lenguaje literario pre-formado cuyo efecto es cómico y que, en su forma general, es un 'espejo' metaficticio con respecto al proceso de composición y recepción de textos literarios."[33] El trasfondo metodológico de su monografía *Parody/Metafiction* es bastante ecléctico (Shklovski, Tinianov, Bajtin, Michel Foucault, Hans Robert Jauss y Wolfgang Iser), pero organizado de manera muy hábil. En la tesis de la profesora Rose la parodia es un recurso crítico/cómico que sirve para poner en tela de juicio la escritura mimética. El efecto constructivo de la parodia es doble: en el nivel inmediato permite problematizar el proceso de la recepción de un texto (Jauss, Iser) a través de la desautomatización (*ostranen'e* de Shklovski), mientras que en la dimensión diacrónica promueve el cambio epistemológico (Foucault) y la evolución literaria (Tinianov).

A Theory of Parody de Hutcheon entabla una polémica con esta visión de la parodia, aunque no con el objetivo de rechazar las premisas de Rose, sino más bien relativizarlas. Hutcheon cuestiona la presentación de la parodia como sinónimo de la auto-reflexión (en Rose, *Parody/Metafiction*), a la vez que demuestra la disociación de la parodia moderna del efecto cómico. En este aspecto Hutcheon está de acuerdo con los planteamientos de Rosemary Freeman y Erich Heller.[34] Hutcheon parte de la noción de la intertextualidad

(Julia Kristeva) para acuñar su propia definición de la parodia: la parodia moderna es, en sus palabras, una imitación "con diferencia crítica" de un discurso preexistente. La presencia de la distancia irónica es una *conditio sine qua non* para activar la competencia del lector y, en el nivel pragmático, producir toda una gama de efectos: desde una degradación cómica, a través de la transformación lúdica del original, hasta su recreación respetuosa.

Hutcheon intenta también una aproximación comprensiva a los términos habitualmente empleados como sinónimos de la parodia. Mientras que el pastiche, la alusión, la cita y la imitación difieren de la parodia por ser más imitativos que irónicos —sostiene Hutcheon—, la ironía y la sátira guardan con la parodia una relación mucho más compleja. Por cierto, la autora reconoce la frecuente simbiosis o coexistencia de la ironía, la sátira y la parodia, pero logra establecer también ciertos deslindes. Su esquema guarda algunos paralelos con la clasificación de Dane: los dos apuntan que el blanco de la parodia es "intratextual," o sea una forma ya modelada (*intramural*), mientras que la sátira se dirige hacia una realidad extraliteraria (*extramural*). La parodia puede ser cómica, pero la sátira lo es siempre. La parodia se sirve de la ironía, a la vez que la sátira favorece la exageración caricaturesca para realzar su mensaje crítico-moralizador.[35]

La sátira y la parodia son, continúa Hutcheon, *géneros literarios* cuya proximidad —o inclusive confluencia— se basa, en primer lugar, en el hecho de que ambos pueden valerse del *recurso retórico* de la ironía para conseguir una impresión subjetiva requerida (*ethos*) paródica o satírica. Con estas reflexiones Hutcheon llega a matizar, pues, algunas distinciones demasiado tajantes que reducen la sátira a una lección moral y la parodia a un juego gratuito.[36] Por otro lado, en el esquema de Hutcheon se reconoce que el acercamiento y contagio recíproco entre los dos géneros (parodia-sátira) pueden rendir formas intermedias, que conforme a su intención (*ethos*) llegan a bifurcarse en la sátira paródica y la parodia satírica.[37]

Basado en el criterio de la "intencionalidad," el modelo de Hutcheon puede ser fácilmente sometido a una crítica igual a la que ejerce Gilman, cuando cuestiona todas las interpretaciones subjetivistas de la parodia y aboga por el abandono completo de los criterios que sirven para juzgar los objetivos de la parodia.[38] No obstante, Hutcheon sí cumple con otras sugerencias de Gilman, aunque tan sólo tangencialmente y al margen de su enfoque "pragmático": enfatiza la descripción de la forma paródica (lo estructural) y hace hincapié en las permutaciones históricas de la misma (lo socio-histórico).

Con más claridad que las otras teorías, el planteamiento de Hutcheon pone de relieve la potencial riqueza de las prácticas textuales de la parodia en la literatura y el arte. El material analizado por Hutcheon es muy amplio. La parodia en la literatura está ejemplificada en *A Theory of Parody* por Jorge Luis Borges, John Barth, Robert Coover, Thomas Pynchon, Alain Robbe-Grillet, Tom Stoppard, Umberto Eco, Stanisław Lem, entre otros. En las artes plásticas traza Hutcheon la parodicidad en la obra de René Magritte, Salvador Dalí, Mel Ramos, Andy Warhol, Shusaku Arakawa. Tampoco faltan ejemplos de la música (Peter Maxwell, George Rochberg, Luciano Berio), de la arquitectura (Paolo Portoghesi, Robert Venturi, Charles Moore) y del cine (Woody Allen, Brian De Palma). Según vemos, el proyecto de diseñar un modelo general de la parodia no está favorecido en detrimento del análisis de las manifestaciones concretas de la parodicidad. Hutcheon lleva a cabo de una manera admirable la tarea de conciliar un estudio "intratextual" de las estrategias retóricas de la parodia (ironía, comicidad, exageración) con un análisis de sus efectos "pragmáticos" (auto-reflexión, transgresión crítica o creativa del modelo, sátira, subversión ideológica). Es importante recalcar, pues, que la parodia puede ser portadora de varios significados que deben desentrañarse por medio de una explicación de sus procedimientos y sus efectos.

La mayoría de las elaboraciones recientes de la parodia conllevan también una huella relativista de su propio momento histórico: no se comprometen a bautizar corrientes y tendencias, ni pretenden ser definitivas o concluyentes. Muchos estudios autolimitan la aplicabilidad de su modelo teórico a una época específica, una obra o un autor. Así pues, Hutcheon y Kiremidjian enfocan sus respectivos estudios en la etapa postvanguardista (postmoderna), Rose extrae la gran parte de sus ejemplos del siglo XIX, Genette analiza la literatura francesa de los siglos XVII-XIX. Bouché dedica su monografía a la obra de Lautréamont, mientras que Gary Saul Morson consagra la suya a la narrativa de Dostoievski.

No es nuestro objetivo ofrecer un modelo comprensivo de la parodia. Tampoco pretendemos haber expuesto de manera exhaustiva las teorías ya existentes. No obstante, una lección que se desprende de todos los textos teóricos aquí citados es la necesidad de poner a prueba las premisas teóricas en la lectura de textos concretos. Hemos intentado, pues, centrarnos en las aportaciones de relieve a la teoría de la parodicidad literaria moderna y postmoderna con el objetivo de encontrar una *orientación* crítica en nuestras aproximaciones a varias novelas hispanoamericanas. En la parte analítica de nuestro estudio intentaremos captar las estrategias de la parodia y su función en la producción del efecto estético y significado ideológico, su papel en la revalorización de la "arqueología" literaria y su papel en la activación del lector.

La deuda contraída por nosotros con todos los estudios teóricos citados es evidente, pero en particular debemos reconocer la influencia inspiradora del método de Hutcheon, cuyo valor radica en percibir la dimensión estructural del discurso en relación a la producción semántica. Tal aproximación lleva implícito un manejo relativamente flexible de las teorías de la parodia, a la vez que permite dar la preponderancia a la especificidad estética de textos concretos y a su significado ideológico. Así pues, las premisas generales que irán guiando nuestras lecturas de novelas hispanoamericanas pueden recapitularse de modo siguiente:

—la clasificación de un discurso como paródico va a basarse en el reconocimiento de la presencia permanente, no incidental, de un pre-texto (texto originador) dentro del texto estudiado;

—el pre-texto puede aparecer en forma de varias obras de un solo autor, como un conjunto de convenciones, una obra concreta, una amplia nómina de obras de varios autores, etc.;[39]

—aceptamos que la relación paródica entre el texto y el pre-texto se caracteriza por una distancia irónica que puede ser matizada a través de una variedad de recursos y producir toda una gama de impresiones subjetivas: desde un *ethos* extratextual, satírico, despreciativo o litigante, a través de los diferentes matices de lo lúdico y humorístico, hasta el tono serio y respetuoso; asimismo, coincidimos con la idea heredada de los formalistas rusos y compartida hoy por la mayoría de los críticos (Hutcheon, Izaak Passi, Głowiński) de que la parodia evoca los pre-textos no en el sentido de una repetición "parasítica" sino más bien transgresión "constructiva."[40]

—nuestra tarea fundamental consistirá en analizar los recursos paródicos de novelas concretas e inferir sus implicaciones ideológicas, o sea intentaremos conciliar dos aproximaciones que Thomson llama, respectivamente, la estructural y la semántica; en otras palabras, nos inscribimos a la idea de que "hablar de la parodia significa hablar del sentido y de su producción";[41]

—más que un género literario, la parodia —igual que la sátira— será concebida como uno de los modos literarios (el modo satírico, picaresco, cómico, histórico, sentimental, trágico y de *romance*) que llegan a entrecruzarse dentro del complejo universo novelesco, según nos ha enseñado Scholes en su modificación del esquema de Northrop Frye;[42]

—finalmente, vamos a tener presente tanto el dinamismo histórico del género novelístico (Bajtin), como la idea de Paul St. Pierre de que la parodia es una práctica en la cual la historia está explícitamente inscrita;[43] asimismo, compartimos la teoría de Dane de que muchas de las acepciones actuales de la parodia están marcadas todavía —aunque de manera residual— por los criterios de codificación establecidos por la poética neoclásica.

1.3. LA PARODIA COMO FACTOR DE EVOLUCION LITERARIA EN LA NOVELA HISPANOAMERICANA

En las reflexiones sobre la parodia hemos venido recalcando el carácter dinámico de la misma en cuanto factor fundamental de la evolución literaria, citando a la sazón las ideas de Tinianov y Bajtin. Hemos dicho también que el pensamiento crítico hispanoamericano carece de una elaboración propia de la parodia, por lo cual las teorías existentes al respecto (anglosajonas y francesas en su mayoría) pueden servir solamente como sugerencias interpretativas de prácticas textuales concretas y no como una descripción completa de una poética.

De lo dicho hasta aquí se desprende que en vez de estudiar la nueva novela como un fenómeno autónomo y aislado habría que analizarla más a fondo en relación a sus antecedentes. Mientras que no aspiramos a trazar aquí una genealogía de la nueva novela hispanoamericana, sí nos parece válido situarla en un contexto que permita evaluar su poética en términos de la continuidad y la ruptura, de la canonización de lo marginal y la marginalización del canon.

En nuestra aproximativa definición de la nueva novela hemos visto que la transgresión de la fórmula realista —efectuada a través de diversas estrategias narrativas— es el signo distintivo de la estética que predomina en la narrativa hispanoamericana a partir de los sesenta. La vitalidad de la novela hispanoamericana en esta época puede explicarse quizás en términos de la inherente plasticidad del género novelesco, de su capacidad de abarcar a la vez la tradición —"la memoria del género," según la fórmula de Bajtin— y la renovación desafiante.[44] En palabras de Fuentes: "Lo que ha muerto no es la novela, sino precisamente la forma burguesa de la novela y su término de referencia, el realismo."[45] A esta opinión expresada en pleno auge del boom, el escritor mexicano iba a agregar años más tarde el siguiente juicio: "nuestra Modernidad no ha tenido forma más expresiva que la novela, para mostrar tanto su proximidad a la historia, su confirmación de la experiencia personal y su rebelión contra todo lo que la limita, encadena y entorpece."[46]

Esta semilla de la subversión plantada en la poética del género ya en sus orígenes carnavalescos (la sátira menipea, Cervantes, Rabelais) —intuída por algunos de sus estudiosos (Bajtin), e ignorada por otros (Lukács)— resulta esencial para el desarrollo de su parodicidad. Para dar un ejemplo más inmediato y claro recordemos que en el siglo veinte el agotamiento de la fórmula novelesca tradicional irá consumándose precisamente a través de una cadena de parodias del modelo realista. La semilla subversiva de la parodia irá germinando para alcanzar el apogeo de su florecimiento en la novela postvanguardista.

Situada en el marco de esta evolución, la nueva novela hispanoamericana corresponde a un momento cuando, en palabras de Barth, "no se puede volver al realismo simplista de la novela del siglo XIX...si alguien construye ahora la Catedral de Chartres, sería una propiedad embarazosa ¿no es así? A menos que lo hiciera irónicamente."[47] Traduciéndolo a la nomenclatura de Barthes, podemos decir que el estilo realista pierde su cualidad de *le scriptible*.[48] Quizás Pierre Menard, con su tarea imposible de escribir el *Quijote* en el año 1939, ejemplifique mejor que todas las teorías el concepto de la escritura en cuanto relectura de textos anteriores en función de un momento histórico dado.

Sería posible sugerir que en Hispanoamérica tales relecturas del canon novelístico mimético —inexorablemente paródicas— se efectúan ya a partir del momento de la implantación del realismo, puesto que se trata de una re-contextualización de un modelo europeo en el "continente mestizo." Más aún, Rodríguez Monegal lleva esta premisa general hasta el extremo de caracterizar como paródica la gran parte de la literatura hispanoamericana —desde Sor Juana Inés de la Cruz hasta Leopoldo Lugones y Julio Herrera y Reissig.[49] En otra ocasión Rodríguez Monegal traza la tradición de la risa en la literatura latinoamericana, viendo la parodia como una de sus manifestaciones: "La risa está presente en nuestra literatura desde sus orígenes como arma del oprimido para parodiar y destruir la solemnidad de sus opresores."[50] El crítico no aspira a establecer deslindes entre la sátira, la parodia, la ironía, el humor, el carnaval, la risa y la deformación grotesca, sino trata de presentar una nómina más o menos completa de obras "lúdicas." Tal planteamiento global lleva a extender la noción de la parodia hasta los límites de lo indefinido y provoca algunos malentendidos terminológicos que luego pueden esclarecerse solamente por medio de la explicación de textos concretos.

En torno al concepto

Si bien es cierto que las élites literarias de países "periféricos" someten a una especie de traducción/traición los modelos provenientes de las metrópolis culturales, nos parece que sería preferible analizar siempre la especificidad ideológica de cada texto en vez de explicar la parodia tan sólo por los mecanismos de la dependencia. Lo que consideramos igualmente controvertido en ambos artículos de Rodríguez Monegal es el tratamiento de la práctica intelectual culta (Sor Juana Inés de la Cruz, Juan de Caviedes, los poetas modernistas hispanoamericanos) como encarnación de la operación carnavalizadora. Mientras que esta última —según la lección de Bajtin— tiene sus raíces en la risa popular y mantiene siempre sus características ambivalentes del arma de doble filo, en la escritura de los autores enumerados por Rodríguez Monegal podemos discernir tan sólo una transgresión del modelo, o sea la parodia intelectual en cuanto derisión del otro.

Algunos críticos incurren en el riesgo de ampliar la definición de la parodia hasta el punto donde toda literatura resulta paródica, aunque casi siempre logran matizar su aproximación en consideraciones específicas. Una actitud de este tipo aparece en el planteamiento de MacAdam. El crítico sugiere la necesidad de considerar como paródicas no solamente las distorsiones intencionales del autor, sino también las interpretaciones equívocas involuntarias del lector que resulten del desconocimiento del contexto.[51] No obstante, en la parte analítica del libro —al estudiar cronológicamente las relaciones entre la literatura hispanoamericana y la tradición occidental— MacAdam parece atenerse a un concepto más ortodoxo y restringido de la parodia en cuanto recreación artística *reconocida* por un lector cómplice.

En esta versión ya matizada de su planteamiento, MacAdam no difiere de la mayoría de los estudiosos quienes perciben la paulatina consolidación de la identidad hispanoamericana a partir del modernismo como una contestación de los modelos culturales europeos. No obstante, MacAdam es el primero en conceptualizar este proceso en términos de un esquema muy nítido, sirviéndose a la sazón de las ideas de estilización y parodia prestadas de Tinianov. Para el crítico norteamericano el modernismo finisecular corresponde a la etapa de estilización de los modelos europeos, mientras que a partir de la vanguardia (de 1920 en adelante) advierte el predominio de la tendencia paródica: "La fase de estilización percibe a la literatura cosmopolita como una fuente de modelos para imitar y aclimatar en el medio latinoamericano, mientras que la fase paródica trata los textos literarios occidentales como materia prima que tiene que ser transformada en algo nuevo."[52]

Aunque la línea de evolución literaria es mucho más errática de lo que prefieren conceder los historiadores de literatura con esquemas como éste, la búsqueda de los orígenes de la nueva novela hispanoamericana en la etapa vanguardista parece mucho más justificada que el tratamiento de la narrativa de los sesenta como una explosión *ex nihilo*. La teoría de Raymond Williams sobre el dinamismo de sistemas culturales nos puede ser útil para definir el movimiento vanguardista hispanoamericano en términos de coexistencia conflictiva de elementos residuales del realismo con las fuerzas emergentes antirrealistas. Si bien es innegable que el canon mimético persistía en la novelística de 1920-40, también es cierto que a la sombra de las "novelas ejemplares" regionalistas (*Doña Bárbara* de Rómulo Gallegos, *Don Segundo Sombra* de Ricardo Güiraldes, *La vorágine* de José Eustasio Rivera) y bajo la poderosa influencia de la vanguardia poética se estaba gestando una narrativa experimental.[53]

A nuestro modo de ver, la transformación del canon novelístico hispanoamericano en los años 1920-40 es fruto de un cambio de conciencia del hombre moderno y no exclusivamente producto de una reacción paródica americanista frente a los modelos europeos. Graciela Maturo sugiere que las transformaciones formales de la narrativa hispanoamericana de los años 1920-40 —muchas veces inacabadas o fallidas en cuanto a su resonancia entre los lectores— constituyen una forma estética de extraer posibilidades expresivas de todos los cambios científico-filosóficos que gracias al avance de las comunicaciones y a la globalización de los procesos históricos se producen en aquella época en Europa y en otras partes del mundo:

> Un nuevo modelo del universo desplaza en la física einsteiniana los conceptos tradicionales de espacio y tiempo; la revolución fenomenológica modifica la noción de "realidad," y hace concebible un mundo ampliado de conocimiento; la exploración de culturas no occidentales empieza a socavar la suficiencia del logos europeo racionalista; la experimentación psicológica revalida científicamente la riqueza del sueño, de la vida inconsciente, de los estados alterados de conciencia como vías de conocimiento.[54]

Es significativo que las novelas vanguardistas que subvierten el modelo realista sean cosmopolitas, urbanas y "universales," mientras que el mensaje "americanista" permanezca encerrado en los moldes decimonónicos de las obras indigenistas, de las novelas "de la tierra," "de la selva" o "de los llanos."

La transgresión paródica del modelo mimético aparece en la narrativa vanguardista en forma sumamente vistosa, casi siempre acompañada de una burla irreverente y enmarcada por un comentario metaliterario que no deja lugar a dudas en cuanto a la intención paródica del autor. La auto-reflexión literaria desplaza la referencialidad de la novela realista y —coadyuvada por el humor— crea una distancia necesaria para la desautomatización de los procedimientos narrativos convencionales. La escritura vanguardista hispanoamericana —próxima en su representación imaginaria de la realidad al llamado *Modernism* de la literatura angloamericana (Joyce, Virginia Woolf, Pound, T. S. Eliot)— es, pues, una respuesta estética frente a la realidad que "de pronto, comenzó a disgregarse y desvanecerse; apareció con los atributos de lo imaginario, se volvió amenazante o irrisoria, inconsistente o fantástica."[55]

Varios estudiosos ponen especial énfasis en demostrar cómo este proceso de transfiguración de la sensibilidad se manifiesta en el diálogo paródico con la fórmula realista en las novelas del argentino Macedonio Fernández (*Papeles de Recienvenido,* 1929; *Museo de la novela de la Eterna,* escrita alrededor de 1920, publicada en 1967), en la obra narrativa del ecuatoriano Pablo Palacio, en los novelísticos "textos de goce" de los "Contemporáneos" mexicanos (Jaime Torres Bodet, Gilberto Owen, Salvador Novo) y en la prosa del chileno Huidobro.[56] Mientras que en Macedonio Fernández el absurdo humorístico está subordinado a la anulación de las leyes de la causalidad positivista, en la narrativa de Huidobro la parodia aparece en una forma más específica aún, en cuanto destrucción burlesca de modelos concretos: se desfiguran, pues, la ciencia ficción ("Salvad nuestros ojos") y la novela de misterio ("El jardinero del castillo de medianoche"), la novela de aventuras ("La misión del gangster o la lámpara maravillosa") y la novela histórica ("La cigüeña encadenada").[57]

En un libro sobre la vanguardia argentina, Francine Masiello apunta que la práctica paródica es inherente a la poética vanguardista de ruptura, pero sus manifestaciones individuales cobran formas muy diversas que van desde "una referencia gratuita" hasta una parodia "motivada por el poderoso deseo de poner en tela de juicio la epistemología."[58] Así pues, continúa Masiello, las parodias de Elías Castelnuovo y Roberto Mariani se limitan a exponer la visión restringida de las convenciones de la novela popular, pero permanecen "atrincheradas" en esta tradición. El resultado es una autoparodia destructora: "La parodia le ofrece a Mariani y Castelnuovo una forma de resistencia parcial; tras su gozosa irreverencia, sus bromas o a veces su humor escatológico, siempre retornan a la ideología del discurso oficial...."[59] Masiello dedica un comentario iluminador a la especificidad de la práctica paródica de Macedonio Fernández y Roberto Arlt. Según la crítica, en *Adriana Buenos Aires* (1922) Macedonio Fernández perturba las convenciones formulaicas y miméticas que rigen el género para trastornar por completo las teorías de conocimiento y crear con *Museo de la novela de la Eterna* un texto "aislado de toda tradición reconocible."[60]

La nómina de escritores hispanoamericanos que en los años 1920-30 se dedican a la parodia es tan amplia que permite cuestionar la asociación de la parodia antimimética exclusivamente con la década de los sesenta. No obstante, tenemos que recordar que en su tiempo la mayoría de las obras vanguardistas contaban con un circuito de comunicación reducido y algunas ni siquiera llegaron a publicarse. Si es cierto que la parodia puede cumplir su función solamente en el espacio transtextual, en el contacto directo con el lector, la ilusión de la aparición tardía de la parodia parece explicable.

Gustav Siebenmann observa —ateniéndose al concepto del horizonte de expectativas (*Erwartungshorizont*) de Jauss— que el impacto de la vanguardia ha cambiado la relación entre el carácter innovador de una obra y su éxito inmediato. A lo largo del siglo XIX —estudiado a fondo por Jauss— casi siempre hubo una discrepancia entre la experimentación formal y el horizonte de expectativas del receptor, lo cual impedía el éxito inmediato de algunas obras valiosas. Por otro lado, señala Siebenmann, desde varias décadas y, en particular, en el campo de la narrativa,

> el éxito inmediato tanto ante la crítica especializada cuanto ante un amplio sector de los lectores era la "modernidad" de los artificios expresivos y de la estrategia comunicativa.... En efecto estos fenómenos de ruptura o por lo menos de evolución acelerada y audaz, el deseo de cambio original o de emplear recursos inéditos viene constituyendo de más el horizonte expectativo, por lo menos de los *insider* del quehacer literario.[61]

En Hispanoamérica la correlación entre el éxito literario y la innovación narrativa de la vanguardia no se dio inmediatamente en los años 1920-40. La literatura que traducía la autoconciencia de su creador a un diálogo intertextual con la fórmula realista iba mantieniéndose durante años al margen del canon mimético. La exploración de espacios alternativos con respecto a la literatura regionalista —del ámbito urbano cosmopolita o del mismo dominio lingüístico— y la vuelta del espejo stendhaliano hacia la literatura misma abrieron las incontables posibilidades para incorporar en el texto las preguntas sobre su índole literaria y socavar la seriedad de la literatura del siglo anterior. Pero Macedonio Fernández, Arlt, Huidobro o los narradores del grupo "Contemporáneos" no encontraron reconocimiento inmediato y durante años contaban tan sólo con oblicuas menciones en libros especializados.

Siguiendo a estos escritores vanguardistas, otro narrador argentino que iba a marcar un hito en la transformación del canon mimético a través del humor absurdo, la hipérbole y la parodia, era Marechal con su monumental novela *Adán Buenosayres* (1947). Los antecedentes de los procedimientos paródicos empleados en esta novela se remontan, evidentemente, hasta la tradición de la epopeya heróico-cómica. Según apunta Graciela Coulson, las numerosas instancias de la parodia en *Adán* se fundan en la incongruencia entre el estilo y el contenido y consisten en "presentar lo trivial y cotidiano con la seriedad del estilo elevado del poema épico."[62]

La gran parte de *Adán* es, pues, parodia en el sentido que le han otorgado Markiewicz, Ziomek o Genette: una exageración de las discrepancias estilísticas con efecto cómico. No obstante estos vínculos con la tradición heróico-cómica de los siglos XVII-XVIII, el proyecto de Marechal —igual que el de los vanguardistas— se adelantó al horizonte de expectativas de sus lectores de una manera tan radical que la obra "ha desorientado a más de un crítico y no han faltado los calificativos gratuitos."[63] En todos estos casos el humor —casi siempre absurdo— parece indisociable de los procedimientos paródicos, lo cual constituye una corroboración a las teorías de Rose, Bouché y Genette.

La transformación de la actitud del lector hispanoamericano —inclusive el más culto— frente a la dimensión lúdica de la literatura ha sido quizás el aspecto más lento del cambio del horizonte de expectativas. La reivindicación de la prosa lúdica de Macedonio Fernández y Marechal empezó a darse paulatinamente tan sólo en los últimos años, cuando los escritores de la nueva narrativa reconocieron la tradición lúdico-humorístico-metaliteraria como parte de su alcurnia. Nos parece muy iluminador el comentario de Cortázar sobre el legado estético del autor de "la teoría de la humorística":

Asomarse al gran misterio con la actitud de un Macedonio se les ocurre a muy pocos; a los humoristas les pegan de entrada la etiqueta para distinguirlos higiénicamente de los escritores serios. Cuando mis cronopios hicieron una de las suyas en Corrientes y esmeralda, huna heminente hintelectual hexclamó: "¡Qué lástima, pensar que era un escritor tan serio!" Sólo se acepta el humor en su jaulita y ojo con trinar mientras suena la sinfónica porque lo dejamos sin alpiste para que aprenda.[64]

El papel fundamental en la transformación del concepto de literatura en Hispanoamérica a través de la burla, el juego lingüístico, la autoironía, la parodia y la autoparodia corresponde, por cierto, a Borges. La seriedad académica y normativa de la literatura fue socavada en gran parte ya por los manifiestos del Borges-ultraísta, mientras que *Historia universal de la infamia* (1935) está hoy considerada como un ejemplo antológico de la escritura paródica. Alberto Julián Pérez afirma al respecto: "Borges transpone biografías perversas a un plano serio-cómico, paródico, donde los villanos son travestidos en héroes del mal, elevando así lo considerado moralmente bajo."[65]

La poética borgeana de reescritura —forjada tanto en especulaciones seudo-ensayísticas ("Pierre Menard, autor del *Quijote*") como en la ficción narrativa ("La casa de Asterión")— ha sido universalmente reconocida como parte de la sensibilidad postmoderna. Ricardo Piglia ve en el exasperado uso borgeano de la parodia y del apócrifo "un ejemplo límite del funcionamiento de un sistema literario que ha llegado a su crisis y su disolución."[66] Borges ejemplifica la idea postvanguardista de la obra literaria como "Notas a las Notas a las Notas" (expresión de Sarduy), o sea como una intervención en un paisaje pre-existente y la transcripción-subversión-inversión del pre-texto.[67] El escritor argentino es, sin duda alguna, el precursor más inmediato e importante de la nueva novela hispanoamericana por haber convertido la literatura "en un ejercicio esencialmente irónico, un reflejo paródico de estilos e ideas de otros, que ha llegado a transformarse en un canon literario incomparable."[68]

Cuando nos referimos a la nueva novela de los sesenta hablamos, pues, de un período en el cual la incertidumbre frente a los valores que sostenían el pensamiento positivista del siglo XIX logra imponerse en forma de una estética que llega a modificar no solamente las expectativas de los *culturati*, sino también la sensibilidad del público relativamente vasto. En la novelística hispanoamericana de los sesenta predominan los "textos de goce," tal como los define Barthes:

> Texto de goce: el que pone en estado de pérdida, desacomoda (tal vez incluso hasta una forma de aburrimiento), hace vacilar los fundamentos históricos, culturales, psicológicos del lector, la consistencia de sus gustos, de sus valores y de sus recuerdos, pone en crisis su relación con el lenguaje.[69]

En el caso de la nueva novela hispanoamericana —debido a sus vínculos estrechos con los mecanismos publicitarios del boom— se ve con claridad que el proceso de reajuste entre el horizonte de expectativas del lector y el horizonte estético de la nueva narrativa es producto de grandes cambios socio-históricos (la revolución cubana, el conflicto entre el desarrollo y la dependencia, el auge de los medios masivos de comunicación, la industrialización). Por primera vez en la historia literaria hispanoamericana llega a ser notable también la influencia de distintos mecanismos que, aunque secundarios, han resultado muy poderosos y bien merecerían un estudio sociocrítico: los premios y concursos literarios, la publicidad, la "mafia" crítica, el fenómeno del "escritor-superestrella" o de los "escritores faros," el papel de las metrópolis como instancias definitivas de consagración, etc.[70]

Ya está dicho que no solamente es tiempo de intentar una interpretación que englobe el problema de la parodia en la nueva novela hispanoamericana, sino también de plantearlo en relación a la evolución estética y al cambio socio-histórico. Aunque vamos a dedicarnos al escrutinio de estrategias paródicas en los *textos,* procuraremos ver también los mecanismos de la parodia en función del *contexto.* Por último, vamos a tener presente la idea de Bajtin —aquí en palabras de Thomson— de que "la parodia se transforma constantemente en respuesta a las condiciones históricas cambiantes en un incesante esfuerzo de modificar las formas literarias que han sido monologizadas."[71]

2
La novela histórica revisitada: parodia y reescritura

2.1. NOVELA: HISTORIA Y FICCION

La peculiar relación entre el devenir histórico y la novela es una de las constantes comentadas en las teorías del género. En su estudio sobre los orígenes de la novela (*The Rise of the Novel,* 1957) Ian Watt demuestra la importancia de la experiencia individual en la configuración de las obras de Daniel Defoe, Fielding y Richardson. En la época de John Locke y René Descartes descubre Watt la génesis del mimetismo que iba a arraigar la novela decimonónica en su contexto inmediato, a afianzar la idea del lenguaje en cuanto signo denotativo de la realidad.[1]

La relativa "juventud" del género novelesco ha facilitado la interpretación de sus orígenes y de su estructura en relación a la historia. En la crítica materialista es casi un lugar común decir que el nacimiento de la novela está vinculado al surgimiento de la ideología burguesa, la cual sustituye a la religión y suplanta lo transcendental por lo terrestre, lo racional, lo pragmático.[2] Lukács ve la novela como producto de un cambio de conciencia, resultado, a su vez, de una nueva configuración de clases. Según el pensador húngaro, la forma novelesca —en la cual el hombre experimenta una sensación de discrepancia entre el deseo de la totalidad y su situación real fragmentada— difiere de la épica tradicional en la cual tal escisión entre el *ser* y el *estar* no existe. En la opinión de Lukács, el lenguaje de la ironía constituye un rasgo esencial de la novela que permite mediar entre el deseo y la experiencia, entre lo ideal y lo real.[3]

Basándose en las obras decimonónicas europeas, Lukács interpreta la novela como "una narración *irónica* de una búsqueda *demoníaca* de valores *auténticos* por un héroe *problemático* en una sociedad *degradada.*"[4] Las implicaciones ideológicas de esta definición son muy significativas, puesto que sugieren una homología entre el texto y el contexto y permiten ver la novela como un discurso referencial que plantea un problema del individuo frente al mundo social concreto.

Las teorías de Lukács han sido sometidas a críticas (Bertolt Brecht), reescrituras (Lucien Goldmann) y matizaciones significativas, pero la noción de la peculiar "historicidad" de la novela —aunque considerada como objetable— persiste en numerosas aproximaciones. Para Bajtin, en el espacio lingüístico de la novela llegan a cruzarse los distintos discursos del momento histórico. Debido a esta *heteroglossia* inherente, sigue Bajtin, la novela conlleva posibilidades críticas que sobrepasan las de la épica —que describe un mundo coherente basado en la ideología incuestionable del pasado— y las de la poesía, ensimismada y centrada en lo auto-referencial.[5] Para los críticos que combinan las lecciones del estructuralismo con el legado marxista (Pierre Macheray, Fredric Jameson), la novela es un acto simbólico que pretende resolver las contradicciones ideológicas de la realidad en el espacio ficticio del texto e, inexorablemente, está marcada por silencios, incoherencias y fisuras que delatan la conflictividad del referente socio-histórico.[6]

La trayectoria de la novela confirma no solamente la capacidad del género para abarcar la experiencia individual y colectiva, la dimensión sincrónica y diacrónica, lo imaginario y lo empírico, sino también su sorprendente plasticidad que le permite tejer la fibra de lo real en una gran variedad de diseños.

Mucho se ha comentado que la imposición de la novela como género hegemónico en el segundo tercio del siglo XIX europeo implicaba también la consagración del principio de la mímesis y, en particular, el predominio de la novela histórica asentada sobre las premisas de la tipicidad del héroe histórico y de la interpretación del pasado como prehistoria del presente. Lukács describe este proceso en su clásico ensayo *La novela histórica,* en donde traza el proceso de la "historización" de la conciencia europea en el siglo XIX y su reflejo en las novelas de Honoré de Balzac, Lev Tolstoi y Charles Dickens. En los estudios que siguen a Lukács se menciona con insistencia que las diferentes formas de *narratio (fabula, historia* y *argumentum)* —que en la prosa del Renacimiento habían llegado a entremezclarse y de cuyo entrecruzamiento nació la novela moderna— están sometidas en el siglo XIX a una jerarquización nueva. La *historia,* en cuanto recuento de acontecimientos realmente ocurridos, se impone a la *fabula* —entendida por Cicero como una narración falsa e inverosímil— y eclipsa a *argumentum*, interpretado como acción ficticia, pero posible.[7] Sin entrar en las complejas relaciones entre la historia y la ficción —propias de cualquier discurso, hasta del más objetivo recuento historiográfico— podemos concluir que la novela realista del siglo pasado en vez de problematizar la relación entre la ficción y la realidad a la manera cervantina, presupone la equivalencia entre el signo y su reflejo, entre las palabras y las cosas, tratando de lograr su propósito a través de lo que Philippe Hamon denomina "procedimientos de desambiguación."[8]

El modelo ideológico de la novela realista decimonónica aspira a una coherencia que, ineludiblemente, termina por ser "traicionada" en el proceso de la escritura. Desde la ventajosa óptica retrospectiva, los críticos, escritores y pensadores de nuestro siglo han puesto en tela de juicio las premisas de la verosimilitud, desmitificando su ideología y demostrando sus incoherencias, silencios y contradicciones. Barthes ve el discurso histórico decimonónico de la siguiente manera:

> El hecho sólo puede existir lingüísticamente como término en un discurso; sin embargo lo aceptamos como si fuera la mera reproducción de...una "realidad." El discurso histórico es el único que pretende alcanzar un referente, afuera, al que de hecho nunca puede llegar.[9]

Mientras que los primeros modelos de la novela histórica se asentaban —como la novela de Alessandro Manzoni— sobre la distinción aristotélica entre lo poético y lo histórico, en las reflexiones ulteriores el problema de la especificidad del discurso histórico se concentraba en las diferentes evaluaciones del balance entre lo ficticio y lo histórico (Lukács, Harry B. Henderson, Lion Feuchtwanger, Floyd C. Watkins). Más recientemente, estas polémicas han cedido el paso a la aseveración de que toda escritura, también la historiográfica, se basa en una manipulación del referente (Hayden White) y que el hecho histórico es sobre todo un hecho discursivo que más que reflejar, significa (Barthes, Paul de Man). La transformación de la historia en el discurso está vista con frecuencia como producto de la operación ideológica, y el texto aparece situado en el entrecruzamiento de la ideología dominante, la ideología estética y la ideología autorial.[10]

En el capítulo precedente hemos visto cómo a partir de la vanguardia el modelo realista de la novela se ha convertido en el blanco de ataque favorito de los escritores experimentales. El comentario de Roberto González Echevarría ofrece un resumen sucinto de esta tendencia:

> En vez de la postura "científica" de la novela del diecinueve, que supone un observador privilegiado que mira desde fuera el mundo que describe con un instrumental científico e ideológico neutro, más allá de todo cuestionamiento, la novela —más próxima ahora a la filosofía o al mito— pondrá en tela de juicio precisamente los vehículos de pensamiento y observación y verá la historia presente en el mismo plano que la pretérita.[11]

No obstante, la disolución del modelo realista no ha llevado a la tantas veces anunciada muerte del género novelístico, ni tampoco la exploración de lo fantástico, lo imaginario y lo metaliterario ha eliminado el interés por la temática histórica. Tampoco puede considerarse cerrado el debate sobre las características del discurso histórico. Según se ha demostrado en las recientes monografías dedicadas a la episteme postmoderna, la historia no está considerada como obsoleta por los postmodernos, sino reevaluada en cuanto "texto." Aunque las novelas que Hutcheon clasifica bajo el rótulo de metaficción historiográfica (auto)cuestionan las maneras de conocer y representar el pasado, al mismo tiempo —por su inexorable enraizamiento en la materia histórica— desafían al formalismo ahistórico y esteticista que caracterizaba al período del *Modernism*.[12]

Como hemos venido señalando, todas estas consideraciones generales tienen que verse en el contexto específico de Hispanoamérica. Lo que ha de tenerse en cuenta es que el fenómeno de la toma de conciencia de la historia hispanoamericana —proceso gestado ya con los movimientos de liberación, pero paulatino y limitado a ciertos grupos sociales— ha sido poderosamente estimulado en el siglo XX por dos acontecimientos: la revolución mexicana y la revolución cubana. En los años sesenta, la conciencia americanista —impulsada por el auge descolonizador y el avance de las ciencias sociales— y la madurez formal del género novelesco —consolidada por el boom— han formado un fundamento sólido para la escisión de las premisas de la escritura histórica tradicional.[13]

Muchas de las "nuevas" novelas son históricas si adoptamos la idea de White para quien el discurso histórico es: "una estructura verbal en forma de un discurso narrativo que funciona como modelo o icono de los procesos y estructuras del pasado y cuyo objetivo es explicarlos a través de la representación de los mismos."[14] Refiriéndose específicamente a la nueva novelística hispanoamericana, Fuentes observa:

> La gigantesca tarea de la literatura latinoamericana contemporánea ha consistido en darle voz a los silencios de nuestra historia, en contestar con la verdad a las mentiras de nuestra historia, en apropiarnos con palabras nuevas de un antiguo pasado que nos pertenece e invitarlo a sentarse a la mesa de un presente que sin él sería la del ayuno.[15]

Esta actitud "revisionista" local tiene que verse, sin embargo, en conjunción con las tendencias universales postvanguardistas —deconstructivas y antiautoritarias— que en la segunda mitad del siglo XX llegan a romper con las ataduras del realismo tradicional y acaban por desmitificar las consagradas premisas del discurso ideológicamente homogéneo de la tradición occidental: la ilusión de la referencialidad y la centralidad del Sujeto.

Habrá de subrayar, pues, que la reivindicación del pasado hispanoamericano llega a su apogeo en el momento del cuestionamiento universal de los mismos discursos capaces de tal reevaluación (metadiscurso histórico, por ejemplo). De ahí que la reescritura de la historia hispanoamericana —tal como aparece en la nueva novela— esté marcada por dos fuerzas. La primera —centrípeta— es la que lleva a la novela a preservar el modelo estructurador/totalizador de un discurso homogéneo (realista o mítico), a la vez refuncionalizándolo con el objetivo de "contestar con la verdad a las mentiras." La segunda fuerza —centrífuga, auto-reflexiva, metaliteraria— convierte a la novela en "un objeto irreverente de su propia teleología." En palabras de Djelal Kadir: "La amenaza más abominable que representa la nueva novela para las instituciones normativas, formadoras y autoritarias, es el contagio que imparte la novela desde su autodesmitificación y desde la desmistificación del lenguaje."[16]

Aunque sería precipitado trazar una línea divisoria entre la nueva y la novísima novela a base del predominio de una de las dos tendencias, nos parece significativo que muchas de las novelas históricas de los sesenta y principios de los setenta reclamen su derecho a "contestar con la verdad a las mentiras" (*Cien años de soledad*, la novelística testimonial de Miguel Barnet o Elena Poniatowska) o propongan un modelo "progresivo" del devenir histórico (*El siglo de las luces* de Carpentier, *Hijo de hombre* de Roa Bastos). Por otra parte, este tipo de discurso histórico "revisionista" parece agotarse en los textos de la segunda mitad del setenta que —para muchos críticos— marcan el final del boom. Así pues, *Yo el Supremo* de Roa Bastos y *Terra nostra* de Fuentes no solamente desmitifican otros textos, sino terminan por autodesmitificar su propia condición de artefactos verbales.

Para develar aspectos socio-políticos de la nueva novelística hispanoamericana resulta importante recordar que la reescritura del pasado en términos del presente aparece en forma de un *corpus* ideológicamente homogéneo —Bajtin diría monológico— en momentos de grandes transformaciones sociales, cuando el cambio de la base socio-económica requiere un reajuste de la superestructura y la revisión del pasado por el prisma de la ideología que acaba de imponerse. En este sentido el impacto de la revolución cubana sobre la configuración de un nuevo discurso de la historia merecería indudablemente un escrutinio aparte.

El período de la consolidación del nuevo orden político en Cuba ha producido una vasta nómina de obras historiográficas y literarias reivindicadoras cuya homogeneidad ideológica está causada por la interferencia política propia de un período de transición. La reescritura del pasado es una constante en la novelística revolucionaria cubana del sesenta. Pero en ninguna de las obras oficialmente consagradas la revisión del pasado se vincula al cuestionamiento autoparódico de la escritura misma. Las pocas novelas históroicas que asumen tal actitud quedan prácticamente proscritas en Cuba (*El mundo alucinante* de Arenas). El principio de la lucha de clases se convierte en la matriz de novelas que se escriben "dentro de la revolución" y que vuelven retrospectivamente al momento anterior al 1959 (las obras de Lisandro Otero y José Soler Puig sobre la dictadura de Batista) o bien intentan recuperar aspectos más evidentemente ignorados del pasado más remoto (*Biografía de un cimarrón* de Barnet).

Las novelas históricas de la revolución cubana están configuradas por el concepto progresista de la historia. Al mismo tiempo se acrecienta en ellas el uso de la estructura épica, según ha demostrado Seymour Menton en *Narrativa de la revolución cubana*. Aunque muchas novelas logran conciliar valores estéticos con la "cuestión palpitante" de la lucha política, las discrepancias entre la literatura y el rígido modelo ideológico-estético irán agudizándose. En este sentido el esquema generalizador de Jacques Ehrmann parece aplicable también al caso cubano:

La novela histórica revisitada

Pero la ilusión de hablar un lenguaje común rápidamente desaparece cuando termina la fase terrorista de la revolución y su objetivo es crear un orden político nuevo. Este es el momento de un despertar desagradable para la literatura, que no puede funcionar regida por las palabras de orden impuestas por la autoridad sin verse reducida a una plática ociosa o al silencio.[17]

Lo que sí podemos afirmar aquí es que a raíz de la victoria del Movimiento del 26 de Julio en Cuba se afianzó la conciencia de que la mentira y la manipulación se habían apoderado de la historiografía hispanoamericana desde las crónicas de la conquista, cartas de relación y protonovelas coloniales hasta las novelas decimonónicas y aún historiografías más recientes. Una contribución original de la narrativa histórica cubana revolucionaria a esta veta reivindicadora de las letras hispanoamericanas está constituída por la novela testimonial en la cual el cuestionamiento de la imagen del pasado está matizado por la experiencia propiamente hispanoamericana, la de los pueblos conquistados, marginados, sometidos a la dependencia económica y silenciados en su expresión. En los comentarios críticos se suele enfatizar —siguiendo a Barnet— que el objetivo y el acierto de esta literatura radica en reivindicar a la "gente sin historia." Aunque la corriente testimonial funda su fuerza desmitificadora en la aplicación de una perspectiva nueva, periférica, habrá que recordar también que sus aspiraciones documentales le impiden cuestionar las ilusiones decimonónicas de la referencialidad, la objetividad y la centralidad del Sujeto.

Sin negar, pues, el impacto de la revolución cubana sobre la conciencia histórica en Hispanoamérica, habrá que tener en mente que el materialismo histórico de algunas novelas cubanas consideradas como revolucionarias es tan sólo una de las posibles ideologías que van modelando las novelas históricas hispanoamericanas en los últimos años. Janina Montero —siguiendo el esquema de White— propone una sistematización de algunas de estas obras según sus distintos modos de argumentación *(emplotment)*:

mientras que la tragedia supone la revelación agónica de límites y obstáculos inalterables a las inspiraciones humanas, la sátira refuta la validez de todo intento de integración o redención, al proclamar la insuficiencia fundamental del hombre. Frente a este esquema resulta evidente que *El siglo de las luces* y el *Hijo de hombre* presentan una argumentación trágica y *La muerte de Artemio Cruz* y *Cien años de soledad* una argumentación satírica.[18]

La clasificación parece nítida, pero el escrutinio de una nómina más amplia de novelas pone en evidencia los riesgos de la aplicación de sistemas teóricos no hispanoamericanos a novelas creadas en Hispanoamérica. Hay que advertir aquí que el libro de White tiene como su raíz textual las grandes historias narrativas europeas del siglo XIX. El mismo autor admite que los proyectos de Edward Gibbon, Friedrich Hegel o Jules Michelet constituían una respuesta de los pensadores del siglo XIX frente a las exigencias de un momento histórico específico: "el 'realismo' del pensamiento histórico del siglo XIX consiste en la búsqueda de fundamentos adecuados para asentar su propia fé en el progreso y su optimismo, con plena conciencia de que los filósofos de historia del siglo XVIII habían fracasado en proporcionar tal fundamento."[19]

Algunos críticos ni siquiera creen en la existencia del discurso histórico realista en la novelística hispanoamericana (MacAdam). Otros, al contrario, demuestran su enraizamiento tanto en la escritura del siglo XIX como XX (Amado Alonso, Rodríguez Monegal, Brushwood).[20] Aunque negar la persistencia de los modelos realistas en la nueva y novísima novelística hispanoamericana implicaría una distorsión del cuadro actual de la escritura histórica, tampoco parece prudente recurrir por analogía a esquemas deducidos de la práctica historiográfica europea del siglo pasado. Cabe recordar que la tradición del discurso histórico hispanoamericano no es homogénea, producto de confrontación entre modelos discursivos europeos con la deslumbrante riqueza del Nuevo Mundo, fruto de la "invención de América" y de la instrumentalización de su historia con fines económicos y políticos.[21] Por lo tanto, optamos por considerar que el discurso realista en el sentido decimonónico es tan sólo uno de los ingredientes de este heterogéneo legado. A la escritura realista de la historia tenemos que asignarle, pues, una función dentro del sistema literario muy complejo. Si recurrimos a la nomenclatura acuñada por Raymond Williams, podemos concluir que la función del discurso realista en la literatura hispanoamericana actual —aunque ya no *hegemónica*— tampoco es *anacrónica*. Sugerimos, entonces, que la escritura realista —modificada por los cambios epistemológicos de la postmodernidad— mantiene en la novelística hispanoamericana su función *residual* y está todavía lejos de perder su valor creativo que Barthes designara con el concepto de *le scriptible*.[22]

La novela histórica revisitada 33

Teniendo en cuenta la complejidad dinámica del sistema literario, podemos volver ahora al eje estructurador de nuestro estudio y pasar a analizar estos proyectos de la reescritura de la historia —nacional, regional, hispanoamericana— que recurren al artificio compositivo de la parodia. Como hemos dicho anteriormente, la potencialidad crítico-defamiliarizadora de la parodia en cuanto absorción y reminiscencia de otros textos, permite analizarla como algo más que un brillante artilugio intratextual. La parodia es un vehículo ideológicamente significativo, que bien puede ser empleado para reevaluar el pasado y entablar una polémica reactualizadora con discursos preexistentes (los textos revisionistas, reivindicadores), bien puede servirse de su propia característica de arma de doble filo para autocuestionar las premisas del discurso mismo (los textos autodesmitificadores, autoparódicos).

Los libros analizados a continuación representan tan sólo un fragmento del vastísimo *corpus* de la nueva y novísima novela histórica hispanoamericana (*Crónica del descubrimiento* de Paternain, 1976; *Los perros del paraíso* de Posse, 1983; *El mundo alucinante* de Arenas, 1968; *Los relámpagos de agosto* de Ibargüengoitia, 1964; *Pepe Botellas* de Alvarez Gardeazábal, 1984). La selección ha sido subordinada, por una parte, a los criterios generales ya expuestos en la introducción (marco cronológico del presente estudio, representatividad, originalidad y valor estético de los textos, escasa elaboración crítica de los mismos) y, por la otra, a la presencia de la parodia —en cuanto imagen verbal de otro texto— a lo largo de la novela. En palabras de un crítico, la lectura en clave paródica es posible solamente cuando

> a través de la obra, se transparenta un segundo plano, el parodiado; cuanto más restringido, limitado, definido, es este segundo plano, más todos los detalles de la obra tienen un doble esfumado y pueden ser interpretados desde una visión doble; y tanto más fuerte es entonces la parodicidad.[23]

Podemos tomar por sentado que la potencialidad defamiliarizadora de la parodia encaja bien con los propósitos de la novela histórica. White afirma que los historiadores intentan re-familiarizarnos con los acontecimientos olvidados por culpa de un accidente, una negligencia o una represión, mientras que los novelistas persiguen una desautomatización de lo aceptado y de lo familiar. Los mismos escritores prefieren destacar este carácter "subversivo" de la novelística en cuanto opuesto a la conformidad de la historiografía oficial. Las palabras del narrador de *Pepe Botellas* son sintomáticas para esta visión contestataria de la novela: "la historia se escribe por parte de quienes triunfan; los que pierden escriben novelas."[24] La diferencia en las intenciones ideológicas entre las dos formas discursivas no tiene que ser abismal, puesto que en ambos casos es posible una revisión y desmitificación. Pero la novela y la historiografía sí difieren por una matización propia de las funciones del discurso. A pesar de la inevitable elaboración literaria de los hechos (la *historia* transformada en el *discurso*), en la novela la dimensión estética está realzada por la predominancia de la función poética del lenguaje, mientras que la obra historiográfica tiende a enfocarse en la función comunicativa y en la configuración de la dimensión cognoscitiva del texto.[25]

Si bien es cierto que muchos novelistas hispanoamericanos emprenden su proyecto de reescritura histórica a partir de una documentación extensa (la mayoría de novelas testimoniales, las novelas de Carpentier, *Terra nostra* de Fuentes, *Yo el Supremo* de Roa Bastos, *La novela de Perón* de Tomás Eloy Martínez, *1492: Vida y tiempo de Juan Cabezón de Castilla* de Homero Aridjis, *Noticias del imperio* de Fernando del Paso), una vacilación entre el predominio de la función poética o comunicativa no aflora con frecuencia. Tan sólo con respecto a algunas novelas para-documentales (*Hasta no verte Jesús mío* de Poniatowska, *Biografía de un cimarrón* de Barnet, *Operación masacre* de Rodolfo Walsh) la clasificación del texto como "literatura" o "documento" plantea problemas. Habrá que recordar, pues, que —a diferencia de una obra historiográfica— la dimensión estética de la novela histórica constituye un elemento esencial de la experiencia del lector, a la vez que las estrategias narrativas empleadas para apresar la materia histórica determinan la configuración del significado ideológico del texto.

2.2. EL (RE)DESCUBRIMIENTO DE AMERICA: *CRONICA DEL DESCUBRIMIENTO* Y *LOS PERROS DEL PARAISO*

En los años recientes parece haber incrementado el interés histórico de los novelistas hispanoamericanos por el descubrimiento, la conquista y el período colonial de América. Este interés —coadyuvado por las estrategias interpretativas de metadiscursos (post)estructuralistas— ha producido una serie de novelas que podríamos denominar de "redescubrimiento." Así pues, Miguel Otero Silva y Carpentier han ofrecido —desde los ángulos de reivindicación y desmitificación, respectivamente— sus propias visiones de la conquista centradas en las figuras de Lope de Aguirre (*Lope de Aguirre, príncipe de la libertad* de Otero Silva, 1979) y de Cristóbal Colón (*El arpa y la sombra* de Carpentier, 1980). Antonio Benítez Rojo a su vez ha edificado su debut novelesco (*El mar de las lentejas*, 1979) a base de una reflexión original sobre el encuentro entre los dos mundos, una variante en miniatura de *Terra nostra* de Fuentes. Finalmente, Carlos Monsiváis ha ensartado viñetas, anécdotas y hagiografías en su humorístico y desinhibido "catecismo al revés," una contribución burlona a la leyenda negra española (*Nuevo catecismo para indios remisos*, 1982).

Para efectos de nuestra exposición hemos escogido dos novelas —*Crónica del descubrimiento* y *Los perros del paraíso*[26]— que no solamente transparentan y problematizan su dimensión paródica, sino también —sobre todo en comparación a *Terra nostra* o *El arpa y la sombra*— apenas han sido comentadas. Debido a sus evidentes conexiones intertextuales, ambas obras podrían considerarse como variantes paródicas de modelos derivados de la literatura española que habían fundado la historiografía hispanoamericana y la imagen del Nuevo Mundo.

Crónica del descubrimiento de Paternain señala su propia constitución paródica desde su título mismo. La novela es esencialmente lúdica, pero al mismo tiempo logra esbozar una vía para superar la intrascendencia de un mero juego intertextual. El novelista trata su pre-texto precisamente como *pretexto* para una especulación metaliteraria y metahistórica. Paternain integra los impulsos oposicionales de la parodia: no solamente ofrece una inversión de la perspectiva historiográfica —lo cual, según se ha señalado, es propio de la reciente veta reivindicadora y testimonial de la literatura hispanoamericana—, sino llega a invertir el mismo proceso histórico. *Crónica del descubrimiento* es un recuento disfrutable y humorístico de una expedición que varios representantes de una tribu americana de los mitones —encabezados por el guerrero Semancó, el navegante Yasubiré y el brujo Mañamedí— emprenden en tres piraguas con el objetivo de descubrir el Mundo Nuevo, que resulta ser la España de los Reyes Católicos, de Colón y de la Inquisición.

El desapego de la novela por cualquier verosimilitud histórica queda mitigado por dos técnicas tan sólo aparentemente contradictorias. Por un lado, Paternain atiende a los minuciosos procedimientos de historización (el detallado trasfondo costumbrista y socio-político de la España del siglo XVI) y disemina por el texto tales señales como las tres naves de Colón vislumbradas por los mitones en pleno Atlántico. Por otra parte, ofrece una especie de explicación de lo fantástico: cuando protegidos por la espesa niebla creada por el mago Mañamedí los indios exploran la tierra española sin ser descubiertos estamos en el ámbito de lo extraordinario que, aunque raro, parece probable (según nos ha enseñado Tzvetan Todorov en su *Introducción a la literatura fantástica*).

Según se puede inferir de lo hasta ahora expuesto, *Crónica del descubrimiento* adjudica valores insospechados a un pre-texto anacrónico (la crónica renacentista) gracias a una brillante combinación del recurso paródico de transmutación con una cuidadosa reconstrucción del referente. La desautomatización está lograda, principalmente, gracias al cambio de la óptica, pero Paternain no parece contentarse con el poderoso efecto de extrañeza así conseguido. De acuerdo con la poética de la crónica, la narración está a cargo de un escribano. No obstante, el joven cronista se destaca por una autoconciencia profesional tan exagerada que sus comentarios se vuelven autoparódicos. La apertura de la novela ejemplifica bien esta inclinación auto-reflexiva del historiador: "Yo, cronista de la tribu de los mitones por la gracia de Tebiché, que reina entre los espíritus buenos, comienzo la crónica puntual de este viaje" (9). En varias ocasiones el escriba —cuyo nombre desconocemos— nos asevera de lo verdadero de su relato: "Me detendría aquí, esperaría a la mañana, no me gustaría seguir adelante. Pero como cronista me debo a la verdad, aunque sea algo triste" (11) y, casi renglón seguido: "No he podido comprobarlo, por eso lo anoto como una información para ser sometida a escrupulosas verificaciones" (11). En otra ocasión expone su credo profesional: "como cronista estoy obligado a saberlo todo y no olvidar nada" (12).

La espontaneidad y la ingenuidad del muchacho irán transformándose —un poco en la línea de *Bildungsroman*— bajo la presión de la ideología oficial. Sin abandonar el tono humorístico Paternain desenmascara los mecanismos de la historiografía en tanto una transfiguración paródica de los hechos ajustada a las exigencias de la ideología dominante. Si bien este mensaje desmitificador se va prefigurando a lo largo de la novela, la confrontación directa entre la ética y el compromiso del historiador y el poder ocurre en el episodio en el cual el brujo expone los principios de la ideología oficial:

> Sé que has entendido tu oficio como una disciplina de objetividad, y has procurado registrar la expedición de Yasubiré, el navegante. Pero te aclaro que la enfermedad del vicecacique ha debilitado su fibra mitona. Debes, entonces, registrarlo desde afuera, como quien dice, equilibrando

tus crónicas con el peso de mis pensamientos y opiniones que son —modestia aparte— oficialmente mitonas y, por si fuera poco, saludables.... Mucho cuidado, entonces, con lo que registras. De ahí en adelante, harás bien en consultarme. Recuerda que, como Gran Machí y jefe de todos los brujos mitones, inventé la inquisición y la censura antes que nadie. (106-07)

La dimensión paródica de la novela se funda, pues, en tres procedimientos fundamentales: la inversión defamiliarizadora de la perspectiva, la intertextualidad (transformación del modelo de la crónica renacentista europea) y las meditaciones metadiscursivas. Si bien las estrategias mencionadas no representan de por sí un parteaguas en el desarrollo de la nueva novela hispanoamericana, parece evidente que Paternain no solamente ha logrado rejuvenecer la forma impracticable de la crónica, sino también ha resucitado el arte de contar y la amena narratividad eclipsados por el exacerbado formalismo de las novelas más herméticas del sesenta. En este sentido la novela uruguaya podría encajar bajo el rótulo de la novísima narrativa.

Por otro lado —aunque un poco de soslayo— la obra de Paternain encara los pre-textos más inmediatos, sobre todo los proyectos totalizantes que —desde Carpentier y José Lezama Lima hasta García Márquez y Fuentes— buscaban la identidad y la "expresión americana" en los laberintos estructurales y estilísticos. La conciencia de que "descubrir es, en gran parte nombrar" (53) entronca la novela uruguaya con toda una tradición de la escritura "fundacional" latinoamericana (desde Cortés a Carpentier). Afortunadamente, esta herencia no parece de ningún modo paralizar la creatividad de Paternain ni forzarle a asumir la estilística barroca que —según Carpentier— es la única forma expresiva idónea para captar la riqueza del Nuevo Mundo. En el modesto marco de una novela legible y entretenida encara el novelista el complejo problema de la "invención de América."

Posse se suma a esta veta de "redescubrimiento" literario con un *corpus* narrativo tal vez más complicado, pero igualmente inventivo y original. Su novela *Daimón* (1978) es una recreación totalizadora y deslumbrante de los cinco siglos de la historia hispanoamericana. La trama sigue el recorrido del fantasma de Lope de Aguirre desde sus aventuras amazónicas, a través del inventado descubrimiento de Macchu Picchu hasta sus peripecias ficticias en la América actual regida por las dictaduras militares horrorosamente reales. En la novela que nos ocupa aquí —*Los perros del paraíso* (1983)— Posse reconstruye las personalidades de Colón e Isabel la Católica en vísperas del descubrimiento del "paraíso" americano. A pesar de haber sido galardonada con el prestigioso Premio Rómulo Gallegos, *Los perros del paraíso* carece todavía de interpretaciones críticas que, indudablemente, merece y requiere. Vamos a dedicarle, pues, un comentario extenso y vincular la novela con otras reescrituras paródicas de historia hispanoamericana.

Mientras que *El arpa y la sombra* de Carpentier explícitamente subordina la parodia al propósito de desmitificar la imagen de Colón —un héroe, un visionario y, sobre todo, un candidato a la beatificación— el libro de Posse no cabe bajo una sola rúbrica de satirización. Esmeradamente construída en formas que aspira a la totalidad —con sus cuatro partes dominadas por los cuatro elementos— la novela empieza por destacar su propia "historicidad." A partir de las tablas cronológicas que encabezan cada una de las cuatro secciones del libro se establece una peculiar filosofía de la historia que anticipa una novela histórica, pero en clave diferente de las tradicionales.

Posse recoge hechos nimios, callados por el pudor o la censura, descuidados e ignorados por los escribanos. Pero es legítimo sospechar también que algunos de estos "datos" son nomás conjeturas del novelista, invenciones, ficciones disfrazadas con apariencia de una verdad histórica. En la primera tabla cronológica se juntan, pues, tales eventos como —bajo la fecha sorprendentemente precisa del 12 de junio de 1461— la revelación pública de la impotencia del Rey Enrique IV por Isabel de Castilla, en 1462 el robo del alfabeto de la parroquia por Cristoforo Colombo y, en 1468, la "tardía, ambigua e intencionada circuncisión de Cristóbal Colón." La mención del "fracaso de las reuniones incaico-aztecas en Tlatelolco" en el año 2-Casa y la desafiante referencia al "amancebamiento por Iglesia" de los futuros Reyes Católicos completan este irreverente cuadro histórico que es decisivo para la perfiliación de la poética textual.

Posse procede a una reconstrucción imaginaria de éstos y otros "hechos" y "datos" históricos, a la vez que va recreando magistralmente el clima de la época que Johan Huizinga llamara el "otoño de la Edad media." La novela parece desbordar su propio marco debido a la acumulación de referencias interculturales e intertextuales y a la proliferación de imágenes barrocas. Los saltos de la imaginación —más visionarios que metafóricos— le permiten a Posse establecer delirantes interpolaciones por encima de los deslindes temporales, espaciales y culturales. Con éxito notable el autor baraja indiscriminadamente alusiones más dispares: no vacila en yuxtaponer referencias a la *Danse Macabre* y a Botticelli a un pasaje que describe a un rabino genovés como "un pionero del lamentable psicoanálisis"; en otra ocasión recurre

—aunque casi entrecomillándolo por una distancia irónica— al tropo inconfundiblemente homérico del "alba —la de los dedos de rosa" (20). En algunos casos Posse lleva este procedimiento de dislocación temporal y espacial al extremo: a la Isabel adolescente se le llama *teen-ager*, hay referencias al *horror-penis* y a la idea del "falocentrismo," los acontecimientos de finales del siglo XV se ubican "donde hoy es Venta del Prado (sobre la Nacional 630)" (92). En suma, es un texto abigarrado, tejido de referencias no solamente dispares, sino hasta disparatadas.

Por cierto, el anacronismo es uno de los agentes catalizadores más eficaces para señalar al lector la necesidad de distanciamiento y disipar la ilusión mimética. Su operatividad desautomatizadora puede compararse con lo que Tinianov denominara "la coloratura verbal": cuando la palabra está arrancada de su contexto habitual, está percibida como cómica o irónica.[27] El anacronismo se entreteje con el estilo seudo-científico de las notas al pie de página. El humorismo de éstas estriba en la evidente discrepancia entre el contenido absurdo por su anacronismo y la forma supuestamente objetiva:

> Colón, como la mayoría de los argentinos, era un italiano que había aprendido español. Su idioma era necesariamente bastardo, desosado, agradablón y aclaratorio como el que abunda en la literatura del Río de la Plata. Colón decía *piba, bacán, mishiadura, susheta,* palabras que sólo retienen los tangos y la poesía lunfarda. (65)

En una evidente parodia de las autoritarias interpretaciones científicas se explica la exuberante sexualidad de Isabel. El eclecticismo conceptual —que yuxtapone la óptica psicoanalítica a la nomenclatura del materialismo histórico— produce aquí un efecto burlón: "Freudianamente buscó una ideología para encauzar tanto deseo, una superestructura adecuada" (47). El procedimiento es recurrente: en otra ocasión, al presentar la escena de la ablución de Fernando, el narrador sugiere —de manera igualmente juguetona— las posibilidades interpretativas de este episodio desde la perspectiva de la antropología estructural:

> Un buen antropólogo, un Lévi-Strauss, hubiera encontrado en los restos de aquella batea no sólo signos estructurales de una vida, sino de toda una cultura: hojas secas y piñones de varios bosques recorridos por el empedernido cazador que era; alimañas ahogadas que habían morado felices en las greñas de su cabello y otras pilosidades, que nunca habían

quebrado su relación con el medio ambiente natural de Aragón; el sudor de todos sus veranos, en capas apergaminadas (dieciocho) sucesivas y exactas como los anillos del árbol en cada floración; una oxidada punta de flecha caída seguramente desde el ombligo, el prepucio o de las circunvalaciones auriculares. (53)

El empleo de anacronismos refuerza la especificidad del uso de la historia en la novela. Este consiste más en problematizar los principios de su propia configuración discursiva que en "contestar con la verdad a las mentiras." En *Los perros del paraíso* no se escamotean comentarios moralizantes propios de un narrador omnisciente ("la crueldad justa siempre fascina en España" [37]), ni se pretende encubrir el *Weltanschauung* del narrador formado en pleno siglo XX. Pero a pesar de esta perspectiva narrativa autoritaria el texto no lo es: configurado de reminiscencias del pasado, destellos de la verdad y ecos de textos perdidos o no existentes, el discurso de *Los perros del paraíso* se autocuestiona a sí mismo, desrealizándose, poniendo en evidencia su propia heterogeneidad, sus fisuras, sus silencios, sus anacrónicas inconsistencias.

Aparentemente fiel a las pautas de la novela histórica realista —atento a la cronología y a los hechos, lineal, organizado por el narrador omnisciente—, el texto va socavando esta estructura por medio de ligeras alteraciones de todos los elementos constitutivos, para desembocar en una inversión paródica del modelo. La dimensión metaliteraria de *Los perros del paraíso* es, indudablemente, un recurso decisivo de esta transgresión.

La autoconciencia del texto está cifrada en sus abundantes anacronismos y en el empleo de las notas al pie de página, asimismo como en las intertextualidades explícitas. El diálogo con las historiografías existentes y borgeanamente apócrifas está rematado por una polémica burlona con *El arpa y la sombra*:

> Por eso yerra el gran Alejo Carpentier cuando supone una unión sexual, completa y libre, entre el navegante y la Soberana. La noble voluntad democratizadora lleva a Carpentier a ese excusable error. Pero es absolutamente irreal. La intimidación del plebeyo fue total en el aspecto físico. Total, en cambio, fue su descaro metafísico y así alcanzó la liberación del panorgasmo. (119-20)

Posse recurre también a la reducción de los personajes históricos a la dimensión unilateral de "figuras" o "protagonistas" literarios. El último procedimiento merece un comentario aparte, ya que constituye una de las imágenes más curiosas de la primera parte del libro. Presenciamos aquí la reunión entre Huamán Collo y el *tecuhtli* de Tlatelolco en la ilusoria dimensión del "papel delicadamente pintado del *Codex Vaticanus C*" (57). Los personajes avanzan por el papel "a punta de sandalia," exploran la barroca variedad de las amenidades culinarias y culturales del reino azteca, para refugiarse por fin en "los lugares más discretos de los márgenes del *Codex*" (60) y entregarse al amor.

La prolija descripción del fragmento evidentemente apócrifo del *Codex* no sirve para lograr lo que era el objetivo de la novela realista —una totalidad tejida a través de la acumulación de detalles. Al contrario, este recurso realza la naturaleza ilusoria de lo que acostumbramos denominar hechos reales o personajes históricos. Según observa Hugo Rodríguez Vecchini, el entramado de la falsa acreditación es un recurso popularizado por la prosa renacentista de fines del siglo XVI, un truco que termina por minar la base de la identidad verídica del texto. La frontera entre el signo y su reflejo, la ficción y la realidad, la novela y la historia llega a borrarse por completo en una recreación humorística, irreverente, apócrifa de aquel episodio de *Los perros* en donde los líderes incáicos y aztecas deciden esperar la llegada de los dioses blanquiñosos:

> Ceremoniosamente se encaminaron hacia el banquete en el Palacio Imperial. Ingresaron en ese panteón de luz y color que es el *Codex Vaticanus C,* tercera parte, perdida para siempre en la quemazón de documentos aztecas ordenada por el atroz obispo Zumárraga. Entraban en el *Codex* con pie lento y grave. "Solemnes como reyes de baraja," hacia el último banquete. Recibidos desde ambas márgenes por adolescentes que saludaban con plumeros de colores. Los ideogramas no retienen el último intento del *tecuhtli,* político practicón, para convencer a Huamán: —Señor, ¡mejor será que los almorcemos antes que los blanquiñosos nos cenen...! (35)

Si quisiéramos clasificar *Los perros del paraíso* como discurso histórico, las categorías de Joseph W. Turner podrían sernos útiles. Turner enumera tres modalidades de la novela histórica: la que inventa el pasado, la que disfraza con ficción el pasado documentado y, finalmente, la que recrea el pasado documentado.[28] La novela de Posse parece unir las dos primeras variantes: el autor deja entrever las huellas de una investigación historiográfica previa a la escritura, a la vez que manifiesta su desconfianza respecto a las fuentes tan apreciadas por los historiadores.

En numerosas ocasiones el texto afirma que la invención de la historia es la única filosofía de historia plausible. Sobre el *Diario* de Colón dice el narrador: "Después, en el pupitre inauguró con su reconocida caligrafía el *Diario Secreto* que su hijo bastardo, Hernando, dañaría irremediablemente y del cual el padre Casas recogerá algunas cenizas, sólo pasajes de sensatez" (141). En referencia a la aventura amorosa de Colón en las Canarias el narrador pregunta dudoso: "¿Se pueden tener por ciertas las notas del grumete Morrison, tomadas cincuenta años después de la boca de un guardia gallego? (151). En otro pasaje concluye ya con escepticismo explícito:

> El Reino se consolidaba apenas. Paralelamente, una guerra secreta, íntima, correspondía a la exterior, la que registraron los historiadores (sólo hay Historia de lo grandilocuente, lo visible, de actos que terminan en catedrales y desfiles; por eso es tan banal el sentido de Historia que se construyó para consumo oficial). (66)

La autoconciencia metahistórica de la novela aflora tanto en estos comentarios directos como en las libertades que el narrador se está tomando con la cronología de los hechos comúnmente aceptada. Curiosamente, él mismo denomina este procedimiento con un término digno del metalenguaje de la crítica narratológica —"imágenes de futuración" (126).

Si evaluamos todos los procedimientos analizados hasta ahora, nos parece acertado definir *Los perros del paraíso* como parodia de novela histórica. La parodia cumple aquí una función hegemónica en el sentido definido por Tinianov, o sea se convierte en la fuerza estructuradora principal del material preexistente, tanto referencial (histórico) como literario. Posse preserva el esqueleto estructural del modelo novelesco del diecinueve (narrador omnisciente, personaje central como eje estructurador, motivo de la búsqueda "demoníaca," narración básicamente lineal y cronológica), pero llega a problematizarlo a través de su recolocación en un nuevo marco ideológico. Hasta cierto punto la novela sugiere, pues, que la noción de lo paródico surge del cambio en el contexto histórico —que determina la percepción— y no de un desajuste arbitrario entre la forma y el contenido, según prefieren algunos teóricos de la parodia. El efecto de esta descontextualización es muchas veces humorístico, pero —igual que en *Crónica del descubrimiento*— el significado ideológico de la novela trasciende la dimensión puramente lúdicra, ni tampoco puede interpretarse como una simple sátira de la cosmovisión europea. A diferencia de la narrativa testimonial o la novela revolucionaria cubana —que se proponen suministrar una alternativa (reivindicadora, rectificadora y desmitificadora) a las versiones historiográficas preexistentes—, los libros de Paternain y Posse también ponen en tela de juicio el principio mismo de la escritura. Finalmente, *Los perros del paraíso* parece brillantemente parafrasear aquella idea tan difundida de Marx de que cualquier recurrencia de un evento o de un personaje histórico lleva irremediablemente a su rebajamiento, de la esfera trágica al ámbito de la farsa. La repetición de la historia en el espacio de la escritura es, pues, inexorablemente, paródica. *Los perros del paraíso* no pretende escamotear esta verdad. Al contrario, la novela llega a convertirla en la fuerza motriz del discurso, aunque so pena de autodestrucción. Según veremos a continuación, no es la única novela en la cual la refuncionalización del discurso histórico desemboca en la autoparodia.

2.3. *EL MUNDO ALUCINANTE*: POETICA Y POLITICA DE AUTOPARODIA

Aunque la novela *El mundo alucinante* fue escrita en 1965 y publicada en 1969, o sea en pleno auge del boom, la gran parte de sus lecturas críticas han sido más bien relecturas desde la óptica de los últimos diez años.[29] El hecho de que la novela de Arenas haya encontrado en estas exégesis retrospectivas el reconocimiento bien merecido parece sugerir que el autor se había adelantado al horizonte de expectativas de sus lectores. Si bien las características innovativas del texto podrían explicar este fenómeno del interés crítico "diferido," en el caso de Arenas tampoco pueden ignorarse ciertos datos extraliterarios. Según han comentado Rodríguez Monegal y Raymond D. Souza, tanto las vicisitudes editoriales de *El mundo alucinante* como la dramática trayectoria del mismo escritor agregan a la novela un comentario extratextual profundamente irónico.[30]

El subtítulo de *El mundo alucinante* —"novela de aventuras"— establece ciertas expectativas del lector que se ven desafiadas ya a partir de los primeros renglones del texto igual que en la obra de Posse. El procedimiento fundamental de Arenas consiste no en la reproducción de éste y otros paradigmas discursivos, sino en su progresiva disgregación. La estrategia de esta práctica deconstructiva es esencialmente postvanguardista: a la par con la fragmentación del Sujeto (yo-tú-él) se efectúa una anulación del concepto de lo "real" y de lo "verdadero." La alucinante acumulación de versiones contradictorias del mismo hecho, yuxtaposición de afirmaciones que se niegan entre sí y proliferación de preguntas escépticas terminan por reducir el discurso a una relatividad vertiginosa. El código de la acción —proairético, según lo denomina Barthes—, esencial para una novela de aventuras, termina por autoanularse a raíz de la bifurcación de la trama en variantes contradictorias.

Para mejor caracterizar la especificidad estético-ideológica de *El mundo alucinante* evoquemos las palabras de Angel Rama quien ve la literatura como

> un sistema productivo privilegiado donde se conjugan los más variados niveles conscientes e inconscientes, así como los diversos discursos que de ellos proceden, mediante un positivo esfuerzo de opciones, rechazos, equilibrios de fuerzas e invenciones, de modo de superar las contradicciones y responder a ellas mediante una proposición estética en que se asume la totalidad actuante, pasada y presente, procurando darle un sentido, tarea en que la ideología cumple papel preponderante.[31]

"La proposición estética" de *El mundo alucinante* se destaca, en primer lugar, por su vistoso juego intertextual. El texto está marcado de manera incoherente y caprichosa por notas al pie de página, abarcando textos del mismo Fray Servando (sobre todo *Apología y relaciones de su vida*) y los de sus biógrafos (Vito Alessio Robles, Artemio de Valle-Arizpe), versos de José María Heredia, fragmentos de *América mágica* de Germán Arciniegas y trozos de *La expresión americana* de Lezama Lima. No faltan entre los fragmentos barajados el obligatorio *Don Quijote* ni la curiosa sombra de *Orlando* de Woolf.

Entre las alusiones más veladas habrá que mencionar las brillantes y graciosas parodias de dos maestros de literatura cubana: Carpentier y Lezama Lima. El barroquismo —cultivado y teorizado por Carpentier— y la conocida afición del autor de *El siglo de las luces* y de *La ciudad de las columnas* por los detalles arquitectónicos sirven a Arenas como punto de partida para su parodia. En *El mundo alucinante* Carpentier aparece en uno de los rincones del palacio presidencial mexicano, cuyo estructura churrigueresca llega a convertirse en metáfora del estilo carpenteriano:

Aquel hombre (ya viejo), armado de compases, cartabones, reglas y un centenar de artefactos extrañísimos que Fray Servando no pudo identificar, recitaba en forma de letanía el nombre de todas las columnas del Palacio, los detalles de las mismas, el número y la posición de las pilastras y arquitrabes, la cantidad de los frisos, la textura de las cornisas de relieve, la composición de la cal y el canto que formaban las paredes, la variedad de árboles que poblaban el jardín, su cantidad exacta de hojas, y finalmente hasta las distintas familias de hormigas que crecían en sus ramas. Luego hacía un descanso, y con gran parsimonia anotaba todas las palabras pronunciadas en su grueso cartapacio en cuya tapa se leía *El Saco de las Lozas*.... (284)

A su vez, el estilo de Lezama Lima está parodiado —según observa Emil Volek— en la exuberante descripción de las tres tierras del amor (126-35). Cabe anotar que, al contrario del episodio carpenteriano, la parodia no exhibe aquí sus características extremas de "imitación con venganza" (en este sentido la postura de Arenas es semejante a la de Cabrera Infante en los pasajes parodísticos de *Tres tristes tigres,* según se verá más tarde). Hasta en la escena en la cual el autor de *Paradiso* aparece grotescamente transfigurado por una nota bibliográfica apócrifa y rebajado a la categoría de un predicador, no son sus *palabras* el blanco de la burla arenesca, sino la *ignorancia e insensibilidad* de sus oyentes:

> Miró para el Portal de los Mercaderes, poblado de escribanos, vendedores de tortillas y prostitutas, y descubrió al padre José de Lezamis, encaramado en una piedra, predicando con su voz de muchacho resentido.... Pero al instante descubrió que nadie escuchaba aquella hermosa prédica. (287)

Esta nómina de fuentes o influencias —reproducida en la mayoría de los estudios sobre *El mundo alucinante*— no explica de por sí la "proposición estética" del texto. Al echar mano a paradigmas discursivos tan variados como la novela de aventuras, la picaresca, la novela histórica, la biografía y la autobiografía, la poesía y la reflexión ensayística, Arenas no opera "mediante un positivo esfuerzo de opciones y rechazos...de modo de superar contradicciones," según sugería Rama (357). En otras palabras, su texto no sirve tan sólo a exponer paródicamente las insuficiencias de otros discursos a través de los procedimientos de descontextualización, fragmentación, yuxtaposición y deformación hiperbólica. Su afán crítico-desmitificador termina siendo autoparódico. *El mundo alucinante* puede definirse, pues, con palabras de Richard Poirier, como un texto que "pone en tela de juicio no una estructura literaria particular, sino la actividad misma de crear una forma literaria, de revestir una idea con un estilo."[32]

Nos parece sumamente significativo para la poética y la política de la novela —o sea, tanto desde el punto de vista estético como ideológico— el hecho de que las desgracias encadenadas de la vida picaresca y aventurera del fraile mexicano fueran desencadenadas por un acto de reescritura paródica. La entrada de Fray Servando a la historia está marcada con precisión: el 12 de diciembre de 1794 el dominico pronunció un sermón en el cual sostenía —contrario a la tradición consagrada por la Iglesia— que la aparición de la Virgen de Guadalupe era anterior a la conquista.

Evaluado desde el punto de vista de su retórica, el método de Fray Servando en el inortodoxo sermón consiste en una recontextualización e inversión: el indio Juan Diego —a quien, según la versión oficial, se había aparecido la Virgen— queda reemplazado por la venerable figura de Santo Tomás (curiosamente identificado con Quetzalcóatl, a la vez que la fecha del milagro (1531) se traslada a los tiempos anteriores a la llegada de los conquistadores. Según advierte numerosos comentaristas, las consecuencias ideológicas de este acto eran verdaderamente revolucionarias, ya que "semejante aseveración dejaba sin apoyatura la presencia peninsular en la Nueva España —que se justificaba con la cristianización— y sentaba las bases ideológicas para el movimiento separatista contra la metrópoli."[33]

Aunque valiosos y perspicaces comentarios se han dedicado al aspecto intertextual de *El mundo alucinante*,[34] nos parece fundamental reparar en la modalidad particular de la intertextualidad que es la parodia, en cuanto diálogo crítico con los pre-textos y como metadiscurso autoirónico. El *modus operandi* paródico en la novela de Arenas no puede disociarse del humorismo, corroborando asimismo a estas definiciones de la parodia que insisten en su dimensión cómica. Cuando Arenas opta por "documentar" la palabra "Vale" —remitiéndonos en una nota al pie de página a *Don Quijote* (241)— logra exponer la teoría de la intertextualidad de manera burlona, pero más sucinta y eficaz que —valga esta descontextualización de la cita— "las abrumadoras enciclopedias, siempre demasiado exactas, [y] los terribles libros de ensayo, siempre demasiado inexactos" (19).

El novicio de la Orden de los Dominicos, quien ha caído "en el veneno de la literatura" (49), ejemplifica con su locura verdaderamente quijotesca lo que la modernidad ha llamado —siguiendo a Bloom— la ansiedad de la influencia (*anxiety of influence*). Dice el texto: "Y comenzó a parodiar un epigrama de Marcial —quién sabe si pensando que rezaba el Padre-Nuestro—, tantas eran las lecturas que por aquellos tiempos tenía el joven en su cabeza" (49). A diferencia del ingenioso hidalgo, el escrutinio de los libros no le lleva al fraile a la locura de creer en lo que dicen los libros, sino al vicio igualmente peligroso de cuestionarlo: "Y seguiste investigando sin que nadie te pudiera decir nada, sino que dejaras esas lecturas que mucho tenían de sacrilegio y de locura" (49).

La distancia metaliteraria hacia la palabra queda visualizada en fragmentos que Oscar Rodríguez Ortiz denomina "pastichantes" (el *collage* de frases en bastardilla sin indicación de fuentes).[35] A lo largo del texto encontramos diseminadas referencias explícitas a la parodia y la autoparodia, a la reescritura en cuanto relectura, a la traducción como traición. Veamos algunos ejemplos: refiriéndose a la obra del poeta cubano Heredia, con quien coincide en el palacio presidencial en México, el fraile concluye implacablemente: "Se traiciona a sí mismo, está lleno de contradicciones, es llorón y melancólico. Pero también a veces hace algunos gestos que me dejan perplejos. También a veces ha llorado por su tierra oprimida y ha acertado con un verso genial" (296). Y más tarde, dirigiéndose a Heredia: "bien sabes que no puedo perder el tiempo en pantomimas que ni siquiera son originales. Por lo demás, la traducción de esa tragedia de Jouy se ve que la hizo usted durante un viaje: está llena de baches. Es un plagio mal realizado..." (296). En otra ocasión dice el narrador: "Pero a veces se oye la voz de Fray Servando que habla solo; otras, es Heredia, que parodia los versos de un poema que aún no ha escrito" (303).

Aunque —igual que en el caso de *Los perros del paraíso*— la parodia totalizante convierte la novela de Arenas en un texto autocrítico, la reflexión sobre la historia, sobre la escritura de la historia es inherente a este metadiscurso. *El mundo alucinante* ejemplifica, a nuestro modo de ver, el entrecruzamiento conflictivo de dos impulsos que llegan a agudizarse en la escritura hispanoamericana actual: la necesidad y la obligación de reescribir, reivindicar, renombrar el pasado de Latinoamérica y la conciencia postborgeana —postmoderna, postvanguardista— de la esencial imposibilidad de poder cumplir con este compromiso en el espacio de la literatura.

Como consecuencia de esta conjugación de estímulos contradictorios, la gran parte de las nuevas y novísimas novelas históricas hispanoamericanas se resignan a aceptar su propia dimensión "fabuladora." Novelas como *Los perros del paraíso, El mundo alucinante, Pepe Botellas* o *Yo el Supremo* exponen —a través de estrategias expresivas propias— la idea que Kadir ha acertado en resumir de manera siguiente:

> La historia, como aquí se alega, no es efectivamente lo que realmente ocurre sino lo que ostensiblemente ocurre historiado, es decir, tramatizado a través del lenguaje en especie particular de historia-proceso que no es ni invariable ni inmune a la antevisión del historiador.[36]

Muy próxima a esta opinión es, de hecho, la poética de *El mundo alucinante,* tal como aparece formulada en el epígrafe inicial: "esta es la vida de Fray Servando Teresa de Mier, tal como fue, tal como pudo haber sido, tal como a mí me hubiera gustado que hubiera sido" (11). La novela lleva a sus últimas consecuencias la destrucción paródica de la diferenciación aristotélica entre lo poético y lo histórico, distinción cuyo eco resonaba todavía en las palabras del bachiller Sansón Carrasco cervantino: "El poeta puede contar o cantar las cosas, no como fueron, sino como debían ser; y el historiador las ha de escribir, no como debían ser, sino como fueron, sin añadir ni quitar a la verdad cosa alguna."[37]

Si vemos el prólogo lisa y llanamente como una exposición de intenciones autoriales, no habrá la menor duda de que el principal blanco de su ataque, el *target text* de la parodia, es el discurso histórico entendido como "una fila de cartapacios ordenados más o menos cronológicamente" o una serie de fechas, cifras y datos "minuciosos y precisos" (15). En el plano teórico *El mundo alucinante* aspira a ser a-ideológica, a rechazar cualquier dogma o código y a abandonar toda actividad hermenéutica: en vez de desentrañar el misterio, Arenas se propone atacarlo "por distintos flacos" (17).

Aunque el cuestionamiento de la capacidad mimética de la escritura —en su encarnación biográfica-novelesca-historiográfica— es en *El mundo alucinante* radical y rotundo, en la práctica el texto tiene que recurrir a algún correlato discursivo para asegurar su propia legibilidad. Volek opta por clasificar la novela como una especie de sátira menipea, tomando en cuenta su heterogeneidad (*satura*=mezcolanza) y su actitud carnavalizadora.[38] *El mundo alucinante* parece confirmar también la controvertida tesis de MacAdam de que la mayoría de las llamadas "novelas" hispanoamericanas son de hecho "sátiras" —en el sentido de Frye—, ya que no están estructuradas por la visión hegeliana del devenir histórico.[39]

La novela histórica revisitada

En nuestra opinión, en la novela de Arenas se deja entrever una inclinación hacia la representación del pasado tal como sugería Claude Lévi-Strauss —a través de los "individuales momentos psíquicos."[40] Si es que *El mundo alucinante* propone algún paradigma discursivo, éste sería tal vez, el modelo intrahistórico de una narración íntima y subjetiva. La novela de Arenas parece absorber la lección de Fernand Braudel de que un solo tiempo de la historia no existe y que hay que disgregarlo en una pluralidad de tiempos sociales e individuales.

Recalquemos, sin embargo, que la preponderante autoconciencia de la novela termina por borrar este paradigma a través del procedimiento de reduplicación interna del texto, su *mise en abyme,* según la expresión de Lucien Dällenbach.[41] En este sentido es posible trazar una curiosa homología entre el sisífico ritmo de la búsqueda incansable de Fray Servando–revolucionario y la tarea del escritor: el protagonista y su narrador pueden tan sólo aproximarse al ideal ansiado, sin lograr nunca la perfección. En un momento de lucidez Fray Servando llega a comprenderlo. Primero, como escritor:

> Y sin embargo, pensó, mientras gritaba por agua y por luz, como un nuevo y reciente mito, las mejores ideas son precisamente las que nunca logro llevar al papel, porque al hacerlo pierden la magia de lo imaginado y porque el resquicio del pensamiento en que se alojan no permite que sean escudriñadas, y, al sacarlas de allí salen trastocadas, cambiadas y deformes. (7)

Y más tarde, ya en el umbral de la muerte, tiene una revelación como político: "Pensó que el objetivo de toda civilización (de toda revolución, de toda lucha, de todo propósito) era alcanzar la perfección de las constelaciones, su armonía inalterable. 'Pero jamás,' dijo en voz alta, 'llegaremos a tal perfección, porque seguramente existe algún desequilibrio'" (302).

El evidente enraizamiento de *El mundo alucinante* en el pasado de la Nueva España y México —período que va desde el virreinato de Bucareli y Ursúa hasta el gobierno de Guadalupe Victoria— y en la historia europea (España, Francia), asimismo como su base en la existencia de un personaje real y las numerosas referencias a figuras históricas (Madame de Staël, Lady Hamilton, Alexander von Humboldt, Simón Bolívar, el Padre White, Heredia y muchos más) no disocian la obra de Arenas del presente latinoamericano y, más en particular, cubano. *El mundo alucinante* —igual que *El siglo de las luces*— ha sido leída con frecuencia como una alegoría de la revolución cubana. La interpretación de la obra de Arenas como comentario sobre el presente no le quita a la obra su historicidad. Recordemos, que para Lukács la novela histórica abarca la prehistoria del presente. Cabe señalar también que la selección de una fórmula alegórica puede explicarse por las circunstancias de la composición de la novela, aludidas en el prólogo fechado en la Habana en julio de 1966: "Estás, querido Servando, como lo que eres: una de las figuras más importantes (y desgraciadamente casi desconocida) de la historia literaria y política de América. Un hombre formidable. Y eso es suficiente para que algunos consideren que esta novela debe ser censurada" (20).

Producto de una configuración distinta de condiciones extratextuales y preferencias estéticas autoriales, la novela de Alvarez Gardeazábal *Pepe Botellas* (1984)[42] aborda el tema de la revolución cubana de manera distinta. La yuxtaposición de ambos textos podría parecer arbitraria si no fuera por algunas características temáticas, ideológicas y discursivas que sugieren posibles analogías. El análisis de la novela colombiana nos va a ocupar a continuación, seguido de una lectura de *Los relámpagos de agosto*, novela que —aunque formalmente más tradicional que las demás— encaja también bajo la rúbrica de la reescritura paródica de la historia.

2.4. *PEPE BOTELLAS* Y *LOS RELAMPAGOS DE AGOSTO*: SATIRA PARODICA Y TRANSFORMACION DE LA HISTORIA

Pepe Botellas comparte con *Los perros del paraíso*, *Crónica del descubrimiento* y *El mundo alucinante* la temática histórica, la ideología de la reescritura de la historia oficial y el amplio uso de estrategias paródicas. Pero el enfoque el escritor colombiano es muy peculiar. A la manera de los grandes realistas del siglo pasado Alvarez Gardeazábal habla del pasado muy reciente, delimitando con precisión el *cronotopo* (Bajtin) de su novela: Cuba y Colombia en la época que va desde la década del cuarenta-cincuenta (el asesinato de Gaitán, la muerte de Eduardo Chibás, el ataque al cuartel Moncada, la guerrilla de la Sierra Maestra) hasta los años sesenta y setenta (la invasión de la Playa Girón, la muerte de Che Guevara y de Camilo Torres, "el caso Padilla"). Un curioso salto de "futurización" anticipa los acontecimientos ya posteriores (1985) a la publicación de la novela.

La novela histórica revisitada

El escritor colombiano entreteje varias fibras de la materia histórica. Si bien las alusiones explícitas a Fidel Castro, Che Guevara, García Márquez —en su mayoría irreverentes por su chismorreo sensacionalista— no requieren un alto grado de complicidad del lector, otras sí parecen más herméticas (Arenas, Haydee Santamaría, Virgilio Piñeira, Alicia Alonso) o hasta indescifrables para un lector no familiarizado con el anecdotario sociopolítico colombiano —y en particular caleño— de los últimos veinte años.

Aunque la descodificación de las alusiones locales puede convertirse en una suerte de pasatiempo, el código hermenéutico forjado por la misma novela no sugiere como "ideal" una lectura puramente referencial. A diferencia de la narrativa tradicional, en la urdimbre de *Pepe Botellas* se entretejen indiscriminadamente datos verificables de la gran historia con chismes locales y episodios inventados por el autor, a la vez que se insertan fragmentos de obras narrativas preexistentes muy dispares, tanto suyas como ajenas (Benito Pérez Galdós, Carpentier, Cabrera Infante, Andrés Caicedo). En el espacio de la novela, protagonistas literarios de otras obras del colombiano (*Dabeiba, El titiritero, Los míos*) se están codeando con personalidades de existencia histórica. Por otra parte, numerosas alusiones a la institución de las letras hispanoamericanas del boom (desde Casa de las Américas hasta escritores como García Márquez, Cortázar, Arenas) apuntan hacia la dimensión metaliteraria de la novela y, en particular, abordan el problema del compromiso del escritor desde una perspectiva que —igual que en *El mundo alucinante*— está matizada por el humor. En uno de los fragmentos se deja entrever inclusive, a nuestro modo de ver, una burla de aquellos escritores privilegiados por el poder y/o el saber quienes llegan a autoproclamarse como voceros del pueblo. He aquí una desmitificación de esta postura demagógica: "Todos vieron en Pepe Valladares y en *La Voz del Prójimo*, la voz de los que no tienen voz, la mina abierta para saciar sus apetitos y llenar sus arcas pletóricas de necesidades" (173).

Aunque el protagonista principal de *Pepe Botellas* parece preservar —contrario a las novelas de Posse y Arenas— su integridad en cuanto Sujeto y sigue siendo el eje estructurador del texto, la configuración moral de Pepe Botellas es evidentemente anti-heróica. Su retrato está trazado con estrategias propias de la sátira. Mientras que en *Los perros del paraíso* y *El mundo alucinante* la ironía matizaba con su tono de ambiguación los pasajes más hiperbólicos, en el caso de la novela colombiana notamos una marcada preferencia por las violentas pinceladas de exageración grotesca.

Podemos afirmar que debido a su intención didáctica, panfletaria o moralizante, la sátira tradicional termina por desambiguar el discurso. Si pasamos por alto el hecho de que el narrador de *Pepe Botellas* —Guillermo Zambrano alias Memito Glostora— es un arquetipo del narrador no fidedigno (*unreliable narrator*), vamos a interpretar la novela en su sentido literal, concluyendo que la historia de José Valladares / Pepe Botellas ha sido vertida en el modo satírico "desambiguado." Si bien la predominancia del modo satírico dentro del mundo narrativo de *Pepe Botellas* nos parece indiscutible, tampoco podemos ignorar sus inherentes contradicciones e ironías. Es necesario, pues, un escrutinio de estrategias narrativas que configuran el texto. La parodia es una de ellas.

Según la observación de Hutcheon, la intención "ética" (el *ethos*) de la parodia es de por sí neutral *(unmarked)*, y tan sólo su inclinación hacia el ámbito de la ironía o de la sátira va tiñiéndola de toda una gama de matices: desde una sonrisa sútil y ligeramente burlona de la ironía hasta una carcajada desinhibida y cruel de la sátira regida siempre por una intención moralizadora.[43] Una de las causas de la confusión terminológica entre la ironía, la sátira y la parodia radica tanto en la falta de una "piedra de toque" genérica y retórica para su distinción, como en el inexorable entrelazamiento de aquéllas en la práctica discursiva. No obstante, la intención didáctica de la sátira —inseparable, de la misma, según el consenso crítico— lleva hacia la desambiguación y nitidez del mensaje, mientras que precisamente la ambigüedad es el principio constitutivo tanto de la ironía como de la parodia. Hutcheon trata de iluminar estas zonas problemáticas de la intertextualidad en la conclusión siguiente: "Mientras que la ironía insiste en negar su propia univocidad semántica, la parodia renuncia a su propia unitextualidad estructural."[44]

En el caso de *Pepe Botellas* la parodia —en cuanto diálogo crítico y ambivalente con otros textos— está subordinada al *ethos* satírico. La novela se sitúa, pues, en el entrecruzamiento de la fuerza centrípeta de desambiguación (mensaje satírico) y del impulso centrífugo de ambiguación (la parodia). De ahí que nos parezca posible colocar a *Pepe Botellas* bajo la rúbrica de la sátira paródica, de acuerdo con la clasificación híbrida propuesta por Hutcheon.

La dimensión satírica de la novela está controlada por el narrador en primera persona, quien va construyendo una especie de diatriba contra todo y todos: recurre a la distorsión grotesca (el retrato de Pepe Botellas), ridiculiza las costumbres de los caleños en la vena satírica tradicional de *castigare ridendo mores* y no vacila en lanzar invectivas contra las figuras más consagradas o describir con pelos y señales sus debilidades más íntimas (Fidel Castro, García Márquez). El método narrativo de Memito Glostora puede definirse con las mismas palabras que él aplica a otra narración: "Yo vine a saber de él, de sus gentes y de sus hilos porque las mofetas Arenas, las de Holguín, heridas en lo profundo por el desprecio que Pepe le hacía continuamente a su hermano el novelista, *abrieron sus fauces viperinas y en una nochebuena me derramaron sus historias*" (15; lo subrayado es nuestro).

El narrador lleva a sus últimas consecuencias los principios de la sátira clásica: "niega lo Bueno, desfigura lo Bello, distorsiona lo Verdadero."[45] A diferencia de las novelas satíricas tradicionales, el tono vilipendioso del narrador desemboca en una autodestrucción de su propio discurso. La desmitificación del narrador queda rematada por su confesión final —cuando Memito Glostora admite cobrar "el doble sueldo" (340) y haber envenenado a Pepe Botellas—, pero a lo largo del discurso encontramos diseminadas las claves de su esencial falta de veracidad. El narrador abre la novela admitiendo su incapacidad para narrar la historia de Pepe Botellas de forma completa y objetiva: "Siempre me costó trabajo describirlo" (13). Esta inseguridad está reforzada por el recurrente uso de palabras como "probablemente" y "tal vez" y la misma imposibilidad de elegir entre diferentes versiones de la historia que hemos visto en *El mundo alucinante*.[46]

Citemos en toda su extensión un fragmento de *Pepe Botellas* que sintetiza esta poética de desmitificación y permite ver el esencial parentesco con las estrategias paródicas del discurso descentrado de Arenas:

> Sobre su huida hay numerosas versiones. Yo apenas puedo recoger algunas porque dos semanas después, y como acto de gracia o conmiseración, me nombraron agregado cultural de la embajada en Italia y solo me traje versiones que me alcanzaron a dar los que rodeaban el círculo de la élite gobernante. Las otras han sido versiones que el mismo Pepe dio, primero en declaraciones para los periódicos y revistas, después en sus columnas ególatras o en los periódicos que editó para mostrar la historia de su vida según su propio evangelio. De haberlas leído tanto, probablemente se me confunden la una con la otra y los fragmentos de la realidad se me escapan convertidos en piezas de la gran mentira con que él pretendió siempre alentarse en sus fracasos, pero ya sea cierto y verdadero lo que he concluido de su huida de la Revolución mucho es la realidad...y lo demás también pudo haberlo sido... (88-89)

El mundo alucinante, Crónica del descubrimiento, Los perros del paraíso y *Pepe Botellas* comparten otro recurso de autocuestionamiento: el amplio uso de la intertextualidad. Alvarez Gardeazábal prescinde del truco de la falsa documentación y opta por suministrar referencias bibliográficas exactas para todos los textos barajados, que van desde recortes periodísticos y notas enciclopédicas hasta trozos narrativos e historiográficos. La selección y organización de textos pueden parecer arbitrarias, pero inclusive los fragmentos más sorprendentes (una fotocopia del cheque a nombre de Valladares, dos descripciones enciclopédicas sobre los efectos venenosos de la escopolamina) aparecen al final como piezas claves del rompecabezas textual. En otros casos la yuxtaposición de textos se rige evidentemente por el principio de la ironía: los escritos de Cabrera Infante y Carpentier expresan posiciones ideológicas tan contradictorias que terminan por parodiarse entre sí, mientras que la autoritaria y omnisciente voz del narrador decimonónico de las "Meditaciones" (Pérez Galdós) contrasta irónicamente con la inestabilidad y falta de veracidad del narrador Memito Glostora.

La compaginación de comentarios sobre pequeños eventos locales (deportes, corrida de toros, carnaval) con noticias de la "gran historia" (protagonizada por Camilo Torres, Fidel Castro, Che Guevara) desemboca en una inversión carnavalesca de la noción del devenir histórico. Asimismo, la idea del progreso histórico queda puesta entre paréntesis: las grotescas y paródicas repeticiones de la historia están impulsadas por odios, violencias, resentimientos, y la historiografía es nada más que una parodia de la parodia, manipulada por fuerzas igualmente oscuras.

Este concepto profundamente negativo de la historiografía en cuanto "parodia de segundo grado" aparece sintetizado en una viñeta extraída de *Vista del amanecer en el trópico* de Cabrera Infante, un libro explícitamente crítico y desmitificador de la revolución cubana. Cita Alvarez Gardeazábal al escritor cubano:

> En la foto se ve al Comandante en jefe entrando en la capital montado en un jeep. A su lado va otro comandante y se puede ver al chofer y a uno que es miembro de su escolta.... Pero el fotógrafo tuvo un toque de presciencia. Como no conocía al tercer comandante lo cortó de la foto para hacerla más compacta. Pocos meses después el tercer comandante estaba en la cárcel acusado de traición.... Adelantado a su tiempo, el fotógrafo no tuvo que recoger su foto para recortarla convenientemente. Eso se llama adivinación histórica. (78)

La novela histórica revisitada

La novela del colombiano se propone demostrar que el arte de la escritura consiste precisamente en "recortar convenientemente" —según ciertas premisas ideológicas— la materia real, histórica. El precio que tiene que pagar *Pepe Botellas* por esta afirmación es, ineludiblemente, el de la autodesmitificación. La conciencia metaliteraria del texto, la falta de veracidad del narrador y el *collage* intertextual terminan por reducir la sátira paródica a su forma esencial subyacente —la autoparodia. Este es el elemento que establece un vínculo estético-ideológico profundo entre novelas comentadas. La autoparodia en *Crónica del descubrimiento* está enmarcada por una forma narrativa más bien tradicional (un solo narrador, la linearidad), mientras que *Los perros del paraíso*, *El mundo alucinante* y *Pepe Botellas* comparten la fórmula postvanguardista del "discurso descentrado" caracterizada por el eclipse del Sujeto. Por cierto, cada una de estas obras aborda el problema de la escritura de la historia desde un ángulo distinto.

La última novela escogida para nuestro análisis de la parodia y de la reescritura de la historia difiere de las anteriores en un aspecto fundamental: *Los relámpagos de agosto*[47] de Ibargüengoitia (Premio Casa de las Américas, 1964) subordina la parodia a una sátira mordaz e irreverente, pero la novela no se vuelve sobre sí misma en un gesto autoparódico-autodesmitificador. La separación que se establece en el prólogo entre el autor y el narrador —aunque evidentemente burlona— sitúa al autor en un nivel superior a su personaje, preservando así la "autoridad" del texto. En la "Nota explicativa" dirigida a "los ignorantes en materia de Historia de México" (115), el autor asume su responsabilidad frente al lector de manera inclusive más explícita cuando presenta un bosquejo de acontecimientos que han sido reelaborados en la novela. Debido a todos estos procedimientos, *Los relámpagos de agosto* parece atenerse al concepto más tradicional del discurso que las novelas descentradas de Posse, Arenas y Alvarez Gardeazábal. El hecho de que la novela haya sido publicada todavía antes del apogeo del boom ofrece una posible explicación de esta poética narrativa.

Los relámpagos de agosto no luce su "ansiedad de influencia" en forma tan exacerbada como *Los perros del paraíso*, *Pepe Botellas* y *El mundo alucinante*. En la línea muy semejante a *Crónica del descubrimiento*, Ibargüengoitia nos remite a un pre-texto muy específico, que, además, es local. Ibargüengoitia no es el primero en entablar un diálogo crítico con la tradición de la narrativa de la Revolución Mexicana establecida por Mariano Azuela en *Los de abajo* (1916), pero sí el primero en demostrar "el reverso humorístico de la novela de la Revolución."[48] Según demuestra Juan

56   La parodia en la nueva novela

Coronado, el amplio ciclo narrativo de la novela de la Revolución Mexicana abarca varios subgrupos temáticos (la lucha armada, el caudillismo, la problemática indígena, el mito de la Revolución), mientras que en nivel formal pasa del realismo documental al realismo crítico para desembocar en el realismo simbólico de tales novelas como *Al filo del agua* de Yáñez y *Pedro Páramo* de Rulfo.[49] De este *corpus* amplio y heterogéneo extrae Ibargüengoitia los textos enfocados en el tema del caudillismo (*La sombra del caudillo* de Martín Luis Guzmán y las memorias de los generales de la Revolución) para someterlos a una parodia satírica.

Un comentario del mismo autor sobre su método de trabajo resulta muy esclarecedor para apreciar esta doble dimensión del texto —satírica y paródica, extratextual e intratextual. Dice Ibargüengoitia:

> *Los relámpagos de agosto* no es novela histórica, pero sí libresca. Se deriva de las lecturas que hice durante el tiempo que dediqué a preparar y escribir *El atentado*.... Esto ocurrió hace cerca de veinte años, las librerías entonces solían tener una mesa con un letrero que decía "revolución mexicana," en la que había libros escritos veinte años antes, por gente que sentía había participado en la historia pero que su actuación no había sido entendida.... Eran libros por lo general demasiado largos y muchas veces ilegibles.[50]

En "Memoria de novelas" Ibargüengoitia revela algunos de los pre-textos concretos que —reelaborados, condensados y recolocados— sirvieron de inspiración para su obra: un libro de memorias del general Juan Gualberto Amaya, *Ocho mil kilómetros en campaña* de Alvaro Obregón y *La tragedia de Huitzilac y mi escapatoria célebre* del licenciado Santamaría. No menciona Ibargüengoitia —quizás por considerarla un pre-texto más evidente— *La sombra del caudillo* de Guzmán. La sombra de esta novela —una de las arquetípicas del ciclo narrativo de la Revolución y más ampliamente leídas— es evidente tanto en la selección del tema (la figura de un caudillo revolucionario) como en la elaboración de escenas concretas. Marta Portal apunta, por ejemplo, que el episodio de la emboscada de Puebla constituye una parodia burlesca del desenlace de *La sombra del caudillo* y del final histórico del general Serrano.[51]

Hemos visto ya cómo *El mundo alucinante* y *Pepe Botellas* juegan con referencias intertextuales y contextuales bastante herméticas, que bien requieren un conocimiento del chismorreo local *(Pepe Botellas)*, bien se dirigen a los iniciados en materia de literatura (alusiones a Carpentier y Lezama Lima en la novela de Arenas). Igual que en la obra de Paternain, la homogeneidad de *Los relámpagos de agosto* está asegurada por la latente presencia de un solo pre-texto. La novela no es un vistoso mosaico de textos y no emplea notas al pie de página para llamar la atención sobre su intertextualidad. La identificación de influencias textuales no es tan importante como el reconocimiento de la presencia latente del pre-texto genérico llamado narrativa de la Revolución.

La novela de Ibargüengoitia, como cada texto, presupone, pues, una competencia específica del lector. Pero —según concuerdan los críticos— la parodicidad aumenta siempre el riesgo de una lectura equívoca. Comenta al respecto Morson: "Parodias de otras culturas son particularmente susceptibles a no ser reconocidas como tales, o reconocidas tan sólo por un grupo limitado de expertos, mientras que resulta difícil traducirlas o presentarlas a un público más vasto."[52] Tal vez la explicación final dirigida a los ignorantes en materia de historia mexicana refleja precisamente una preocupación latente del autor con respecto a la recepción de su obra. Una preocupación infundada, si consideramos la excelente acogida que la novela ha tenido —y sigue teniendo— tanto en México como en varios países donde se ha traducido. Según parece, el autor ha logrado superar el localismo temático a través de la forma.

¿Cuáles son, pues, los procedimientos concretos que le permiten a Ibargüengoitia construir a partir de un pre-texto local una novela esencialmente paródica y a la vez asequible, no hermética? Si pensamos en el esquema de los "mundos narrativos" elaborado por Scholes, vamos a notar que la sensación de estar en un mundo "inferior al nuestro" se hace evidente ya a partir del primer capítulo de la novela. Al mismo tiempo Ibargüengoitia establece el código discursivo basado en una inversión de valores positivos. Algunos aspectos del discurso inicial (el narrador-progatonista José Guadalupe Arroyo de extracción social baja) parecen sugerir que de entre los tres modos propuestos por Scholes como "inferiores" —el cómico, el satírico y el picaresco— debemos optar por este último. Conforme al código invertido de la novela, el narrador hace todo lo posible para presentarse como un antipícaro, un ser "superior" a nosotros que —a la manera de los héroes trágicos— ha sido víctima de varias desgracias debido a la "pérfida y caprichosa Fortuna" (17). He aquí la apertura del capítulo inicial:

¿Por dónde empezar? A nadie le importa en dónde nací, ni quiénes fueron mis padres, ni cuántos años estudié, ni por qué razón me nombraron Secretario Particular de la Presidencia, sin embargo, quiero dejar bien claro qui no nací en un petate, como dice Artajo, ni mi madre fue prostituta, como han insinuado algunos, ni es verdad que nunca haya pisado una escuela, puesto que terminé la Primaria hasta con elogios de los maestros; en cuanto al puesto de Secretario Particular de la Presidencia de la República, me lo ofrecieron en consideración de mis méritos personales, entre los cuales se cuentan mi refinada educación que siempre causa admiración y envidia, mi honradez a toda prueba, que en ocasiones llegó a acarrearme dificultades con la Policía, mi inteligencia despierta, y sobre todo, mi simpatía personal, que para muchas personas envidiosas resulta insoportable. (1)

Según vemos, la estrategia de la novela consiste en una distorsión estilística exagerada a la manera de la épica burlesca, en donde personas mediocres y acontecimientos grotescos se describen con palabras elevadas y tono grandilocuente. Si volvemos al esquema de Scholes, notamos que el protagonista —en realidad un pícaro del mundo "inferior" al nuestro— presenta su trayectoria según el decoro del modo narrativo trágico, o sea diametralmente opuesto.

El esquema de los "modos" o "mundos" narrativos de Scholes —basado, a su vez, en las teorías arquetípicas de Frye— permite destacar ciertos mecanismos literarios universales (al menos desde la óptica de la cultura occidental) que le ayudan a Ibargüengoitia a trascender lo local. Algunos blancos de su ataque satírico son tan atemporales que no requieren un conocimiento previo del contexto. Este es el caso de la retórica oficial, que ya de por sí es paródica debido a su carácter redundante y altisonante. El narrador repite *ad nauseam* expresiones ya trilladas de tanto uso y abuso en la oratoria política: va evocando "los postulados sacrosantos" (8, 27) o "los elevados postulados de la Revolución Mexicana" (16), cifra el odio por los oponentes políticos en invectivas ("hiena," "fantoche," "ratero") y recurre a frases como "las fuerzas de la Usurpación" (17) o "la Vendida Prensa Metropolitana" (72).

La exageración empleada por Ibargüengoitia es tan extrema que no solamente produce un desajuste entre el signo y su referente y, en consecuencia, el efecto de ambiguación —tal como ocurre en la ironía, la parodia, la metáfora y la alegoría—, sino lleva también a una obvia inversión de significados. La escisión entre las palabras y las cosas termina por desmitificar todas las memorias supuestamente testimoniales sobre la Revolución y, obviamente, llega a desbaratar el "proyecto reivindicador" de Arroyo que consiste en:

> deshacer algunos malentendidos, confundir a algunos calumniadores, y poner los puntos sobre las íes sobre lo que piensan de mí los que hayan leído las Memorias del Gordo Artajo, las declaraciones que hizo el Heraldo de Nuevo León, el malagradecido de Germán Trenza, y sobre todo, la Nefasta Leyenda que acerca de la Revolución del Veintinueve tejió, con lo que se dice ahora muy mala leche, el desgraciado de Vidal Sánchez. (prólogo, sin número de página)

La separación de lo que en la práctica textual aparece magistralmente entretejido —la sátira y la parodia, lo extraliterario y lo intertextual— es, evidentemente, resultado de una manipulación crítica. En la novela resulta imposible disociar la práctica paródica del objetivo satírico. Tal es el caso del fragmento en donde se revela cómo se va ahuecando el sentido político detrás de los nombres de diferentes partidos: primero se mencionan algunos nombres completos —evidentemente burlescos (Partido de Intelectuales Indefensos Pero Revolucionarios [16]), más tarde se indica tan sólo una amplia nómina de siglas: "Me explicaron que Vidal Sánchez quería unificar a los revolucionarios y que para esto había fundido en un solo partido al PUC, al FUC, al MUC, al POP, al MFRU, al CRPT y al SPQR y ahora buscaba el apoyo del PRIR y del PHPR" (42). La parodia en cuanto práctica literaria con implicaciones políticas aparece aludida también en el gracioso episodio del testamento apócrifo: "—Metieron en la cárcel a Pittorelli, me dijo. —¿Por qué razón? —le pregunté. —Por escribir el testamento político del general González. Me quedé helado, comprendiendo que la noticia que me daban era la de la muerte política de Valdivia —y la mía" (58).

Si bien Ibargüengoitia no es el primero en demostrar la degradación de los ideales revolucionarios (cf. la obra de Rulfo, *La muerte de Artemio Cruz* de Fuentes), la originalidad de su procedimiento radica en unir el compromiso (desmitificar–reescribir–acusar) con una actitud burlona. Aunque el empleo del humor para objetivos edificadores de la sátira está consagrado por la tradición, Ibargüengoitia lleva este método a un extremo desacralizador. El objetivo *Los relámpagos de agosto* se parece al propósito de Juan Goytisolo *(La reivindicación del Conde don Julián)* de desmitificar la hispanidad o, según acierta en advertir Portal, es semejante a las intenciones de Witold Gombrowicz quien, sobre todo en *Transatlántico,* se proponía "superar la polonidad."[53]

La revolución representada en *Los relámpagos* es en realidad su propia parodia grotesca, una comparsa de fusilamientos, intrigas palaciegas, balaceras y emboscadas. Las reacciones críticas frente a la novela —entre desconcertadas y elogiosas— parecen enfocarse precisamente en este aspecto irreverente de la obra. Brushwood y Jorge Edwards no vacilan en percibir la novela como *rara avis* dentro de lo que ambos consideran una tradición literaria de "escaso humor."[54] En un agudo comentario, Ana Rosa Domenella limita la dimensión satírico-paródica de la novela a pre-textos muy concretos, tanto en el sentido histórico como literario: en el levantamiento escobarista de 1929 ve una parodia de la tragedia nacional de la Revolución, mientras que las memorias apócrifas del general Arroyo constituyen para ella una recreación humorística de los escritos autobiográficos inspirados por la Revolución. Comparada con otros novelas sobre la temática de la Revolución —inclusive tan críticas como *La muerte de Artemio Cruz* de Fuentes— la obra de Ibargüengoitia se destaca como la única que termina por despojarse definitivamente de la seriedad ceremoniosa imperante.[55]

Los relámpagos de agosto es una novela dialogal: mientras que el envés del texto ostenta imágenes épicas o trágicas, en su revés se lee el significado contradictorio a la apariencia —satírico, cómico, burlón, grotesco. Yuxtapuesta a las obras de Posse, Paternain, Arenas y Alvarez Gardeazábal bajo el rubro común del "discurso histórico parodiado," la novela guarda cierto parentesco con *Crónica del descubrimiento,* puesto que ambas dejan transparentar una intención "persuasiva," tratan de construir un especie de contra-memoria y mantienen la presencia del autor en cuanto última instancia de estructuración del texto. Las otras novelas, a su vez, ofrecen una polifonía de voces, conjeturas y variantes que van disputándose la verdad y terminan por anularse en una "estructura en abismo" autoparódica.

Todas las novelas que acabamos de analizar emplean la parodia para exponer la falsa reverencia ante la Historia y para desmitificar tanto las causas ideológicas como los procedimientos formales de la distorsión del pasado por la historiografía oficial. La parodia sirve también para replantear las premisas fundamentales del discurso histórico del diecinueve: la fe en la posibilidad de reconstruir e interpretar el pasado por medio del lenguaje (principio mimético) y el principio de la verosimilitud histórica basado en la materialidad de los archivos. El desafío con respecto a la fórmula de la novela histórica tradicional y a la historiografía adquiere formas paródicas más o menos directas. En el primer caso se contradicen o invierten conocimientos comúnmente aceptados como "saber histórico" y las verdades establecidas por la investigación científica *(Crónica del descubrimiento)*. Se trata, pues, de la parodia de ideas. En la variante más elaborada, se recurre a un efecto paródico en el nivel formal, o sea a la saturación del texto con procedimientos de ficcionalización no asociados comúnmente con el discurso mimético tradicional. En el caso de *El mundo alucinante, Los perros del paraíso* y *Pepe Botellas* la hiperbolización grotesca, el anacronismo, el multiperspectivismo y el empleo de las "fuentes" no con el objetivo de corroborar al sentido de la veracidad histórica, sino para cuestionarla, sugieren una lectura en clave paródica.

Mientras que la novela tradicional procuraba encubrir la tensión dialogal entre el ámbito ficcional (la realidad creada) y el ámbito histórico (la realidad verificable), los "nuevos" fabuladores de la historia tienden a intensificarla por medio de la parodia. Pero el empleo de los procedimientos paródicos no sirve tan sólo para destruir el modelo obsoleto. La polifonía de voces, las conjeturas y variantes que van disputándose la verdad en el espacio novelesco, terminan por autoanularse en una "estructura en abismo" autoparódica. La parodia en novelas de Arenas, Posse, Paternain, Alvarez Gardeazábal e Ibargüengoitia sigue siendo una "parodia constructiva" en el sentido que le otorga Głowiński: es la base de discursos originales que se proponen replantear en el contexto contemporáneo el complejo problema de la historia en cuanto "prehistoria del presente" y en tanto su representación discursiva.

3
Ethos ludens y la parodia total

3.1. METAFICCION—PARODIA—JUEGO: ALGUNAS APROXIMACIONES A LA NARRATIVA AUTO-REFLEXIVA

En una evaluación de la novela hispanoamericana de la década del sesenta, José Miguel Oviedo ha distinguido dos tendencias principales: al lado de la línea realista "que postula una historia definida en la base del relato que trata de renovar la tradición del realismo latinoamericano operando dentro de esa misma tradición" sitúa el crítico la veta que "prescinde de la historia o la subordina a una búsqueda formalista casi exasperada."[1] Aunque en la praxis literaria las dos vetas son inseparables y llegan a entretejerse en muchas novelas "ejemplares" del boom *(Cien años de soledad)*, bien es cierto que la principal novedad de esta narrativa consiste en un virtuosismo formal llevado hasta la exasperación e, ineludiblemente, a una indagación sobre la escritura misma.

Según acabamos de ver, inclusive las novelas que desarrollan una "historia" y hunden sus raíces en un contexto bien definido desbordan las coordenadas de una narración referencial y optan por una peculiar auto-reflexión que propicia el despliegue de su propio artificio compositivo y estilístico. Hutcheon sugiere que dos modalidades narrativas que particularmente favorecen —aunque en forma velada— la actualización de tal narcisismo textual son la ficción detectivesca y la literatura fantástica.[2] En el capítulo 5 vamos a volver con más detenimiento a la narrativa policial y veremos cómo la auto-reflexividad subyacente a esta fórmula puede ser explorada por medio de la parodia y, en consecuencia, llevar a la transgresión de la rigidez formulaica.

Lo que se desprende de estas observaciones preliminares es que los términos como "novela auto-reflexiva," "novela metaliteraria" o "novela narcisista" se emplean indistintamente con el propósito de destacar el tono dominante de un texto que consiste en la meditación sobre el texto mismo y no sobre la realidad extraliteraria. Cuando en el presente capítulo hablemos de novelas auto-reflexivas, nos vamos a referir, empero, a textos regidos por esta dominante.

Antes de analizar las tres novelas que, a nuestro modo de ver, ejemplifican la efervescencia metaliteraria en la nueva novela hispanoamericana, parece necesario dedicarle un breve paréntesis teórico a este tipo de escritura y espigar entre sus múltiples definiciones. Junto al término "metaficción" —popularizado a principios de la década del sesenta por Scholes y William Gass— aparecen en la crítica angloparlante otros conceptos que procuran captar el afán auto-reflexivo de la literatura y, sobre todo, de la novela actual: *surfiction* (Federman), *self-conscious novel* (Robert Alter), *the self-begetting novel* (Steven Kellman), *narcissistic narrative* (Hutcheon).[3] Frente a esta proliferación taxonómica parece muy certera la opinión de Robert C. Spires de que a partir de 1970 "la metaficción invade el vocabulario crítico."[4]

Para evitar una terminología demasiado abigarrada emplearemos las nociones siguientes, considerándolas como sinonímicas: la ficción auto-reflexiva o autoconsciente y/o metaficción. Asimismo, adoptaremos una definición propuesta por Alter que nos parece muy útil y esclarecedora: "En breve, consideramos autoconsciente a una novela que de manera sistemática hace alarde de su propia condición en cuanto artificio y que, al hacerlo, explora la relación problemática entre el artificio con apariencia de lo real y la realidad misma."[5] Aunque Alter coincide con Spires y Patricia Waugh en que tal auto-reflexividad es, en realidad, indisociable de la historia del género novelístico (Cervantes, Sterne, Joyce), otros críticos —como Hutcheon, Federman y Scholes—, basándose sobre todo en la narrativa norteamericana y reconociendo la influencia internacional de Borges, ponen de relieve el hecho de que el florecimiento de este tipo de escritura se ha dado a partir de la década del sesenta.

Sería ocioso recalcar que por esta misma época la crítica hispanoamericanista que iba desarrollándose al compás de la nueva narrativa pronto llegó a "canonizar" la corriente auto-reflexiva como trasunto literario de la "novedad," adoptando a la sazón la terminología de los críticos norteamericanos. El enfoque de estos estudios se limitaba a obras particulares (sobre todo *Rayuela* y *Tres tristes tigres*). Hasta la fecha no contamos, con una monografía exhaustiva sobre la metanarrativa hispanoamericana. El presente estudio no pretende, por cierto, ofrecer un cuadro sintético de esta corriente, sino demostrar cómo diferentes modos, formas y técnicas de la elucidación metatextual se dan en varias novelas en conjunción con la parodia y la autoparodia.

Por lo general, los críticos reconocen que la parodia florece a la par con la creciente preocupación metaliteraria de la novela actual. Rose inclusive llega a igualar el procedimiento paródico con la metaficción, viendo en la parodia "un espejo crítico de la escritura y de la recepción."[6] La aproximación de Rose a las relaciones entre la parodia y la metaliteratura es, por cierto, controvertida y no hay que sorprenderse que haya provocado críticas y polémicas (Hutcheon). Otros teóricos son más cautelosos en establecer relaciones entre estos conceptos cuya vaguedad ha sido reiteradamente puesta de manifiesto. En la mayoría de los casos optan, entonces, por concederle una importancia especial a la práctica paródica dentro del marco de la metaficción, sin ahondar más en las relaciones intratextuales. Así pues, en palabras de Waugh, la metaficción se caracteriza por:

> una celebración del poder de la imaginación creadora a la par con una incertidumbre con respecto a la validez de sus propias representaciones; una autoconciencia extrema referente al lenguaje, a la forma literaria y al acto de escribir; una profunda inseguridad concerniente a la relación entre la ficción y la realidad; un estilo paródico, juguetón, exuberante y engañosamente ingenuo.[7]

En *Narcissistic Narrative: The Metafictional Paradox,* Hutcheon pone en evidencia los vínculos entre la metaficción y la parodia sin llegar a igualar los dos conceptos. La crítica parte de varias novelas publicadas en la década del setenta y consideradas como representativas de la estética postmoderna y del *nouveau nouveau roman,* para elaborar un modelo de lo que ella denomina "la ficción narcisista." En la aproximación estructural de Hutcheon se distinguen dos modos fundamentales de auto-reflexión literaria: junto a los textos autoconscientes de su proceso narrativo ("narcisismo diegético") están los discursos conscientes del poder y de las limitaciones del lenguaje ("narcisismo lingüístico"). Ambas modalidades de auto-reflexividad (o "narcisismo") pueden aparecer en forma explícita *(overt narcissism)* o velada *(covert narcissism).* Para los objetivos de nuestro análisis vamos a adoptar la idea de Hutcheon de que la parodia es —junto a la alegoría y el procedimiento de reduplicación interna *(mise en abyme)*— un recurso fundamental del narcisismo diegético abierto. Véase, pues, el esquema completo en la Fig. 1 (*Narcissistic Narrative* 154).

Hemos reproducido el modelo elaborado por Hutcheon en su integridad para poner de relieve la variedad de artificios constitutivos de la novela auto-reflexiva que pueden aparecer sincrónicamente en el marco de un texto. Por otra parte, el esquema nos ha permitido destacar el entrelazamiento de la metaficción con el procedimiento paródico, cuyo escrutinio nos ocupa aquí.

En otro certero análisis del funcionamiento de la parodia en relación a la metaficción, Waugh también parece suscribirse a la distinción entre la metaficción diegética —que emplea la parodia para socavar las estructuras convencionales de la *narración*— y la lingüística —que experimenta a nivel del *signo lingüístico*. También en este planteamiento se hace hincapié en la ambigüedad de este tipo de escritura: "hay dos polos de metaficción: uno, que termina por aceptar el mundo real cuyo significado no está enteramente compuesto por las relaciones del lenguaje; y el segundo, que —sin deleite ni desesperanza— plantea la imposibilidad de escaparse de la 'prisión del lenguaje.'"[8]

Según habíamos visto en el capítulo introductorio, al emplear el término "parodia" nos encontramos en medio de un proceso diacrónico de ampliación y trasmutación constante de significado (la evolución de la parodia, su "memoria" o "arqueología"). A su vez, las aproximaciones estructurales de Hutcheon y Waugh ponen de relieve la necesidad de tener en cuenta el nivel sincrónico del texto, o sea las complejas relaciones entre la parodia y otros recursos retóricos (la ironía, el humor) o modos narrativos (la sátira, la metaficción). Hemos señalado también —aduciendo a la sazón las teorías de Hutcheon y Dane— que el ahondamiento en los vínculos entre la parodia, la sátira y la ironía tiene más bien carácter indagador que definitorio. No obstante, volveremos sobre este tema con mayor detenimiento ahora que la discusión sobre el modo metafícticio nos ha llevado a analizar las interrelaciones entre distintos modos narrativos. Nos serviremos del esquema de Spires que parte de los conocidos modelos de Frye y Scholes. Spires sostiene que dentro de la novela —entendida como género, o sea concepto diacrónico— pueden darse varios modos narrativos que son ahistóricos y, por consiguiente, deben considerarse en la dimensión sincrónica. El criterio fundamental para la diferenciación de los modos estriba, según Spires, en las distintas maneras de transformar el referente extratextual. La narrativa predominantemente realista (el crítico emplea el término *reportorial fiction*)

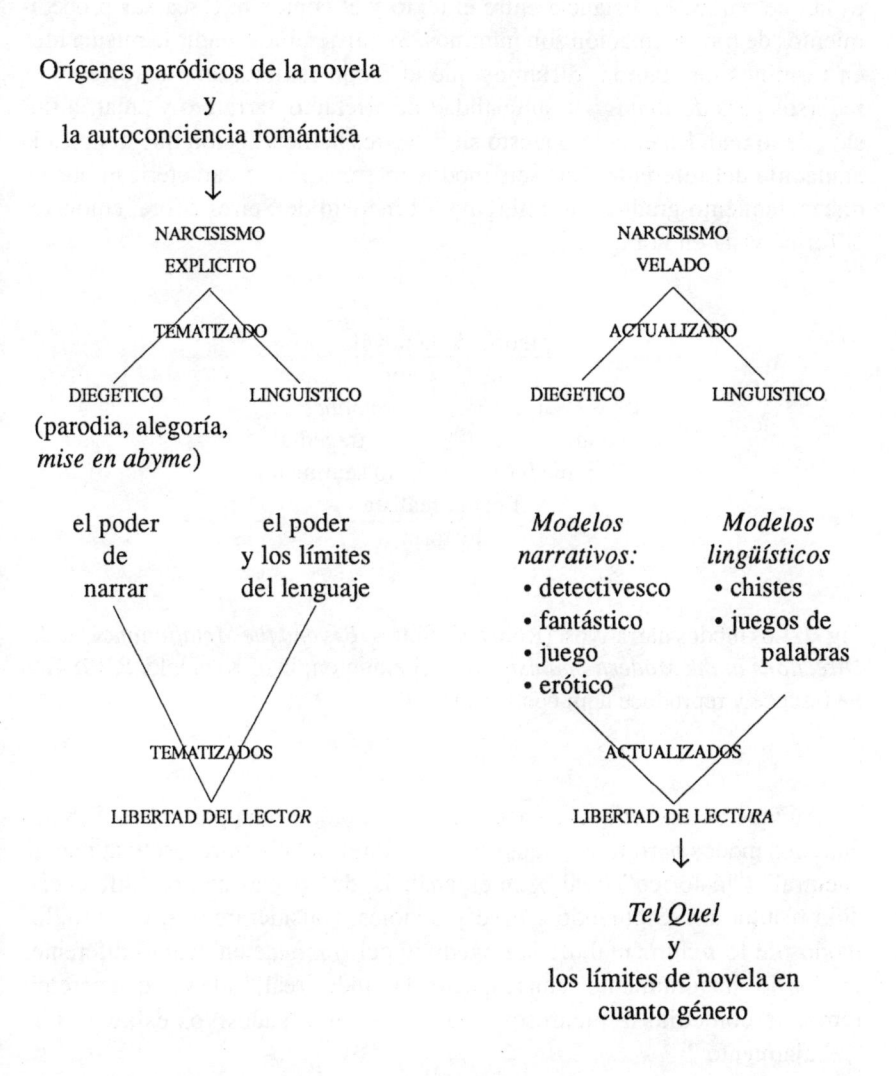

Orígenes paródicos de la novela
y
la autoconciencia romántica
↓

```
        NARCISISMO                              NARCISISMO
        EXPLICITO                                 VELADO

        TEMATIZADO                             ACTUALIZADO

  DIEGETICO    LINGUISTICO              DIEGETICO    LINGUISTICO
(parodia, alegoría,
mise en abyme)

  el poder      el poder                 Modelos          Modelos
     de        y los límites            narrativos:      lingüísticos
   narrar      del lenguaje            • detectivesco    • chistes
                                       • fantástico      • juegos de
                                       • juego             palabras
                                       • erótico

        TEMATIZADOS                            ACTUALIZADOS
      LIBERTAD DEL LECTOR                  LIBERTAD DE LECTURA
```
↓

Tel Quel
y
los límites de novela en
cuanto género

Fig. 1. La ficción narcisista. (Linda Hutcheon, *Narcissistic Narrative: The Metafictional Paradox* [Waterloo, Ont.: Wilfrid Laurier UP, 1980] 154. Se traduce y reproduce aquí con permiso.)

es la que reduce la distancia entre el texto y el contexto, o sea sus procedimientos de transformación son mínimos. Si quisiéramos rendir la misma idea en términos de Hamon, diríamos que el modo realista emplea diferentes recursos para *desambiguar* su cualidad de artefacto narrativo y crear la ilusión de lo real. En el polo opuesto sitúa Spires la metaficción que tiende a la anulación del referente. Los seis modos intermedios se caracterizan por un distanciamiento gradual del referente. El modelo de Spires cobra, entonces, la forma vista en la Fig. 2.[9]

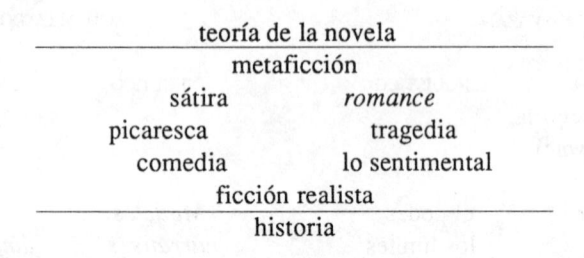

	teoría de la novela
	metaficción
sátira	*romance*
picaresca	tragedia
comedia	lo sentimental
	ficción realista
	historia

Fig. 2. Los modos narrativos. (Robert C. Spires, *Beyond the Metafictional Mode: Directions in the Modern Spanish Novel* [Lexington: U of Kentucky P, 1984] 9. Se traduce y reproduce aquí con permiso.)

Aunque Spires renuncia a aceptar la distinción hecha por Frye y Scholes entre los modos narrativos "superiores" e "inferiores" con respecto al mundo "neutral" ("histórico"/"real"), en el análisis de la parodia tal diferenciación resulta útil. Siguiendo a Frye y Scholes, consideraremos, empero, los modos de lo sentimental, de la tragedia y del *romance* en cuanto diferentes grados de "mejoramiento" con respecto al mundo "real," a la vez que percibiremos la comedia, la picaresca y la sátira como sucesivos eslabones de "rebajamiento."

Lo que nos queda por hacer es situar a la parodia dentro de este esquema modal. A la luz de las teorías de Hutcheon y Rose podemos afirmar que los medios que pueden beneficiarse más de la función defamiliarizadora de los procedimientos paródicos serán los de la metaficción y de la sátira. Tampoco se puede descartar el posible uso de la parodia en los modos vecinos a la sátira y —de manera incidental— en la narrativa realista. Debe señalarse de

Ethos ludens

inmediato que el empleo de la parodia en los modos "superiores" termina por rebajarlos. Recordemos aquí los ejemplos más conocidos de la historia literaria europea: la parodia de la tragedia clásica (Eurípides) desemboca en la comedia (Aristófanes), mientras que la parodización de la épica clásica —propia de los siglos XVII-XVIII— rinde numerosos ejemplos de poemas heróico-cómicos que se sitúan justamente entre los modos de la comedia y de la sátira.

Los esquemas citados proporcionan ciertos lineamientos generales para el escrutinio de la parodia en conjunción con la narrativa auto-reflexiva, pero —volvemos a recalcar— no pueden ser empleados de modo reductivo a las novelas analizadas. Si bien hemos intentado evitar el peligro de convertir la teoría en una suerte de camisa de fuerza, en el caso de la novela auto-reflexiva consideramos más importante aún dar prioridad a una crítica inductiva. Según advierte Hutcheon, la metaficción establece su propio comentario crítico y, en consecuencia, construye un marco de referencia teórica que de ninguna manera se puede ignorar.

Tanto las consideraciones previas sobre la parodia como las observaciones que acabamos de reunir con respecto a la narrativa autoconsciente nos llevan, finalmente, a reflexionar sobre el papel del lector en ese momento crucial de la evolución narrativa cuando el modelo realista —caracterizado, según Hamon, por el empleo de repeticiones redundantes que sirven como pistas para el lector— queda suplantado por textos que si bien suministran claves para su interpretación, exigen del lector más actividad y más competencia a cambio de una relativa libertad. Viene muy bien al caso una sugerente analogía de Iser quien compara la lectura a la contemplación del cielo estrellado: el texto es como un agrupamiento de puntos fijos, de estrellas, pero varias personas —o la misma persona en ocasiones distintas— van a unir estos puntos de maneras diferentes, trazando con estas líneas un diseño, una constelación nueva.[10]

Si bien la escritura metaliteraria —ejemplificada en la nueva novela hispanoamericana por *Rayuela* de Cortázar— exige una complicidad de sus lectores, al mismo tiempo relativiza su propio mensaje, sugiriendo que cada lectura es tan sólo un acercamiento al misterio del texto y no su posesión definitiva. En este universo de lecturas críticas que se parece a una suerte del jardín de senderos que se bifurcan, el presente análisis es, entonces, tan sólo una de las posibles interpretaciones parciales. Por esta razón, lo máximo que podemos esperar de las páginas que siguen es que el trazamiento de líneas paródicas tanto de novelas bien estudiadas *(Tres tristes tigres)* como menos exploradas *(Cuadernos de gofa, Cómico de la lengua)* nos permita capturar en cada caso una de sus legítimas constelaciones textuales.

3.2. BAJO EL LEMA DE "PARODIO NO POR ODIO": *TRES TRISTES TIGRES* Y EL NARCISISMO TOTAL

Tres tristes tigres de Cabrera Infante[11] simboliza —junto a *Rayuela*— el apogeo de la "hora del lector," encarna la vertiginosa experimentación lingüística de la nueva novela hispanoamericana, llega a ser epítome de la novela cómica, del barroquismo, de la desacralización carnavalesca total. En las aproximaciones críticas la novela del cubano ha sido denominada "una especie de picaresca urbana contemporánea" y "una gigantesca parodia carnavalesca de literatura" (M.-Pierette Malcuzynski), se ha visto en ella "escritura como traducción" (Suzanne Jill Levine) y ejemplificación moderna de la sátira menipea (Ardis Nelson).[12]

Los horizontes de alusividad que la escritura de Cabrera Infante encierra son tan amplios que el texto trasciende cada una de estas clasificaciones. No obstante, la parodia parece ser parte inextricable de los dos modos narrativos que predominan en el texto: el metaliterario y el satírico. Si empezamos a orillar el asunto de la parodia a través del modo satírico, notaremos que el amarre realista de la novela —imprescindible para el funcionamiento crítico-moralista de la sátira— es bastante fuerte. *Tres tristes tigres* es una novela enraizada en un contexto histórico-geográfico concreto (La Habana de la década del cincuenta) y tan profundamente inspirada por las particularidades lingüísticas locales que el autor se siente obligado a advertir que el texto está "en cubano." Varias facetas de esta realidad —costumbres, actitudes, maneras de comunicación— están puestas en solfa, pero no tanto en la forma tradicional de *castigare ridendo mores,* como en la línea más irreverente y desenfadada de sátira menipea.[13] Aunque hemos adoptado la distinción de Bajtin entre la parodia carnavalesca en cuanto práctica social y su encarnación literaria moderna y hemos procurado evitar la igualación de los dos procedimientos, en el caso de *Tres tristes tigres* tal decantación resulta difícil precisamente debido al peculiar entrelazamiento entre el texto y la tradición cultural cubana.

La cantidad de estimables análisis sobre la presencia de carnaval en la novela (Nelson, Rodríguez Monegal, Malcuzynski) nos exime de abordar este problema más a fondo. No obstante, parecen necesarias unas breves

Ethos ludens

palabras sobre la noción del carnaval empleada por Bajtin, ya que el frecuente uso y abuso de su terminología en los años recientes ha enturbiado las relaciones entre el carnaval, la parodia y la novela. Según Bajtin, la novela —una forma literaria en transformación constante, *in statu nascendi*— es un antigénero *par excellence* en el sentido de que incorpora el espíritu folklórico del carnaval para desenmascarar la relatividad de todos los sistemas —literarios, sociales, políticos— y, en última instancia, llega a cuestionar y autoparodiar su propio sistema. El carnaval —en cuanto arma de doble filo— implica, por lo tanto, no solamente la ridiculización del otro, sino también conlleva un metacomentario burlón. En palabras de Robert Anchor: "Enraizada en el humor folklórico y en la tradición de la narrativa carnavalesca, la novela capta momentos de máxima indeterminación que ponen en duda todo tipo de formas y estructuras fijas."[14]

El vínculo entre la novela y el carnaval —inscripto en la memoria del género— cobra un significado muy peculiar en el contexto de la cultura cubana. A diferencia de los países europeos, el carnaval en el Caribe sigue siendo una práctica social viva. La modificación de los gestos externos no ha alterado la esencia del carnaval como acto de liberación, transgresión, destrucción y renovación. Aunque el carnaval es un fenómeno transitorio del desorden autorizado (los que están en el poder conceden una temporal inversión de jerarquías) y aparece cada vez más institucionalizado, en el mundo hispanoamericano la pervivencia de una conciencia carnavalesca sigue siendo un rasgo distintivo de la cultura caribeña. Basta con decir que —desde el ensayo de Jorge Mañach hasta el reciente estudio de Gustavo Pérez Firmat[15]— los estudiosos plantean la existencia de una encarnación específicamente cubana de la mentalidad carnavalesca —el choteo. Si bien los tratadistas del fenómeno nunca terminan por superar la elusividad del mismo, nociones como "juego de desacralización" o "risa irreverente e iconoclasta" parecen encapsular su espíritu, a la vez que implican su entrelazamiento con la parodia en cuanto imitación irónica, burlona, descontextualizada.

Todo lo que acabamos de expresar no está encaminado a ver la novela de Cabrera Infante a la luz de los preceptos del mimetismo literario, en cuanto *reflejo* de la cultura carnavalizada de la isla. Lo que nos interesa es destacar que —por muy novedosa y heterodoxa que pueda parecer la obra— la matriz carnavalesca de *Tres tristes tigres* revela sus lazos con la tradición antinormativa de la novela. Como el carnaval mismo, *Tres tristes tigres* es, pues, una transgresión institucionalizada, convencionalizada. Como novela —o sea una forma literaria íntimamente vinculada con su tiempo y espacio (*cronotopo* de Bajtin)— la obra de Cabrera Infante busca fundamentos para sostener su compleja, fragmentaria y heteróclita estructura en un referente cultural, aunque sea solamente para desmitificarlo y, en última instancia, desmentir su propia capacidad para atraparlo en la "jaula verbal."[16]

En este universo narrativo carnavalizado, cuyo signo distintivo es el barroquismo hiperbólico, el incesante juego de palabras y una actitud lúdica exacerbada, el lenguaje acaba por imponer su preeminencia sobre el referente —como en la figura de Bustrófedon, "carne convertida en palabra"[17]— y el único nivel legítimo de análisis parece ser el del significante: sus polifonías, plurisignificaciones, connotaciones intertextuales. En medio del gigantesco acopio de diferentes procedimientos retóricos que le sirven a Cabrera Infante a construir su "prisión del lenguaje," la práctica paródica ocupa un lugar destacado tanto en el nivel de la historia misma (diegético-Hutcheon) como el del signo (lingüístico-Hutcheon). Es curioso notar que en algunos estudios sobre *Tres tristes tigres* la noción de parodia esté aplicada todavía en el sentido negativo, derivativo, por lo cual los críticos se apresuran a afirmar que la novela es "mucho más que la parodia" y no prestan importancia a esta dimensión del texto.[18]

Tenemos que subrayar, pues, que la representación paródica de una peculiar jerga del maestro de ceremonias del famoso cabaret habanero La Tropicana, la transcripción —con un guiño al lector— de sesiones psicoanalíticas de una de las protagonistas, las versiones-reversiones del curioso cuento del bastón y otros instantes abiertamente paródicos no solamente son piezas humorísticas de una narración, fragmentos heteróclitos de un *pot-pourri* cultural o microparodias satíricas de formas de expresión gastadas y estereotipadas, sino también ejemplos de un trabajo sobre el significante. Es una elaboración tan visible que el texto termina por convertirse en su propio metacomentario y su autoparodia. Según el comentario de Malcuzynski, *Tres tristes tigres* pretende a la vez denunciar la imposibilidad de expresarse por medio del lenguaje y superarla a través del mismo.

El texto está tan saturado de procedimientos paródicos y la parodia va tan inextricablemente unida a su poética de la problematización auto-reflexiva que el efecto del narcisismo total es ineludible. Como lógica secuela de esta estructuración del discurso, la decantación de todos los instantes microparódicos del macrocosmos paródico tal vez requeriría un escrutinio a la manera de la magistral deconstrucción efectuada por Barthes en *S/Z*. En algunos casos, sin embargo, los comentarios metanarrativos se entretejen con la parodia de manera muy vistosa, formando pasajes enteros cuya parodicidad no deja lugar a dudas.

Entre los múltiples niveles y ejemplos de la parodia en cuanto "re-escritura con diferencia crítica de un pre-texto reconocible" (Hutcheon) se destacan las siete parodias agrupadas bajo el rubro "La muerte de Trotsky referida por varios escritores cubanos, años después —o antes" (225-58). Aunque éste y otros metacomentarios facilitan la complicidad del lector en el sentido de que le eximen de la necesidad de identificar a los escritores transcriptos, la competencia del lector —cultural y no simplemente lingüística— sigue siendo una *conditio sine qua non* de una lectura en clave paródica. Como cada discurso intertextual, *Tres tristes tigres* presupone el conocimiento de las particularidades estilísticas de autores parodiados —en este caso de José Martí, Lydia Cabrera, Lino Novás Calvo, Virgilio Piñeira, Carpentier, Nicolás Guillén y Lezama Lima.

Desde el punto de vista técnico, las parodias de Cabrera Infante representan toda una gama de procedimientos que Ziomek ha sistematizado como frecuentes en la preceptiva clásica.[19] El crítico señala que —pese a las transformaciones de la noción del decoro y de los medios expresivos— la parodia sigue operando a base de cuatro procedimientos retóricos conocidos desde la antigüedad como *figurae per adiectionem, figurae per detractionem, figurae per transmutationem* y *figurae per immutationem*. Cabrera Infante de hecho reorganiza los pre-textos agregándoles metáforas hiperbólicas (el barroquismo de Lezama Lima) o saturándolos de afrocubanismos (Cabrera) de manera tan exagerada que el efecto de esta operación *per adiectionem* es inconfundiblemente paródico. En otros casos altera la estructura del prototipo *(per immutationem)*, como en la parodia de Martí, cuyo título evoca al poema "Los zapaticos de rosa," pero que se desarrolla en forma de un relato. En suma, el método de Cabrera Infante corresponde al mecanismo descrito por Claude Abastado:

> El parodista identifica el idiolecto de un texto o textos que le sirven como blanco: el vocabulario, los trucos sintácticos...las reglas de composición y, en el plano del contenido, los temas predominantes. La parodia consiste frecuentemente en condensar estas particularidades y acumularlas en un espacio más limitado.[20]

El novelista cubano en realidad logra capturar —de manera sintética— los rasgos estilísticos propios de autores parodiados y de las corrientes literarias que éstos representan: desde el modernismo hispanoamericano (Martí), a través de varias encarnaciones del negrismo narrativo y poético (Novás Calvo, Cabrera, Guillén), hasta las corrientes contemporáneas "barrocas" (Carpentier, Lezama Lima). Partiendo, pues, de una condensación de características expresivas de un autor, Cabrera Infante termina por transformarlas más aún por medio de la exageración. El procedimiento paródico se destaca sobre todo en el caso de estilos ya de por sí hiperbólicos u ornamentales: el novelista eleva el exuberante estilo de Carpentier y Lezama Lima a una especie del barroquismo "en segundo grado" y ofrece una versión manierista del estilo preciosista de Martí.

En la parodia martiana el recurso fundamental es una forma de *figurae per transmutationem,* o sea la descontextualización histórica. El estilo de Martí no solamente es inadecuado (en el sentido de *decorum*) para describir la muerte de Trotsky, sino también anacrónico: el poeta cubano murió en 1895, Trotsky fue asesinado en 1940. Debido al trastocamiento de la secuencia histórica, una de las modalidades del modernismo hispanoamericano aparece despojada de sus características de *le scriptible.* Al mismo tiempo, por medio de un procedimiento clásicamente burlesco se revela la disparidad entre la forma ingenuamente bella del poema original ("Los zapaticos de rosa") y el contenido cruento del texto actual (el asesinato político).

El *ethos* de las parodias de Cabrera Infante —como todo tipo de intención autorial— es difícil de definir de manera unívoca. No obstante, nos parece que el objetivo de Cabrera Infante no ha sido el ataque *ad hominem.* Julio Matas sugiere hasta lo contrario: "La broma...no supone siempre desprecio; en algunos casos implica admiración y creo que ocurre así en estas parodias (principalmente las de Lydia Cabrera, Novás Calvo y Virgilio Piñeira)."[21] Aunque —igual que Arenas en *El mundo alucinante*— Cabrera Infante indudablemente parodia "con venganza" a Carpentier, nos parece que la declaración que le sirvió a Cabrera Infante como lema para una de sus charlas —"Parodio no por odio"— puede aplicarse con un debido grano de sal también a su práctica paródica en *Tres tristes tigres.* Consideramos debatible, sin embargo, el juicio de Matas de que el propósito de Cabrera Infante consiste en una sátira paródica de la tradición literaria cubana en cuanto imitación pobre o reflejo pálido de las letras europeas: "El origen de estas bromas —explica Matas— es, a fin de cuentas, algo más radical: la desproporción, entre lo que algunos llaman (o llamamos) 'literatura cubana' y la vieja, original y prestigiosa literatura europea."[22] Cabe recordar que cuando Cabrera Infante estaba escribiendo su novela a principios de la década del sesenta, la actitud de reverencia incondicional frente a los modelos tradicionales de literatura europea no estaba muy de moda entre los escritores hispanoamericanos y parece dudoso que fuera precisamente el eurocentrismo el que inspirara estas relecturas paródicas de autores cubanos.

A nuestro juicio, el significado de estos procedimientos sí es radical, pero en otro sentido aún. Se trata de una parodia total. Cabrera Infante procura englobar varias implicaciones de la parodia: la sátira paródica de distintas modalidades del lenguaje hablado (en cuanto comunicación) y literario, la meditación metaliteraria, la estimulación de la complicidad del lector, y, finalmente, la ilusoria posibilidad de liberación a través de la destrucción renovadora y transgresión carnavalesca del lenguaje. En este sentido discrepamos también del planteamiento de Stephanie Merrim quien ve en las parodias de "La muerte de Trotsky" una práctica nihilista. Merrim parte, obviamente, de una consideración tradicional de la parodia que arrastra consigo una connotación negativa de práctica despreciable y destructiva. Aunque no nos adherimos a la evaluación de Merrim, su comentario tiene un aspecto interesante, puesto que vuelve a resaltar la plurisignificación del término "parodia" en las investigaciones actuales y, por otro lado, suministra una curiosa comparación entre la escritura del cubano y *Exercises de Style* de Raymond Queneau:

> Como en "La muerte de Trotsky," en el texto de Queneau el contenido de la historia sigue siendo el mismo, mientras que el estilo se está transformando alrededor del eje central y termina por crear, en ambos casos, una extensa configuración de sobreimposición paradigmática. No obstante, hay una diferencia fundamental entre los ejercicios de Queneau y los de Cabrera: mientras que la obra de Queneau es constructiva y llega a conformar un diccionario único de estilos literarios, en el caso de Cabrera tenemos un deconstructivo exorcismo de estilo.[23]

Al margen de sus opiniones negativas sobre la parodia, Merrim introduce algunas observaciones que —si bien no llegan a contradecir sus aseveraciones anteriores— dan un toque diferente a la parodicidad literaria. La crítica sugiere que el episodio de "La muerte de Trotsky" plantea un problema ético e ideológico del compromiso del escritor en el contexto sumamente politizado de la literatura cubana después de la revolución puesto que pone de relieve la cuestión de la manipulación lingüística o sea la adaptación de la forma a los contenidos impuestos por la realidad.[24]

Retomando y ampliando esta idea, podemos afirmar ya a base del texto concreto y no solamente en teoría de que a pesar del carácter intratextual de la parodia *(intramural* en la terminología de Hutcheon), no se puede menospreciar de ningún modo la importancia de su dimensión ideológica. La naturaleza huidiza de la parodia y las dificultades que enfrentamos al tratar de aprehender sus esquivas características no favorecen aproximaciones sociocríticas, aunque éste ha sido precisamente el camino indicado por los trabajos pioneros de Bajtin. Según ya hemos notado en referencia a *El mundo alucinante,* la parodia —igual que otras formas bi-vocales, como la ironía y la alegoría— se caracteriza por una alusividad que permite siempre trasmitir el tonillo de burla con respecto al referente socio-histórico. Este peculiar entrelazamiento de la parodia con la función satírica parece ser un signo distintivo de cada parodia completa y lograda: desde los poemas heróico-cómicos de los siglos XVII-XVIII —que apuntaban tanto a las lacras sociales de la época como al falso *pathos* de la poesía épica— hasta la literatura del *Postmodernism.* Hutcheon así resume esta particularidad de la parodia en su encarnación actual, postvanguardista a la cual pertenece también *Tres tristes tigres*:

> En la superficie, el interés fundamental del *Postmodernism* parece concentrarse sobre el proceso de su propia producción y recepción, asimismo como sobre su relación paródica con el arte del pasado. No obstante, quiero afirmar que precisamente la parodia —este formalismo aparentemente introvertido— paradójicamente da lugar a una confrontación directa con el problema de la relación entre el ámbito estético y el mundo extratextual de sistemas socialmente definidos (del pasado y del presente) o, en otras palabras, de la ideología y la historia.[25]

Tres tristes tigres explora varias formas de la parodia y termina por llevarlas a un agotamiento verdaderamente postvanguardista (la escritura auto-reflexiva, *mise en abyme,* juegos de palabras). Pero —a diferencia de su obra posterior, *Exorcismos de esti(l)o* (1970)— en *Tres tristes tigres* Cabrera Infante no solamente se afana en desplegar todas las posibilidades de la parodia en cuanto juego narcisista, sino también intenta preservar sus vínculos con el mundo extratextual, situándola en un continuum histórico de la práctica social del choteo cubano.

En la crítica hispanoamericanista se ha convertido casi en un cliché la aseveración de que dentro de la corriente metaliteraria de la nueva narrativa

Ethos ludens

hispanoamericana *Tres tristes tigres* ocupa un sitio análogo al lugar de *Ulysses* en la poética del *Modernism*. Los estudios comparados quedan todavía por hacerse. Mientras tanto, desde la óptica del ochenta parece cierto que dentro de la narrativa hispanoamericana la novela del cubano representa un arquetipo de la escritura iconoclasta, desenfadada en su ansia de derribar todos los cánones y decidida a "morderse la cola" hasta autodestruirse. No es de extrañar que frente a la total parodicidad de *Tres tristes tigres* los escritores que cultiven la narrativa auto-reflexiva en la década del setenta/ochenta se sentirán tanto fascinados como paralizados por la novela cubana.

Las novelas metaliterarias que nos quedan por analizar no pueden considerarse como un paso más en la dirección trazada por *Tres tristes tigres*, puesto que la obra del cubano no solamente propone su propio metadiscurso de parodicidad total, sino también logra llevarlo a un límite difícil de sobrepasar. Si *Tres tristes tigres* ejemplifica el apogeo y a la vez el agotamiento de un tipo de escritura —en el sentido otorgado al término *literature of exhaustion* por Barth—, la búsqueda de una plenitud literaria *(literature of replenishment)* por parte de los novelistas hispanoamericanos del setenta y ochenta implica ineludiblemente otras rupturas paródicas, otros experimentos con "la memoria del género."[26]

3.3. *CÓMICO DE LA LENGUA* Y *CUADERNOS DE GOFA*: *ETHOS LUDENS* PARÓDICO Y EL PLACER DEL TEXTO

El hecho de que *Cómico de la lengua* (1973) de Sánchez y *Cuadernos de gofa* (1981) de Hiriart[27] compartan el espacio del presente capítulo vuelve a confirmar la amplitud —si no la vaguedad— de tales nociones como metaficción, parodia, juego o humor. En la década de los setenta estos conceptos han experimentado en la novela hispanoamericana no solamente un extraordinario florecimiento, sino también una modificación sustancial. Para los escritores del llamado post-boom los textos metaficticios como "Pierre Menard, autor del *Quijote*" de Borges, *Rayuela* de Cortázar o *Tres tristes tigres* constituyen ya pre-textos, susceptibles de ser transformados con diferencia crítica, ironizados y transgredidos.

Por otro lado, desde la perspectiva de la sociología de literatura es importante notar que la amplia difusión de la narrativa del boom en el contexto de la "aldea global" ha creado condiciones propicias para la recepción de este tipo de parodias —que años atrás hubieran sido percibidas como locales y herméticas— por un público lector en distintos países, suficientemente homogéneo en el sentido de competencia cultural como para captar las alusiones a Borges, Cortázar o García Márquez. Si es cierto que para el funcionamiento de la parodia es imprescindible una peculiar combinación de "provincialidad y sofisticación" (conocimiento de alusiones a asuntos locales unido a cierta erudición),[28] en la época del post-boom se crean condiciones muy favorables para el florecimiento de la praxis paródica.

Aunque ni la novela de Sánchez ni la de Hiriart limitan su intertextualidad a un solo pre-texto, en el *Cómico de la lengua* la evocación de *Rayuela* es tan imprescindible como las alusiones a Borges en el caso de *Cuadernos de gofa*. *Cómico de la lengua* es una novela tan autoconsciente que su paricidad parece eclipsada por el poderoso procedimiento metadiscursivo, abiertamente narcisista, que conforma el nivel diegético (la narración) del texto: la novela compagina una transcripción caótica *del proceso de la escritura* de un libro de un tal Roque Barcia con el simultáneo comentario crítico sobre la misma. Según observa Saúl Sosnowski, el viejo recurso de la incorporación de un manuscrito que por órdenes azarosas llega al narrador, sirve a Sánchez como uno de los filtros textuales "que difuman toda verosimilitud de lo empírico."[29] El efecto de *mise en abyme* logrado gracias a este truco del "texto dentro de otro texto" está reforzado en *Cómico de la lengua* por otros procedimientos que —siguiendo el modelo de Hutcheon— podemos considerar bajo el rubro del narcisismo literario: parodia, chistes, juegos de palabras.

Al contrario de *Tres tristes tigres,* la parodia en *Cómico de la lengua* no está acompañada por metacomentarios que pudieran ayudar al lector a descifrar sus pre-textos. Aparte de las referencias explícitas a Joyce, Paul Reverdy y Borges (el primer capítulo lleva por título "Historia universal de la infamia"), los críticos han descubierto alusiones intertextuales más veladas: a Antonin Artaud, a Stéphane Mallarmé y a la obra anterior del mismo Sánchez, *El amhor, los orsinis y la muerte*.[30] Lo que parece importante no es la identificación de todas las capas del palimpsesto, sino el reconocimiento de la profunda conciencia paródica que tiene la novela de todo un acervo de convenciones literarias. La "enumeración caótica" de los libros más dispares que uno de los protagonistas, Mauro Chavaría, trae un día metidos en "el mismo paquete" (104) no solamente pone de relieve la ineludible "ansiedad de la influencia," sino también —por su tono evidentemente humorístico— parece poner en solfa todo tipo de lecturas intertextuales demasiado eruditas. Por cierto, si nos empeñáramos en descifrar las fuentes de la novela terminaríamos por encontrar huellas del fluir de conciencia joyceana, influencias de caligramas creacionistas de Huidobro o del mismo Guillaume Apollinaire, ecos del *nouveau roman* y reflejos de la poética novelesca expuesta por Morelli en los "capítulos prescindibles" de *Rayuela,* junto a la presencia latente de varias corrientes estéticas y filosóficas (surrealismo, existencialismo, filosofías orientales).

Lo que resulta mucho más esencial para la poética de la novela que el desciframiento de todos sus pre-textos es que en el nivel metaliterario del *Cómico de la lengua* las reglas de "escribir ficciones" se convierten —debido a los procedimientos auto-reflexivos mencionados— en uno de los temas de la novela. En medio de este universo conscientemente ficticio el empleo de algunos trucos de la narrativa tradicional (división en capítulos, intriga convertida en acción narrativa, configuración psicológica de personajes, búsqueda mítica) no puede ser percibido de otra manera sino como una parodia total. La falta de correspondencia entre los títulos de capítulos y su contenido, las frecuentes alusiones a "errores tipográficos" en el manuscrito de Roque Barcia (30, 31, 318), el empleo de dibujos y caligramas, la inexplicable inclusión de una borrosa fotografía de un campanario en medio del texto, el cultivo de la "poética del fragmento" junto a los pasajes rendidos en forma de una narración causal —todos estos procedimientos crean un poderoso efecto de defamiliarización.

El empleo de estas estrategias lleva, en primer lugar, al cuestionamiento de la escritura de Roque Barcia en cuanto epítome del realismo tradicional. Sobre su actividad literaria el narrador suministra comentarios tan irónicos que éstos no solamente desmitifican los principios de la "novela en cuanto espejo," sino terminan por transformarse en *tour de force* autoparódico, en burla de todo tipo de escritura. El principal blanco de ataque (*target text* de la parodia) está bien definido: el manuscrito de Barcia se encuentra en el "único baúl siglo diecinueve con cierto perfume a alucema y tanto la cerradura como los refuerzos de hierro fundido" (24) y, por si fueran insuficientes estas señas, el texto hallado parece ejemplificar de manera casi antológica las características de un pesado *roman fleuve* y de la escritura realista del diecinueve: "novecientas cuarenta y dos páginas" (29), narradas con "cierta velocidad progresiva del tiempo hecho cronología a toda costa" (32), efecto de la búsqueda del "supuesto espejo posible" (33), fruto de "tres años de escritura trabajosa" y de una "confianza en la verosimilitud del diálogo marcado con guiones dobles a la izquierda de cada frase o párrafo, la movilidad aparente del punto de vista como tentación irreprimible, los planos narrativos como antiasfixia, ciertas metáforas comparativas y necesidades de énfasis" (30).

El proceso de la implacable lectura crítica —al cual el narrador omnisciente somete el manuscrito de Barcia— pone de relieve la discrepancia entre la intransingente fe en el poder mimético de la escritura —que el texto de Barcia anuncia a nivel superficial— y las numerosas tachaduras y errores dactilográficos que traicionan el penoso y siempre insatisfactorio trabajo sobre el lenguaje. Los comentarios irónicos del narrador sobre el concepto "barciano" de la escritura conllevan una metapoética profesada por el mismo narrador: "Confianza de por sí repentina, barcianizante, en reducir a acto dificultoso de escritura, a palabras amontonadas y sintaxis, una diversidad de sucesos capaces de cohibir y casi de inmediato empobrecerse en la memoria personal..." (37). El narrador se burla también de otros principios de la estética "barciana": sobre todo de su "tendencia a la verosimilitud sin atenuantes" (71) y de su búsqueda de "palabra espejo" (73). En otras ocasiones estas observaciones llegan a ser sarcásticamente paródicas, como en el fragmento siguiente extraído del manuscrito:

> Sin embargo, a pesar del proceso manuscrítico en sí, nada parece suficiente como para empañar esa especie de fidelidad que en esencia rechazaría por anticipado cualquier tipo de adhesión o de variante: en la segunda página, bien arriba y añadidas hacia el final...las cuatro líneas subrayadas: *tanto las personas* (aparece tachada con equis la palabra personajes) *como los sucesos que aquí se refieren son absolutamente reales, cualquier falta de semejanza con personas vivas o muertas podría adjudicarse a otro fracaso de lo que entendemos corrientemente por realidad.* (30)

Pero *Cómico de la lengua* no se limita a desenmascarar los principios de la escritura mimética, si bien éste es el aspecto más explícito de sus metacomentarios. Aunque la arbitraria yuxtaposición de *Ulysses* y de los libros populares, casi subliterarios, en el ya mencionado "paquete" de Mauro Chavaría (104) nos hace tomar con un grano de sal tanto el epígrafe joyceano que encabeza la novela como los numerosos pasajes en los que usa la técnica del fluir de conciencia, es sobre todo la escritura morosamente descriptiva y objetivista de los *nouveaux romanciers* la que sufre un ataque paródico verdaderamente frontal. He aquí el comentario del narrador sobre esta

Ethos ludens

nueva fascinación literaria de Barcia, en donde el irónico "etcétera" pone en solfa la prolijidad enumerativa del *nouveau roman*:

> De esta forma, unos veintiocho años más tarde, a su influjo y tal vez motivado por lecturas de último momento, Barcia cae en su tercera tentación literaria sin atenuantes: mirarlo todo, la casa semivacía y desmoronable, sus cuatro ocupantes, el limonero real y la hamaca paraguaya, las carteras, sandalias y cinturones etcétera acumulados por Mauro, desde los ojos del Fantasma a pesar de que, como él mismo parece admitirlo, el Fantasma no le hubiese aceptado de ninguna manera, y menos en un tono originado en la pura voluntad descriptiva. (89)

Marta Gallo —tras haber encontrado en la novela influencias de Mallarmé y una especie de "parodia de un oráculo délfico (o surrealista)"— así resume los procedimientos intertextuales de *Cómico de la lengua*:

> En resumen, citas más o menos contextualizadas y recontextualizadas, traducidas o no; diversidad de códigos lingüísticos, ideas ajenas: todas estas tretas polifónicas o de polílogo esfuminan en *Cómico de la lengua* los límites del discurso y de su autoría.... El discurso sin límites es una manera de plantear otro problema, relacionado con el de la autoría, y con "el paso atrás" en busca de un centro o ancla: los límites del yo.[31]

La configuración de la novela en forma de un mosaico de citas (palimpsesto, *pot pourri, collage, silva rerum*) le permite a Sánchez llevar el cuestionamiento de la autoría y la autoridad hasta los límites de la desintegración postmoderna del Sujeto. Si adoptamos la idea de Barth de que el *Postmodernism* es una intensificación de los procedimientos más radicales del *Modernism*, podemos ver tal vez en *Cómico de la lengua* una versión radicalizada de *Rayuela*, una encarnación pragmática de las teorías de Morelli, según ha sugerido Sosnowski. Quizás la novela de Sánchez es inclusive una especie de inversión de *Rayuela*, esta vez sin capítulos imprescindibles, puesto que hasta el entramado narrativo de búsqueda mítica que a los lectores de Cortázar les había proporcionado un marco de referencia humano, en *Cómico de la lengua* queda eclipsado, difumado, desintegrado por el método morelliano de "la ironía, la autocrítica incesante, la incongruencia, la imaginación al servicio de nadie."[32] En otras palabras, el lector de Cortázar pudo haber contado con puntos de referencia mucho más firmes que el destinatario de Sánchez, lo cual pone en claridad no solamente la evolución de la novela hispanoamericana en estos diez años, sino también el desarrollo paralelo de su "lector ideal."

Si bien la complicidad del lector se ha transformado en pivote central de la nueva novela hispanoamericana, obras como *Cómico de la lengua, Cobra* de Sarduy o *Farabeuf* de Salvador Elizondo no han logrado encontrar a sus "lectores ideales" fuera de los círculos elitistas de los *culturati*. *Cómico de la lengua* puede leerse como una especie de *tour de force* narcisista, o —según sugiere su título— como una gigantesca y excéntrica broma literaria, como el canto de cisne de una época que —al revelar autoparódicamente sus propias limitaciones— señala la urgencia de buscar otros derroteros estéticos, otras vías para convertir el placer del juego hermético en un goce compartido por muchos lectores. No debe sorprender, pues, que la gran parte de la novelística hispanoamericana de la segunda mitad del setenta buscara el ancla para su escritura —y tal vez para la complicidad de un círculo más amplio de lectores— en el ameno arte de contar y en la narratividad tan despreciada por la promoción anterior de escritores.

Aunque *Cuadernos de gofa* de Hiriart ejemplifica esta peculiar evolución de la novela hispanoamericana hacia la mayor accesibilidad, a la vez incorpora tantos logros formales de la escritura experimental que no se puede hablar de una vuelta hacia la narrativa tradicional. *Cuadernos de gofa* es una compilación de innumerables pre-textos —no solamente literarios, sino también culturales— en una forma totalizante, cuya matriz subyacente está constituída por dos códigos narrativos (Barthes, *S/Z*) más antiguos y tradicionales: el hermenéutico (del misterio) y el proairético (de la acción). En el fantástico universo de los gofos —que evoca tanto a "Tlön, Uqbar, Orbis Tertius" y *El libro de los seres imaginarios* de Borges como a *The Lord of the Rings* de Tolkien— las líneas narrativas del relato detectivesco y de la novela de aventuras facilitan la orientación del lector, a la vez que estimulan su cooperación imaginativa, su complicidad. Según hemos visto en el esquema de Hutcheon, en el nivel de la narración (diegético) el modelo detectivesco y el fantástico se prestan muy bien a encarnar la autoconciencia narrativa en forma del "narcisismo velado." Como en los demás casos de escritura auto-reflexiva, el empleo de estos trucos tiene un efecto ambivalente: por un lado asegura la libertad del lector y, por el otro, apunta hacia las limitaciones del lenguaje y de la novela en cuanto género.

La conciencia metanarrativa de *Cuadernos de gofa* está poderosamente realzada por el empleo de la parodia. Es gracias a este procedimiento que el lector quede advertido a cada paso de las reglas en juego y se vea forzado a leer la novela no como "la escritura de una aventura" sino, de acuerdo con la metapoética del discurso, como una "aventura de la escritura."[33] Mientras que la intertextualidad en *Cómico de la lengua* se daba —según hemos visto— en forma más bien hermética e internalizada, la novela de Hiriart genera su propia dinámica intertextual de modo un tanto semejante al procedimiento de Cabrera Infante. Hiriart se vale tanto de comentarios metadiscursivos que identifican el pre-texto, como del humor y de la ironía que sugieren una lectura en clave paródica.

Una característica sobresaliente de *Cuadernos de gofa* estriba en el hecho de que —al revelarnos su estructura de palimpsesto— la novela no desemboque en una frustración hacia un lenguaje insuficiente y traicionero. Mientras que el humorismo de *Tres tristes tigres* o —hasta cierto punto— de *Cómico de la lengua* se veía empañado por un tono de amargura, en la novela de Hiriart el humor aparece en su forma más pura y despreocupada de *jouissance* (Barthes) y *ethos ludens* (Hutcheon).

Los críticos que se han dedicado a estudiar el humor en la literatura hispanoamericana[34] suelen lamentarse no solamente por la confusión que rodea al concepto, sino también por su aparición tardía y relativamente escasa en las letras del continente. Si bien los estudiosos reconocen el papel de Macedonio Fernández, Borges, Cortázar, Cabrera Infante, Ibargüengoitia o de los narradores de la Onda mexicana (Agustín, Sáinz) en la desolemnización de la escritura hispanoamericana, al mismo tiempo admiten que libros que se atreven a proclamar el humor como palabra clave de su poética siguen siendo pocos y corren el riesgo de ser relegados a las zonas marginales de la literatura. El mismo García Márquez se ha quejado más de una vez de la solemnidad de algunos de sus compatriotas: "hay pocas cosas a las que yo le tenga más terror que a la solemnidad, y yo, viejo, soy del país más solemne del mundo, que es Colombia. Solamente no es solemne en Colombia la franja del Caribe."[35] Aunque el estudio monográfico del *homo ludens* hispanoamericano está todavía por hacerse, juzgando la expresión literaria de Hispanoamérica desde la óptica de los ochenta hay que discrepar de la opinión de Thomas C. Meehan quien afirma lo siguiente:

> Una tradición auténtica del humor literario ha estado visiblemente ausente de las letras hispanoamericanas. Tal vez el florecimiento genuino de un espíritu de regocijo requiere que los pueblos (y los escritores) alcancen un nivel relativamente alto de madurez cultural y

sofisticación a la par con una capacidad de distanciamiento que permita a los artistas reirse tanto de lo absurdo e irrisorio de la existencia humana como de ellos mismos.[36]

En *Cuadernos de gofa* Hiriart parece haber alcanzado este peculiar estado de ánimo y ha puesto el humor no al servicio de una sátira encarnizada, sino —con una consistencia sin precedentes y muy en la línea de la "teoría de la humorística" de Macedonio Fernández— lo ha vinculado con el juego, con lo grato y lo placentero.[37] El juego y el humor van entrelazándose —según ha demostrado Hutcheon— con la auto-reflexión tan propia de la ficción narcisista contemporánea. En la novela del mexicano el humor de hecho va unido a los instantes autodesmitificadores, autoparódicos, que abundan en el texto. El humor es aquí el aliado principal de la parodia: a través de la incongruencia, deformación, exageración o sonrisa irónica asegura la complicidad del lector, haciéndole mirar más allá de la superficie del signo.[38]

Aunque resulta imposible crear un universo lingüístico independiente del mundo extratextual y, por lo tanto, una decantación del *ethos* puramente lúdico de la parodia es una operación artificial, parece evidente que —al haber construído el universo totalmente ficticio de la Gofa— Hiriart ha relegado al segundo plano las implicaciones extratextuales (satíricas) de la parodia. Para realzar las características lúdicas de su poética el novelista recurre inclusive a una autoridad máxima al respecto, diseminando a lo largo del texto referencias a la filosofía de Ludwig Wittgenstein, quien había consagrado la noción del lenguaje en cuanto juego.

Las peripecias del erudito profesor Dódolo —fascinado por la civilización de la Gofa— constituyen un punto de partida muy conveniente para esta graciosa parodia total que de hecho es la novela de Hiriart. Sería ocioso enumerar todas las referencias y alusiones intertextuales de *Cuadernos*. Los pre-textos más obvios van desde la Biblia y *Poema del Cid* hasta Cervantes, Jonathan Swift y Borges, pasando por la novela folletinesca y policial y el *nouveau roman*. El mismo autor menciona, cita o parafrasea —a veces con una advertencia de haber "limpiado" la cita de "pelusa" para nuestros usos (51)— a autores tan diversos como Samuel Beckett y Santo Tomás, William Shakespeare y Malcolm Lowry, Homero y Marguerite Yourcenar, sin olvidarse de sus "precursores" hispánicos —Gustavo Adolfo Bécquer, Antonio Machado, Julio Torri, Alfonso Reyes y Sor Juana Inés de la Cruz.

El tono paródico de *Cuadernos de gofa* queda establecido desde el principio: la apertura de la novela —que narra desde cinco perspectivas distintas la entrada del profesor Dódolo a un bar— es una evidente burla de las técnicas perspectivistas del *nouveau roman*. El metacomentario que sigue desemboca en una suerte de autoparodia de toda actitud auto-reflexiva:

> Ese profesor soy yo. Me he valido de un ardid estéticamente inofensivo para principiar estos escritos porque en ellos puedo ejercer sin ningún peligro mi disposición de poeta clandestino y porque yo también tengo pasión fantasiosa por mirarme desde fuera, por verme a mí mismo desde lejos, por ser a la vez yo y los otros. (9)

Tampoco en esta novela va a faltar una transfiguración burlona del realismo tradicional. Lo que salta a la vista en una obra tan poco convencional como *Cuadernos* es la ocasional aparición de un narrador omnisciente autorial quien no esconde sus propias opiniones y ni siquiera pretende ser objetivo. Su presencia en este tipo de novela es de por sí paródica, puesto que constituye un ejemplo de descontextualización (anacronismo) y, por lo tanto, de incongruencia formal. Por otro lado, las exageradas intromisiones de este narrador desenmascaran paródicamente su incapacidad para abordar la narración. El desesperado narrador interrumpe su relato con frases tan torpes como: "pero volvamos a nuestra materia" o "lo que pasó más delante, más delante lo diré" (98-99). El pre-texto realista está representado en la novela por un pasaje de *La Cartuja de Parma* referente a la batalla de Waterloo. Al citar el elogioso comentario de Lev Tolstoi sobre los logros estilísticos de Henri Stendhal ("es una verídica y cierta descripción de una batalla" [101]), Hiriart-Dódolo aprovechan la estética gofa para una rotunda desmitificación de la arbitrariedad del método realista:

> Así que lo que llamamos *la batalla de Cunaxa* se diluye en miles de versiones diferentes y desaparece; la batalla se vuelve una invención, un capricho de historiador, el producto de la arbitrariedad de nuestra inteligencia, su realidad se esfuma, se nos va de las manos. Yo intentaba, como se ve, una generalización filosófica del procedimiento literario de Stendhal. (103)

Aprovechando el hecho de que el profesor Dódolo se dedique a recopilar todo tipo de materiales vinculados a la cultura gofa, la cuidadosa prosa de

Hiriart va entretejiendo discursos gofos más diversos con textos de la tradición literaria occidental. Así pues, aparecen en simbiosis perfecta, yuxtapuestos y separados solamente por dibujos de la exótica fauna gofa, crónicas de viajes (*Narración de Rapuz*), canciones de gesta (*Libro de todos los estandartes, Cantar de Dogolor*), un relato detectivesco (la investigación del asesinato de Matilde Pol y Matute), unos testimonios de excavaciones arqueológicas, un diario, una noveleta amorosa (Dódolo-Irene-Cerelia), un folletín ("La mosca y el perfumista"), un tratado filosófico, un fragmento "barroco" al estilo de Lezama Lima ("Matilde y la pera"), una transcripción del tema borgeano del "traidor y héroe" ("Epistolarios gofos"), y otros más.

La parodicidad de la novela se funda no solamente en la yuxtaposición arbitraria de varias formas literarias, sino también en los incesantes comentarios (auto)irónicos de Dódolo. El texto se va autoanunciando como "ecléctico, discutible y prolijo cuaderno," un entrecruzamiento heterodoxo "de memorias, diario y antología gofa" (104). A veces Dódolo aparece borgeanamente perdido en el laberinto del lenguaje: "He releído lo que escribí hasta ahora en este cuaderno: los textos tienen un sabor inconfundible a caos" (61). Pero en un capítulo intitulado "Escribir" el profesor admite su actitud irreverente hacia todo tipo de convenciones literarias: "Los escritos de este cuaderno no intentan ser un diario: las muchas obligaciones del diario son extravagantes y trabajosas" (12). En una clara parodia de la actitud indagadora de los críticos concluye: "¿Para qué transcribo en este lugar el trozo de la clásica historia de Gofa?... Algo debe haber" (15). La tematización de la actitud auto-reflexiva de Dódolo se intensifica hacia el final de la novela debido a un amplio uso de la autoironía. Al comparar su método de escribir con el de Maquiavelo —"salvadas las abrumadoras diferencias que van del inmenso Maquiavelo a un pobre profesor de historia"—, Dódolo ofrece una humorística reseña de su cuaderno: "He repasado muy a la ligera (¿quién podría leer todo esto?) deteniéndome aquí y allá, este discutible, híbrido, tumultuoso, promiscuo, sobrecargado, barroco y autógrafo cuaderno. No sé qué pensar de él" (308).

La transfiguración irónica del lenguaje crítico es uno de los procedimientos favoritos de Dódolo-Hiriart. Así pues, en la frase "Bécquer es un historiador de sí mismo condenado a no tener acceso a sus propias fuentes" (38) aparecen reflejadas con diferencia crítica las teorías de la ansiedad de la influencia, mientras que en el comentario que cierra un recuento de estudios gofos se deja entrever una burla de la crítica del boom hispanoamericano ("estamos en lo que ahora parece el cenit de los estudios gofos" [46]). En otras ocasiones Hiriart ofrece variantes tan exageradas de la jerga crítica que el lector no necesita asideros más firmes para ver en la novela una poderosa relativización de todos los sistemas conceptuales de nuestra cultura marcada por una "manía exegética": "El poema de Dogolor se gestó y transmitió por vía oral antes de hallar su cristalización definitiva en la versión escrita que ha llegado hasta nosotros. Desde luego, muchas reiteraciones y fórmulas poéticas obedecen a avatares mnemotécnicos" (73).

Igual que en *Cómico de la lengua*, el concepto del autor y de la autoridad queda humorísticamente cuestionado cuando se citan títulos de obras que transfiguran o evocan varios pre-textos a la vez ("Historia universal de catorce años," con ecos de Borges y García Márquez; "A la sombra de todas las arpas," Carpentier; "Los precursores gofos de Kafka" e "Historia de la bajeza humana," Borges; "Notas a las notas a *La mosca y el perfumista*," Sarduy). Por si fuera poco, con respecto a algunos de estos textos se dice que fueron escritos "en colaboración por las treinta y dos criaturas humanas (hay que añadir veinte gatos, dieciocho perros y cuatro pericos)" (38).

Las discusiones intelectuales de los miembros del "Club Suizo" —una versión burlesca del "Club de la Serpiente" de *Rayuela*— constituyen otro pretexto para parodiar los principios del discurso crítico. Hiriart no solamente pone al descubierto las limitaciones de la perspectiva eurocentrista —o por lo menos europeizante—, sino también desenmascara la esencia manipulativa de toda actividad intelectual. En la versión burlona de Hiriart, la labor analítica o teórica consiste en meter el objeto investigado en una especie de lecho de Procusto, someterlo a normas y sistemas preexistentes, como en el caso del heterodoxo poema gofo *Dogolor*:

> sólo cabe o cambiar la teología de Aristóteles aceptando esta insensata proliferación o no cambiar nada y decretar extranjero y advenidizo el pasaje. Desde luego, la crítica prudente, con toda su parte de pereza y sedentariedad intelectual, ha optado por suprimir las páginas conflictivas y forasteras. Pero esta operación es difícil en el *Dogolor*; "se correría el riesgo, explicó Irene Klein, de que se evaporara el poema entero." (73)

Mientras que la novela de Sánchez se ha mostrado reticente sobre la formulación explícita de su metapoética, en *Cuadernos de gofa* más de una vez tropezamos con indicios que señalan la importancia de un código interpretativo adecuando. La presencia defamiliarizadora de la exótica cultura gofa facilita las reflexiones sobre los mecanismos hermenéuticos: "nosotros asumimos sin discutir nuestra propia esgrima y la dotamos de armas gofas; es decir que pensamos en un combatiente occidental armado con un garabato de éstos. Y claro, así no encajan las cosas, así no se concilia nada. Es preciso cambiar enteramente nuestra idea de esgrima" (128). *Cuadernos de gofa* aprovecha el amplio espectro de posibilidades auto-reflexivas para desembocar —con un verdadero "desenfreno gofo"— en una apología de lecturas puramente lúdicas. Cuando Dódolo le cita a Irene un verso de Rubén Darío ("Qué púberes canéforas te ofrenden el acanto") y ella le responde que sólo ha entendido la palabra "que" (192), el profesor pronuncia una frase que —tal vez— sugiere la única posible lectura de la novela misma: "Irene, por favor, no pienses tanto, juega y siente" (191).

La praxis metaliteraria de *Tres tristes tigres*, *Cómico de la lengua* y *Cuadernos de gofa* llega a confirmar una vez más lo tentativo de esquemas teóricos y la riqueza y versatilidad de la práctica paródica en la nueva y novísima novela. De las tres novelas analizadas la más enraizada en el contexto —a través de su enfoque satírico y la recreación de la práctica social del choteo— es, por cierto, *Tres tristes tigres*. La presencia de este código referencial y la preservación de algunos elementos del código proairético, junto a la incorporación de comentarios metadiscursivos explícitos (identificación de pre-textos) facilitan la lectura de la novela cubana y sirven de contrapeso para sus estrategias más experimentales (fragmentarismo estructural, juegos de palabras). *Tres tristes tigres* encaja en las categorías del narcisismo lingüístico y diegético establecidas por Hutcheon, salvo la del "texto auto-reflexivo diegético velado."

En *Cómico de la lengua* los códigos narrativos que suelen sostener discursos tradicionales (referencial, proairético, hermenéutico) quedan eclipsados por un narcisismo convertido en autoparodia. Igual que en el caso de *Tres tristes tigres* no se perciben elementos del narcisismo diegético velado. La novela ostenta su carácter abiertamente narcisista sobre todo en el nivel lingüístico, tematizando el poder, la potencialidad y —más que nada— las insuficiencias del lenguaje.

En *Cuadernos de gofa,* a su vez, se vuelve a reinstaurar la importancia de la matriz diegética tradicional (folletín, relatos detectivescos y aventureros-fantásticos), pero obviamente se termina por subordinarla a los objetivos de un narcisismo velado. La parodización genera aquí formas nuevas de otras viejas que por su excesiva familiarización se han convertido en pura convención.[39] Lo que parece importante es que todas estas novelas lleguen a afirmar —aunque por vías distintas— "una aventura de la escritura" y no "una escritura de la aventura."

Si ubicamos las tres obras en el nivel diacrónico de la novelística hispanoamericana con el propósito de captar su evolución y la transición de la nueva hacia la novísima novela, el caso de *Cuadernos de gofa* podría servir como una muestra muy elocuente de lo que González Echevarría denomina la "apoteosis de narratividad" en el discurso de los "novísimos."[40] Partiendo de los ensayos de Barth y François Lyotard, González Echevarría sugiere también que *Modernism* es el equivalente del boom (nueva novela en nuestros términos) mientras que *Postmodernism* corresponde al post-boom (novísima novela). Sin adentrarnos en unas comparaciones globalizadoras que a la luz de los textos analizados parecen demasiado arriesgadas y prematuras, podemos afirmar, sin embargo, que las diferentes formas de auto-reflexividad irónica (autoparódica) aparecen tanto en las nuevas novelas como en las novísimas. Según se ha comentado ya en el capítulo sobre la reescritura historiográfica y como se verá también en el capítulo siguiente, la autoconciencia llega a ser un elemento indisociable de numerosas novelas hispanoamericanas escritas después de Cortázar, Cabrera Infante o Elizondo. No obstante, en las novelas del setenta y ochenta los narradores por lo general irán alejándose del narcisismo total y hermético de sus predecesores y buscarán —a través de la parodia— una renovación del viejo y casi olvidado arte de contar.

4
Del anacronismo a *le scriptible*: la parodia como renovación

4.1. *POSTMODERNISM,* POST-BOOM, PARODIA: AGOTAMIENTO Y RENOVACION

La intensificación y diversificación de la práctica paródica en la novelística hispanoamericana de las décadas del setenta y ochenta es uno de los rasgos menos estudiado del sistema literario "después de Macondo." Importa dejar bien claro que nunca antes como ahora proliferan novelas que establecen su pacto con el lector poniendo en juego el código paródico. Asimismo, el vínculo entre la parodia en cuanto factor de la evolución literaria —tal como nos habían enseñado los formalistas rusos— y el momento del "agotamiento" de la nueva novela del boom merece algunas reflexiones.

Si es cierto que el trabajo de cada generación literaria consiste tanto en la elaboración de la experiencia heredada (tradición) como en el acopio de nuevos procedimientos (ruptura y traición), parece bastante obvio que la parodia cobra más vigencia en los momentos de transición, entre el ocaso de una escuela estética y el surgimiento de otra. Hemos visto ya que según muchos estudiosos la parodia es uno de los recursos más eficaces para superar el agotamiento de una estética y liberar al escritor de un automatismo perceptivo.

La novísima novela hispanoamericana cuyo auge a partir de mediados del setenta ha sido bautizado —por falta de otra denominación más idónea— con el nombre de post-boom, recurre a la parodia con una insistencia peculiar. Se trata de algo más que una típica rebeldía generacional cuyo objetivo sería la parodización de formas precedentes que han degenerado en pura convención, en mero automatismo. De entre las novelas analizadas en este capítulo solamente las de Alvarez Gardeazábal y Aguilera Garramuño desmitifican el código literario más inmediato y de alcance lugareño (el realismo mágico) que se ha convertido en símbolo de la generación "estelar" del boom. En las demás novelas el procedimiento paródico no es negativo, no sirve para desenmascarar "con venganza" modelos narrativos que "por su excesiva familiarización se han convertido en automatizadas convenciones."[1] Al contrario, su propósito consiste más bien en la recuperación de la fuerza expresiva de pre-textos que habían caído en desuso. Las reescrituras de formas tan evidentemente anacrónicas como la narración heroico-épica (*De dioses, hombrecitos y policías* de Costantini), la novela modernista (*La misteriosa desaparición de la marquesita de Loria* de Donoso) o la novela de caballerías (*Galaor* de Hiriart y, hasta cierto punto, *Pantaleón y las visitadoras* de Vargas Llosa) no pueden explicarse satisfactoriamente en términos de la transición entre la nueva y la novísima novela, tanto más que algunos de los escritores (Vargas Llosa, Donoso) representan de hecho la promoción anterior, la de la década del sesenta.

Entre las aproximaciones más recientes a la novelística hispanoamericana aparecen estudios que en vez de caracterizar esta literatura a través del prisma local de la evolución literaria procuran establecer paralelos con los procesos estéticos en Europa y Estados Unidos —sobre todo con los fenómenos de *Modernism* y *Postmodernism*. El estudio de González Echevarría —citado al final del capítulo anterior— ilustra de manera ejemplar esta línea de estudios comparados. Por otra parte, varios críticos —encabezados por Paz y Roberto Fernández Retamar— han hecho notar las limitaciones de tipologías transplantadas al contexto latinoamericano y los peligros ideológicos de una postura esencialmente eurocentrista que concibe la "difusión cultural" como un proceso que se da en una sola dirección.[2]

En un artículo reciente, Neil Larsen no solamente pone al descubierto la vaguedad de los deslindes entre *Modernism* y *Postmodernism* —tal como estos términos aparecen delineados en los estudios de Lyotard y Jameson—, sino también destaca las ambigüedades ideológicas que se desprenden de la aplicación de estos conceptos al contexto latinoamericano. En su polémica con el planteamiento de González Echevarría, Larsen sugiere una interpretación del *Postmodernism* en cuanto "un conjunto de tendencias culturales más bien confuso y ambiguo, dentro del cual el paradigma del *Modernism* —residualmente hegemónico— sigue siendo el más visible."[3] En esta visión del *Postmodernism* —evocadora del modelo dinámico de sistemas culturales propuesto por Williams—, Larsen reconoce la conflictiva coexistencia de dos impulsos: junto a la tendencia más visible de autoparodia, propia también del

Del anacronismo a *le scriptible*   93

Modernism y llevada a sus últimas consecuencias en la veta que Jameson denomina "pastichante," sitúa Larsen el renacimiento de una escritura "realista," totalmente proscrita por el *Modernism,* que ahora reaparece en la literatura femenina, "étnica" y testimonial. Concluye Larsen con respecto a esta bifurcación interna del *Postmodernism*:

> Podemos describirlo de manera más amplia como un paso de una estética de orientación predominantemente formal, preocupada sobre todo por la manipulación innovadora del significante, hacia una estética de contenido que persigue, al principio solamente con elementos formales que tiene a mano, un reflejo artístico de esferas de la realidad socio-histórica hasta ahora inéditas o marginadas.[4]

Al demostrar el complejo dinamismo de la veta postmoderna desde Borges, Sarduy y la narrativa testimonial de Barnet hasta novelas más recientes y tan diversas como *Yo el Supremo, El otoño del patriarca* o el testimonio de Rigoberta Menchú, Larsen se opone a la elevación del metadiscurso "deconstructivista" —formalista e irónico— a una especie del canon de la escritura postmoderna hispanoamericanas. El crítico reconoce las limitaciones estéticas de la modalidad testimonial, pero al mismo tiempo percibe en ella una señal positiva de la evolución literaria y, más específicamente, "el desarrollo de un nuevo realismo social y épico, despojado de ripios de las narrativas ejemplares burguesas del nacionalismo, populismo y 'masculinismo.'"[5]

Uno de los aspectos más perspicaces de este planteamiento consiste en reconocer la naturaleza dialéctica de los textos hispanoamericanos de las décadas del setenta y ochenta en cuanto determinados, de un lado, por una incredulidad esencialmente postmoderna hacia las metanarrativas y, en segundo lugar, por la incierta trayectoria socio-política latinoamericana (Larsen). De nuestra parte quisiéramos agregar tan sólo una observación: inclusive el aspecto "pastichante" de esta literatura no nos parece en la mayoría de los casos tan estéril como quieren sugerirlo Jameson y Larsen. A nuestro juicio, el peculiar entrelazamiento de la práctica paródica —en cuanto reescritura con diferencia crítica— con formas narrativas esencialmente referenciales puede facilitar la reinstauración de la "estética del contenido" y al mismo tiempo ayudar a esquivar la trampa "del impresionismo y naturalismo" en la cual han caído, según Larsen, algunos representantes de la escritura neorealista (testimonial-étnica).

94 La parodia en la nueva novela

Aunque tanto los autores como los lectores implícitos de las novelas que vamos a comentar descienden de la estirpe de Pierre Menard y auto-irónicamente reconocen su propia parodicidad, no creemos que toda la novelística hispanoamericana del setenta y ochenta haya degenerado en lo que Jameson llama indistintamente la parodia vacía o el pastiche. Según Jameson: "La desaparición del sujeto individual, unida a su consecuencia formal, la creciente falta de disponibilidad del *estilo* personal, han engendrado la práctica hoy día casi universal de lo que se puede denominar *pastiche*." En la cultura postmoderna, sigue Jameson, la desaparición de una *norma* lingüística y estética impide el funcionamiento de la parodia, cuyo mecanismo consiste en desviarse —no necesariamente de manera inamistosa— "de una norma que posteriormente se reafirma, mediante una imitación sistemática de las deliberadas excentricidades de la misma." En este marco de "voces eclécticas" la única forma paródica posible es, según el crítico, la del pastiche: amputado de un impulso satírico, despojado de risas y de la fe en "una saludable normalidad lingüística." No es de sorprender que las aseveraciones de Jameson han inspirado recientemente una polémica directa de Rose, una de las estudiosas más asiduas de la parodia.[6]

Siguiendo a Charles Jencks, Rose hace hincapié en la heterogeneidad de códigos estéticos e ideológicos que convergen en el seno del *Postmodernism*. La crítica recurre a ejemplos concretos de escritores "modernos" para demostrar que el carácter antinormativo no es privativo del pastiche postmoderno, sino que va indisociablemente unido a la parodia. Si bien Rose reconoce la extrema autoconciencia del arte postmoderno y su exacerbada actitud (auto)paródica, renuncia a igualarla con parálisis, esterilidad y falta de fuerza transformadora.

Finalmente, partiendo de una óptica específicamente hispanoamericana, cabe recordar que las observaciones de Jameson sobre el desplazamiento de la parodia creativa por el pastiche conciernen —según especifica el título de su ensayo— a la época del "capitalismo tardío," lo cual significa que sería arriesgado y prematuro adaptar su modelo al contexto de Hispanoamérica. Como hemos visto en nuestro estudio de novelas auto-reflexivas y según trataremos de demostrar también en las líneas que siguen, la parodización del mismo acto de escritura tan sólo excepcionalmente (por ejemplo en las novelas narcisistas de Hiriart y Donoso) lleva a los narradores hispanoamericanos a una peligrosa desvinculación de la realidad. En otros casos, las formas impracticables (la epopeya heróico-cómica) o "clásicas" (*Evangelio de Lucas*

Del anacronismo a *le scriptible*

Gavilán de Leñero) aparecen renovadas y puestas al servicio de discursos satíricos profundamente enraizados en la realidad socio-histórica actual. Tal vez la peculiar conciencia de la misión social del escritor y la inclinación de los novelistas hispanoamericanos hacia una literatura "comprometida" sea un factor esencial en la preservación del valor reflexivo, creador de la parodia. Más aún, como se verá en el apartado que sigue, inclusive la parodia de pre-textos más inmediatos no desemboca en una caricatura pastichante, sino cumple un papel positivo en el desplazamiento del centro de interés estético hacia formas hasta ahora periféricas.

4.2. PARODIA COMO EXORCISMO: *EL BAZAR DE LOS IDIOTAS*, *BREVE HISTORIA DE TODAS LAS COSAS* Y *ENCICLOPEDIA DE LATINOAMERICANA OMNISCIENCIA*

Las tres novelas que nos ocuparán aquí ejemplifican sobre todo aquella función de la escritura paródica que algunos críticos han bautizado con el sugerente nombre de "exorcismo."[7] La necesidad de liberarse de una influencia demasiado poderosa de un maestro plantea una de las contradicciones insalvables de la parodia, una vacilación entre la continuidad y la ruptura traidora. La parodia implica, pues, una ambigua y paradójica conjugación de admiración y "parricidio," de homenaje y rechazo. A la luz de estos problemas concomitantes a la parodia, no parece sorprendente que en los años setenta los escritores de la promoción "postmacondiana" se dedicaron a imitar y luego a transgredir la estética del realismo mágico canonizada por los narradores del sesenta y, más específicamente, por la novela ejemplar del boom —*Cien años de soledad*. Pero los avatares de la parodia cultivada por los novísimos narradores van más allá de las confrontaciones generacionales. Es importante dejar en claro que las novelas paródicas del setenta están profundamente marcadas por su propia época, por la crisis de ideologías en general y de los proyectos revolucionarios hispanoamericanos en particular. De ahí que por medio de una reescritura paródica queden exorcizados no solamente los precursores literarios en cuanto "demonios personales," sino también una enorme carga de desilusión política.

En *El bazar de los idiotas* (1974) de Alvarez Gardeazábal, *Breve historia de todas las cosas* (1975) de Aguilera Garramuño y *Enciclopedia de latinoamericana omnisciencia* (1977) de Arana,[8] la parodia está subordinada tanto al objetivo intertextual de poner al desnudo los excesos formales y las falacias epistemológicas del realismo mágico como al propósito extratextual de satirizar el fenómeno editorial del boom. Las tres obras analizadas difieren por su empleo del material intertextual: mientras que el pre-texto mágico-realista es bastante explícito en las novelas colombianas, la obra de Arana no nos remite a un solo texto originador, sino juega con resonancias soterradas de un pre-texto que podríamos denominar, tal vez, una novela americanista total. *Enciclopedia* va diluyendo su propia parodicidad en las ramificaciones de su forma para-novelesca (el texto es un *collage* de "fichas") y en la amplia gama de matices satíricos. La acumulación de viñetas sobre temas tan diversos como el fútbol y las dictaduras, los chicanos y la industria local de "gomitas," el *Spanglish* y el machismo, justifica el peculiar eclecticismo estilístico de la novela que combina un humorismo despreocupado de un juego puro con una crítica demoledora digna de un escritor comprometido.

Si bien la dimensión satírica de la novela mexicana es la más evidente, en una lectura analítica es posible una decantación del aspecto paródico del texto. Tanto en el nivel estructural (fragmentarismo, *collage*) como lingüístico (metacomentarios, juegos de palabras), *Enciclopedia de latinoamericana omnisciencia* va más allá del desenmascaramiento de ilusiones miméticas. A la manera esencialmente postmoderna Arana desmonta la estructura sobre la cual se había asentado la estética de la promoción precedente: el paradigma mítico. El mito de la americanidad, de la "unidad y diversidad del continente mestizo," de la "latinidad," aparece despojado de su exótico aire mágico-realista —creado *ad usum* del lector europeo— y reducido a un regionalismo grotescamente chato y provinciano. Tal vez en el nivel más general Arana nos remite no solamente al realismo mágico, sino a todo un sistema interdiscursivo de la mítica y unitaria identidad latinoamericana, sistema forjado tanto por los pensadores e ideólogos como por los escritores.

Considerada desde el punto de vista de su valor polémico, la propuesta formal e ideológica de Arana es original inclusive a la luz de otras novelas tan evidentemente postmacondianas y profundamente auto-reflexivas como *Daimón* —una obra de Posse que hemos comentado de soslayo en el capítulo 2. Según ha apuntado Rosalba Campra, a pesar de su descentramiento paródico y lúdico, discursos como *Daimón* preservan "un carácter fundacional" en el sentido de que su intertextualidad paródica aparece en función de "una tentativa totalizadora."[9] Por otra parte —a contrapelo de su título— *Enciclopedia* revela la imposibilidad de construir un discurso englobador de la identidad latinoamericana. Gracias a la técnica de *collage* Arana hace

Del anacronismo a *le scriptible* 97

destacar la variedad cultural del continente (numerosas viñetas se enfocan, por ejemplo, en diversos aspectos de la cultura creada por los inmigrantes). Finalmente, por medio del procedimiento de "futurización" Arana crea una óptica ventajosamente desautomatizada para llevar a cabo el desenmascaramiento del mito americanista e intensificar el tono de burla satírica:

> Anía y el anodino. Durante varias décadas del siglo XX hubo feroces controversias sobre el nombre que podía englobar a los países que hoy conocemos como Anía.... Sin embargo, a todos gustaba llamarse latinos, no así hispanos o iberos y mucho menos indios. Este último calificativo les llenaba el alma de furia histérica y la boca de espumarajos amarillos como el limón o como la albahaca. (11)

A nuestro juicio, *Enciclopedia de latinoamericana omnisciencia* representa la conciencia postmacondiana —si queremos evitar el controvertido calificativo de postmoderna— en el sentido de que ya desde su título señala con un guiño autoparódico los peligros de cualquier planteamiento conceptual englobador. Igual que en *Cuadernos de gofa,* el abundante empleo de graciosísimos dibujos permite poner en solfa al texto mismo, o sea contribuye a la ficcionalización del discurso de la misma manera que las formas ya analizadas de "paratextualidad" (recordemos los epígrafes y las pseudocientíficas notas al pie de página en *Los perros del paraíso* o el prefacio al *Mundo alucinante*). Arana sugiere —lo que otros "novísimos" van a plantear abiertamente— que las aspiraciones totalizantes del mito combinadas con ciertos toques exoticistas desembocan en una "invención de América" en detrimento de los problemas más palpitantes de la realidad. En palabras de Skármeta, representante de la misma promoción de los "novísimos":

> El mundo del mito, con su explosión temporal, es el universo de lo posible e infinito. Los sucesos reales se hacen enanos ante el macrocosmos. Las masacres son cíclicas. Las liberaciones y las guerras episodios novelescos. El precio de la levitación es la liviandad.... Adalides del realismo mágico han exacerbado a tal punto el objetivo mérito de los creadores practicantes, que ahora se pretende confundir sus hallazgos, teorías y creencias con la misma realidad latinoamericana.[10]

Ni la *Enciclopedia* ni las novelas de Aguilera Garramuño y Alvarez Gardeazábal pretenden suministrar una alternativa a la escritura mágico-realista. En otras palabras, el valor de estas novelas no consiste en reescribir paródicamente un modelo ya gastado, sino en dar cuenta cabal de lo que al principio no lograron percibir ni los críticos, ni los lectores, ni las mismas "estrellas" del boom: que el tratamiento de la escritura mágico-realista como si ésta siguiera siendo eternamente *scriptible* conlleva precisamente el peligro del cual habla Skármeta en su comentario.

La urgencia de esta tarea paródica —en cuanto exorcismo y desenmascaramiento— explica, tal vez, por qué *El bazar de los idiotas* y *Breve historia de todas las cosas* empleen contra el modelo de *Cien años de soledad* la táctica directa de un ataque satírico en vez de las ambigüedades y sutilezas de la ironía. Según el perspicaz juicio de Raymond L. Williams, la exageración grotesca que predomina en *El bazar de los idiotas* concierne no solamente a la dimensión estética de la "nueva novela," sino también al aspecto comercial del boom. El mundo de los "escritores-estrellas" y de sus aficionados está representado aquí con una hipérbole grotesca: la trayectoria de dos idiotas quienes logran armar en torno suyo un complejo sistema de adoración.[11]

Williams demuestra también que entre los mecanismos con los cuales el escritor colombiano ha logrado su original satirización del boom y de las distintas facetas de la realidad colombiana (el dogmatismo religioso, el clericalismo) parece destacarse el procedimiento de la infracción del decoro estilístico. Podemos concluir, tras Williams, que al emplear un lenguaje comercial con respecto a las actividades religiosas y eclesiásticas, Alvarez Gardeazábal lleva a sus últimas consecuencias el clásico procedimiento paródico de la transmutación —de la "coloratura verbal," diría Tinianov—, logrando un poderoso efecto defamiliarizador tanto en el nivel extratextual (satírico) como intertextual (paródico).

En *El bazar de los idiotas* se puede ver con claridad cómo una combinación de la parodia con la sátira permite preservar los lazos con la realidad e impide un vaciamiento del signo de todo significado. Tanto Alvarez Gardeazábal como Aguilera Garramuño se mantienen equidistantes de la parodia y de la sátira. Al mismo tiempo parecen conscientes del hecho de que la parodización satírica de un pre-texto ya de por sí tan total e hiperbólico como *Cien años de soledad* o de un fenómeno tan exuberante como el boom puede llevar fácilmente a una derivación epigonal, a una especie de hiperbolización de segundo grado que sería ineludiblemente absurda. *El bazar de los idiotas* logra escudarse de este peligro tras la plurivalencia y la originalidad de la parodia satírica. La novela de Aguilera Garramuño, a su vez, se defiende gracias a la incorporación de una meditación autotemática y al empleo de

Del anacronismo a *le scriptible*

epígrafes burlescos. En esta forma de "paratextualidad metaficticia"[12] encuentra Aguilera Garramuño no solamente una válvula de escape para su exuberante humorismo, sino también un vehículo de ambiguación (auto)paródica.

Es curioso notar también que en los numerosos comentarios metadiscursivos de *Breve historia de todas las cosas* se vuelva a insistir autoparódicamente sobre las características estilísticas que —según los críticos— caracterizan al *nonsense*: acumulación caótica de palabras; falta de lógica en el desarrollo de la acción y/o de las ideas; empleo intencionado de clichés; uso equívoco de palabras y de neologismos sin sentido.[13] Así pues, el protagonista principal de la novela —novelista Mateo Albán— queda caracterizado como "individuo que modestamente decía conocer todas las palabras del mundo y había inventado otras tantas..." (20). Su ecléctica escritura —que constituye el cuerpo de la novela— nace de una lectura indiscriminada e involuntariamente paródica de un abigarrado *corpus* de textos, cuya enumeración parcial abarcaría "ilíadas, odiseas, eneidas, cantares de cides, rolandos, aristotélicas, summas teológicas, los misterios del gusano, historias de posesiones, de prosecuciones, de cruzadas olímpicas, enumeraciones de plantas, teorías newtonianas y einsteinianas, enciclopedias gnósticas..." (22). La escritura de Mateo ilustra casi de manera ejemplar el estilo de *nonsense*: se dice que el historiador-literato leía de prisa, confundía las palabras, trastocaba las letras, "desunía lo unido, y fundía lo infundible" (23). Abundan en la novela muestras del estilo de Mateo, quien, efectivamente, escribe:

> largo y prendido mezclando casticerías con latinismos, buenas construcciones con gramáticas indigeribles, difíciles palabras bien escritas con niñerías, aplicando un novísimo principio que él llamaba la heterografía, diluyendo relatos de hazañas antiguas y desmesuradas con historias de viejos presidiarios bien sazonadas, adjuntando vulgaridades adornadas con filigranas y oropeles con largas disquisiciones metafísicas. (22)

Con esta estrategia de la "hipérbole hiperbolizada" Aguilera Garramuño no aspira, obviamente, a una transgresión positiva del modelo. Según ya ha señalado Menton en un exhaustivo comentario al respecto,[14] Aguilera Garramuño reconoce el agotamiento de la fórmula macondiana cuando opta por incorporar unos metacomentarios críticos sobre la escritura mágica, exagerada, totalizante, cultivada por Mateo. La novela tampoco pretende borrar el pre-texto que la subyace. Al contrario: la identificación del precursor más inmediato de Mateo se da con pelos y señales. Según advierte uno de los lectores inscriptos en el texto en un comentario casi profético, los cuadernos de Mateo "semejaba[n] en parte y gran manera a ciertos prestigiados autores y que si quería más información le decía sus nombres: el uno era Gabriel, costeño y dicharachero que estaba sonando para el premio Nobel" (83).

El bazar de los idiotas y *Breve historia de todas las cosas* rescatan para sí la herencia de *Cien años de soledad* con una "diferencia crítica" propia de su momento histórico. No viene al caso discutir ahora los valores estéticos intrínsecos de ambos textos, puesto que han sido exhaustivamente comentados en otras ocasiones. Lo que sí vale la pena recalcar es que se trata de las primeras novelas colombianas —e hispanoamericanas— que expresan de manera tan explícita y atrevida la necesidad de salir "de la órbita de Macondo."[15]

Aunque en los tres discursos que acabamos de comentar no se escamotea la relación intertextual entre el parodiante y el pre-texto de la promoción literaria inmediatamente precedente, tan sólo en la obra de Aguilera Garramuño se perciben los inconfundibles paralelos con el universo macondiano. Alvarez Gardeazábal y Arana demuestran que la exacerbada autoconciencia de la literatura postmoderna no requiere de citas directas para plantear su propia condición dialéctica del texto en cuanto repetición y transgresión. En vez de diseminar señales directas que permitan al lector detectar la naturaleza esencialmente paródica de sus novelas, ambos narradores optan por emplear el humor y la exageración satírica para distanciarse del código mágico-realista y desautomatizar sus pretensiones totalizantes.

Tal vez las novelas aquí analizadas no han logrado todavía exponer por medio de la parodia las contradicciones ideológicas inherentes a algunas formas del realismo mágico: su exoticismo, su pseudofolklorismo, y, en última instancia, su peligrosa inclinación europeizante hacia lo que MacAdam ha acertado en denominar "la domesticación de lo exótico." Por otro lado, habrá que recordar que la parodización del paradigma consagrado por el boom era un gesto de por sí atrevido que facilitó a partir de los setenta la apertura de varios derroteros en la evolución de la novela hispanoamericana. Bajo la presión de los "novísimos" la inicial relación de osmosis con el discurso mágico-realista había sufrido una desintegración y llegó a ser insostenible como estética e ideología. No obstante, en la medida en que los escritores van alejándose del paradigma del boom van surgiendo, según veremos, también

Del anacronismo a *le scriptible*

novelas descontextualizadas que abandonan toda pretensión socio-crítica y no pretenden aventurarse más allá del arte por el arte.

4.3. *LA MISTERIOSA DESAPARICION DE LA MARQUESITA DE LORIA* Y *GALAOR*: LIMITES DE UNA REESCRITURA PARODICA

El proyecto de reescribir en pleno siglo veinte modelos tan evidentemente anacrónicos como la novela de caballerías y la estilística preciosista del modernismo hispánico puede parecer más descabellado aún que la tarea de Pierre Menard, puesto que en ninguno de los dos casos se trata de un pre-texto tan universalmente reconocido —clásico o *lisible,* diría Barthes— como aquél reescrito en el cuento borgeano. En estos casos, el ejercicio intelectual de escritura en cuanto relectura puede desembocar fácilmente en un juego gratuito y rendir otras formas obsoletas e impracticables.

La tarea emprendida por Hiriart, quien con su *Galaor* (1972) pretende recrear el modelo de la novela caballeresca, ejemplifica los peligros y limitaciones de este tipo de reescritura. Hiriart sigue el entramado narrativo de sus protomodelos, multiplicando episodios y aventuras (*amplificatio*) que separan al caballero de su premio.[16] Si bien la oposición fundamental entre la lealtad amorosa y el deber caballeresco aparece tergiversada con toques irónicos y cínicamente grotescos y el escritor incorpora al mismo don Quijote (don Tristán) a su mundo imaginario, puede sostenerse sin incurrir en exageración que el éxito de tal operación intertextual después de Cervantes es menos probable que una tentativa de resucitar el estilo de Darío y Enrique Larreta después de que Enrique González Martínez se encargara de torcerle el cuello al cisne modernista. Este último proyecto está emprendido por Donoso en *La misteriosa desaparición de la marquesita de Loria.*[17]

Tanto Hiriart como Donoso "abominan" de lo que Borges denominara "carnavales inútiles" y "el plebeyo placer del anacronismo," puesto que se resisten a escribir, respectivamente, una novela caballeresca y un relato modernista contemporáneos por medio de una mera descontextualización histórico-geográfica.[18] Pero *Galaor* demuestra la futilidad del ejercicio estilístico de reescritura no en la línea metafísica de Borges, sino por medio de una verborragia barroca que acaba por eliminar la función fundamental del lenguaje —la de comunicar. Aunque la desproporción entre el significante y el significado ha sido reconocida por Roman Jakobson como característica de la función poética del lenguaje y —por lo general— de la *literariedad,* en la novela de Hiriart se trastorna este equilibrio comunicativo sin investir el vertiginoso juego estilístico con algún mensaje original. Lejos de lo que podría esperarse de una obra galardonada con el prestigioso Premio Villaurrutia (1971), *Galaor* es una novela que "impacta" al lector tan sólo con su opulencia verbal que no encierra más que una retórica artificiosa. En otras palabras, la relectura que hace Hiriart del modelo caballeresco no parece incorporar aquellas ambigüedades semánticas que habían enrriquecido al *Quijote* (re)escrito por Pierre Menard.

Obviamente, sería injusto sostener con respecto a *Galaor* —parafraseando a Borges— que "en vano han transcurrido siglos" que separan a Hiriart del florecimiento de la novela caballeresca. Pero si la relectura y la reescritura son de hecho actos cargados de historicidad, una total obliteración del referente socio-histórico —como ocurre en el caso de *Galaor*— tendría que ser compensada por lo menos con tácticas que todavía no se hayan vuelto familiares. Pero tal vez la falta de originalidad de *Galaor* no estribe solamente en el *modus operandi* de Hiriart, sino en el hecho de que su protomodelo había perdido tanto su potencial de *le scriptible*, como también de *le lisible*, eclipsado para siempre por la gran obra de Cervantes. O tal vez —según sugiere Agustín— debemos contentarnos con la dimensión pastichante de *Galaor* y aceptar como la única ideología del texto aquella verdad postmoderna de que habíamos llegado a un punto en la evolución literaria "en que todo [es] posible si se realiza con talento."[19] Y la novela de Hiriart, aunque es tan sólo una broma, indudablemente contiene pasajes graciosos, narrados con destreza.

La lectura de *Galaor* pone al descubierto las limitaciones inherentes a este tipo de reescritura paródica, revela aquella faceta de la parodia que algunos tratadistas consideran como la única: su lado "parasítico," pasivo, repetitivo, "pastichante." En nuestra opinión, muchos lectores de *Galaor* o de *La misteriosa desaparición de la marquesita de Loria* tendrán problemas "éticos" en aceptar la ideología profesada por estos textos. Si la parodicidad de ambas novelas pone de relieve la historicidad del acto de escritura, al mismo tiempo plantea una contradicción insalvable entre el exacerbado narcisismo de estos textos y su *contexto* inmediato. No exigimos de la literatura un compromiso burdo y panfletario, pero resulta difícil ignorar el hecho de que *Galaor* apareciera a pocos años de la masacre de los estudiantes mexicanos en la Plaza de Tlatelolco y que *La misteriosa desaparición de la marquesita de Loria* se publicara en España siete años después del golpe de Pinochet. Textos despolitizados que no complementan su dimensión lúdica con una (auto)reflexión

Del anacronismo a *le scriptible* 103

más profunda acaban por reducirse a curiosos y efímeros ejemplos del arte por el arte.

Curiosamente, los críticos parecen resistirse a ver en estas novelas tan sólo una encarnación juguetona de la escritura autoconsciente, empeñada en dar cuenta de sus mecanismos creativos a través del despliegue de pre-textos anacrónicos. Así pues, en la novela de Hiriart han descubierto una especie de metáfora existencial, mientras que en las interpretaciones de la obra de Donoso han insistido en contrarrestar la "saturación lúdica" del texto con su supuesta eficacia satírica.[20]

Aunque en la novela donosiana estamos en presencia de un juego intertextual más complejo que en *Galaor,* la trabajosa exploración de las alusiones al decadentismo finisecular y la pulcra reelaboración de la estilística preciosista también acaban por desembocar en un mero juego que no invita a una lectura "ética." Las resonancias intertextuales de la novela dan la impresión de estar estructuradas "en abismo": la protagonista de la novela es una transfiguración de las aristócratas modernistas —la marquesa Eulalia o la reina Mab de Darío, la duquesa Job de Manuel Gutiérrez Nájera o la *femme fatale* de Julián del Casal. Pero la marquesita de Loria es también una réplica burlona de aquella ya de por sí paródica "marquesa que salió a las cinco," mencionada por André Breton en su "Primer manifiesto surrealista" en una referencia a Paul Valéry. El juego de *mise en abyme* del escritor chileno no termina aquí: Blanca de Loria representa también una (re)aparición autoparódica, *intratextual,* de la Pérfida Marquesa de una novela anterior de Donoso, *Casa de campo.*

La parodia en *La marquesita de Loria* es sobre todo una provocación en tanto una recreación del modernismo literario hispanoamericano solamente en sus aspectos más externos (belleza superficial, exotismo, comportamientos eróticos decadentes). Gutiérrez Mouat así resume el *modus operandi* de la novela:

> En último término, el texto entero es una mascarada, un tejido múltiple (como disfraz de arlequín) que señala vistosamente sus costuras, los nexos intertextuales. Pero la intertextualidad de *La marquesita de Loria* se resuelve en última instancia en una reiteración de textos, discursos y tópicos, sin llegar a implicar siempre la productividad textual que se asocia al término en las reflexiones teóricas sobre el tema. En cierto sentido, el discurso del relato no es tanto un discurso productivo como reproductivo, aunque lo que se reproduce son textos.[21]

Si en la lectura de *La marquesita de Loria* no nos contentamos con la acumulación de detalles preciosistas y episodios decadentistas o con el gratuito juego de adivinanzas intertextuales, tendremos la impresión de encarar una obra que de hecho ha reducido la práctica paródica a una repetición estéril y vacía. Tal vez la degeneración de la parodia creativa en una forma petrificada —que Jameson llama pastiche— ocurre cuando la inversión del modelo no está subordinada a una función metaliteraria (autoindagación) ni a un objetivo satirizante (extraliterario). En otras palabras, *Galaor* y *La marquesita de Loria* en vez de la tiranía del referente —propia de las novelas realistas tradicionales— pretenden instaurar una dictadura de significantes vaciados de su historicidad, una parodia extirpada de su impulso autocrítico y satírico.

Desde una perspectiva de la evolución literaria, la intensificación de las prácticas paródicas en las novelas hispanoamericanas del setenta —aunque no siempre creativa, original o fructífera— puede verse como indicio de la profunda autoconciencia de los escritores de haber llegado a ese peculiar momento de agotamiento literario cuando lo anacrónico parece prevalecer sobre lo innovador. Jorge Ruffinelli emplea una sugerente metáfora para aludir a este proceso de ruptura y tradición, diferencia y repetición, transformación y consolidación:

> Es probable que la literatura se "fatigue," como metales, a consecuencia de un esfuerzo máximo, lo que llamaríamos el trabajo sostenido e intenso de la tradición sobre el texto. Acaso en ese momento el *continuo* literario entra en conflicto consigo mismo anhelando la ruptura: la composición molecular cede y se produce así un cambio en la permanencia, es decir en la tradición.[22]

En nuestras reflexiones sobre la parodia hemos renunciado a considerarla como una forma literaria "parasítica" y —siguiendo a los formalistas rusos— hemos insistido en la enorme potencialidad creativa de la parodia: por un lado, hemos visto la plasticidad de las estrategias paródicas en función del momento histórico y, por el otro, la potencialidad de la parodia para defamiliarizar, renovar y trascender el modelo por medio de una relectura crítica.

A la luz de los textos analizados hasta ahora será posible matizar y ampliar estas aseveraciones. Más que nada, parece importante señalar que la parodia puede convertirse en una práctica redundante y "parasítica" cuando se reduce a un juego estilístico o formal sin reconocer siquiera sus propios

Del anacronismo a *le scriptible* 105

condicionamientos sociales, políticos e históricos. Para ponerlo de otra manera, en los términos "técnicos": cada pre-texto, por muy anacrónico que parezca, puede convertirse en *le scriptible* si su relectura/reescritura logra absorber también el acontecer histórico, o —en palabras de Borges— reconocer que no en vano han transcurrido años o siglos "cargados de complejísimos hechos." Las tres novelas que nos quedan por estudiar en este capítulo —*Pantaleón y las visitadoras, De dioses, hombrecitos y policías* y *Evangelio de Lucas Gavilán*[23]— comparten esta profunda conciencia historicista y social, aunque difieren tanto en la selección de pre-textos como en las maneras concretas de su reelaboración paródica.

4.4. DEL ANACRONISMO A *LE SCRIPTIBLE*: LA SATIRA PARODICA EN *PANTALEON Y LAS VISITADORAS, EVANGELIO DE LUCAS GAVILAN* Y *DE DIOSES, HOMBRECITOS Y POLICIAS*

Salvadas todas las diferencias formales e ideológicas entre las tres novelas, su clasificación bajo el rótulo de sátiras paródicas parece incuestionable. *Pantaleón y las visitadoras* (1973) de Vargas Llosa y *De dioses, hombrecitos y policías* (1979) de Costantini aprovechan el paradigma intertextual ya de por sí paródico (épica heroico-cómica) para sus objetivos críticos extratextuales que son, respectivamente, una burla de las estructuras militares peruanas/latinoamericanas y una amarga sátira del opresivo sistema policial/militar en la Argentina en vísperas de la instauración del poder militar (1976). Si bien *Evangelio de Lucas Gavilán* (1979) de Leñero puede caracterizarse en términos similares, o sea como una subordinación de estrategias paródicas a una crítica social, la novela mexicana genera una dinámica paródico-satírica mucho más compleja debido a la especificidad del pre-texto al cual nos remite (*Evangelio según San Lucas*).

En las novelas de Vargas Llosa y Costantini sobresale un rasgo de la parodia subrayado tanto un las aproximaciones más antiguas al concepto como en sus definiciones estructurales más recientes —la incongruencia entre la forma y el contenido. Recordemos que algunos estudiosos han basado la distinción entre las formas neoclásicas de la épica heroico-cómica y de lo burlesco precisamente en este principio de infracción del sentido de decoro. Así pues, mientras que la épica heroico-cómica emplea un lenguaje elevado para expresar temas bajos, lo burlesco, a la inversa, recurre a un estilo vulgar con el objetivo de trasmitir contenidos sublimes.[24] Debido a la disociación moderna de la norma estilística y de la noción de decoro, estas distinciones no pueden aplicarse rigurosamente a la literatura contemporánea, aunque una exageración de las discrepancias entre la forma y el contenido sigue siendo uno de los recursos más eficaces de defamiliarización que le permiten al novelista desafiar las expectativas del lector.

Los mecanismos paródicos empleados por Vargas Llosa en *Pantaleón y las visitadoras* sirven para desenmascarar y ridiculizar los mitos de la estructura militar: el coraje, el código de honor, el machismo y la heróica noción de un deber patriótico-nacionalista. El vaivén constante entre la grandilocuencia y la crudeza, entre el aparente heroísmo del capitán Pantoja y su pequeñez humana, entre sus ideales altisonantes y la vulgaridad de su misión, dan pie a una exploración de las lacras sociales en una forma cuyo amargo humorismo parece emparentar al escritor peruano con Ibargüengoitia. Igual que en *Los relámpagos de agosto* la parodicidad de *Pantaleón* estriba en un desajuste entre el signo y su referente y en una vertiginosa inversión de los modos narrativos que en el esquema de Frye y Scholes aparecen nítidamente jerarquizados. Por lo pronto, los ámbitos "superiores" de *romance* y de lo épico-trágico quedan defamiliarizados, contagiados por la vulgaridad de lo picaresco, lo satírico y lo cómico.

Pero por mucho que insistamos en la heterogeneidad de varios modos narrativos cuya coexistencia conflictiva en el marco de *Pantaleón* parece otorgarle al texto una tonalidad paródica inconfundible, no podemos pasar por alto el vínculo que la novela mantiene con la realidad, su enraizamiento en el contexto socio-político peruano. Es precisamente este elemento extratextual, satírico, cuya ausencia en *Galaor* ha impedido, a nuestro modo de ver, la actualización del pre-texto caballeresco y la transformación de lo anacrónico en *le scriptible*.

En nuestro comentario sobre la obra de Hiriart hemos aventurado también la hipótesis de que, tal vez, la operación paródica de Cervantes no solamente había extirpado la novela de caballerías de su potencialidad para ser reescrita (*le scriptible*), sino también le había quitado su valor de un texto "clásico" (*le lisible*). Pero Hiriart parece haber decantado de su prototipo tan sólo los elementos más exóticos, maravillosos y desarraigados de la realidad sin reparar en la riqueza realista de las novelas de caballerías.[25] Una reescritura moderna de la novelística de caballerías que aborde "lo real objetivo y lo real imaginario en una indivisible totalidad"[26] está todavía por hacerse.

La reelaboración paródica de modelos distantes se rige por principios bien distintos de la parodización de textos recientes. A diferencia de obras

Del anacronismo a *le scriptible* 107

como *El bazar de los idiotas* o *Breve historia,* la parodia en las novelas de Vargas Llosa, Leñero y Costantini no conlleva las ambiguas y apasionadas implicaciones "parricidas," no implica una clausura de una estética y una apertura de otra, nueva. La distancia entre el texto y el pre-texto —sea éste tan anacrónico como la epopeya heróico-cómica, sea canónico y consagrado como el Evangelio— facilita la transformación del mismo en un mero *pretexto,* en una herramienta de la crítica social. Aunque muchos estudiosos emprenden el análisis de la parodia a través de las intenciones (*ethos,* según Hutcheon) inscritas en ella, la evaluación "pragmática" de la parodia parece mucho más fácil y menos ambigua precisamente en los textos con un mensaje satírico.

La novela de Costantini *De dioses, hombrecitos y policías* representa —junto a *Pantaleón*— un caso bastante nítido de la sátira paródica. Por cierto, también sería posible interpretar ambas novelas a la luz de la tradición de la sátira menipea, tal como lo había hecho MacAdam con respecto a toda la novelística hispanoamericana o Nelson en referencia a la obra de Cabrera Infante. No obstante, sea como fuere el rótulo que pongamos a novelas como las de Vargas Llosa, Ibargüengoitia o Costantini (sátira paródica, sátira menipea, anatomía, novela serio-cómica, novela carnavalesca), lo que resulta más importante es el reconocimiento por parte de estos escritores de la potencialidad del humor no solamente en cuanto recurso del arte por el arte, sino también como un poderoso vehículo ideológico.

Vargas Llosa y Costantini nos suministran unas reescrituras del modo épico, cuya ambigüedad se debe tanto a la distancia defamiliarizadora frente al pre-texto anacrónico como a la hibridez del mundo novelístico, equidistante entre la risa carnavalesca y la solemnidad, entre la vulgaridad y el *pathos,* entre la farsa y la tragedia. Esta hibridez del universo narrativo queda reflejada hasta en el título de la novela argentina. Podría parecer que —en términos del útil esquema de Scholes— los hombrecitos ocupan el centro "real" de la jerarquía de modos narrativos, los dioses están en el extremo "superior" del espectro y los policías en el polo "inferior" opuesto. Pero la novela se resiste a una interpretación nítidamente bipolar gracias a una serie de inversiones paródicas: los "hombrecitos," los pequeños seres de la clase media porteña, tratan de trascender su propia mediocridad a través de sus actividades literarias, mientras que los dioses del Olimpo nos sorprenden a veces con la vulgaridad "humana" de su lenguaje y de sus riñas. Tan sólo el mundo de los opresores —captado en toda su crueldad y estupidez a través del lenguaje primitivo y obsceno de los diálogos y de la jerga burocrática de los informes policiales— es homogéneo en su inhumanidad. Los policías aparecen como demonios de la muerte, aliados a los dioses de la oscuridad y a las fuerzas del Hades.

La novela de Costantini no pretende entretejer lo real-histórico con lo imaginario encubriendo sus propias costuras. Al contrario: la fuerza expresiva del discurso consiste en sus exacerbadas incongruencias, en la yuxtaposición del mundo idealizado y escapista de los poetas —"hombrecitos" del club "Polimnia"— a la horrorosa realidad de la Argentina en vísperas del infame "Proceso." Costantini va desplegando su admirable habilidad para parodiar diferentes formas estilísticas (la épica clásica, la grandilocuencia artificiosa de los poetas *amateurs,* la jerga burocrática, los registros más diversos del lenguaje coloquial bonaerense), pero —a diferencia de Hiriart o Donoso— pone esta pluralidad de voces opuestas al servicio de un mensaje satírico. El contexto narrativo está delineado con una precisión verdaderamente realista: Buenos Aires, miércoles 3 de diciembre de 1975, la calle Teodoro Vilardebó 2562, donde doce aficionados celebran "la trigésima quincuagésima sexta reunión de poesía en el décimo año de Polimnia" (14). Si bien conscientes de "este caos de violencia y oscuros apetitos que se cierne sobre Buenos Aire en este verano de 1975" (25), los "polimnios," encerrados en su torre de marfil, no se dan cuenta de la inexorable inminencia de la muerte: "Pero la Sombra no era visible para los ojos mortales, y nadie, entre los que se encontraban en la casa...pudo verla, ni tuvo de ella ningún indicio" (31).

Pantaleón y las visitadoras y *De dioses, hombrecitos y policías* aprovechan las amplias posibilidades de la sátira paródica para conciliar los ámbitos que en otros casos hemos visto disociados: la ficción y la historia, lo intratextual y lo extratextual, la imaginación y la mímesis, el juego autotélico y el compromiso social, la poética y la política. El entrelazamiento de la parodia con el explícito interés social y político se da también en *Evangelio de Lucas Gavilán,* aunque la peculiaridad de su pre-texto le otorga al proyecto de Leñero un cariz específico.

De entre todas las obras aquí comentadas, la práctica paródica de *Evangelio* encaja de manera más nítida, homogénea e ilustrativa con las definiciones tradicionales de la parodia. Es una reescritura escrupulosa de un pretexto consagrado y comúnmente conocido, lo cual —junto a la sencilla narratividad del texto y la exposición de la ideología autorial en la carta-prefacio— facilita su recepción. Inscripta en la tradición de la parodia sacra, la novela de Leñero ejemplifica de modo casi antológico la ambivalencia inherente a la parodia en cuanto "transgresión autorizada de la norma" (Hutcheon). En otras palabras, no es una reescritura sacrílega, iconoclasta o blasfema de un pre-texto consagrado, aunque en su tiempo había sido interpretada precisamente de esta manera y "escandalizado a los tradicionalistas" de la misma manera que más recientemente la presentación de la película "La última tentación de Cristo."[27] La obra de Leñero es una adaptación del "mensaje" ideológico del Evangelio al correlato histórico actual. En una carta dirigida a un tal Teófilo, Lucas Gavilán se autopresenta como escritor profundamente comprometido a la causa social "buscando con el máximo rigor, una traducción de cada enseñanza, de cada milagro y de cada pasaje al ambiente contemporáneo del México de hoy desde una óptica racional y con un propósito desmitificador" (11-12). Consciente —como Pierre Menard, otra vez— de lo "disparatado" de su proyecto, Lucas Gavilán no deja de tener ciertas esperanzas con respecto a su "paráfrasis."

Los principios ideológicos de la reescritura del Evangelio según San Lucas aparecen puntillosamente expuestos en la carta-prólogo. Acosado por la ansiedad de influencia ("Recorro con este libro un camino sumamente transitado"), Lucas Gavilán confiesa intentar su propia versión de la vida de Jesucristo "impulsado por las actuales corrientes de la teología latinoamericana" (11). La reescritura del Evangelio a la luz de los principios de la teología de liberación presupone el rescate del sentido primigenio del cristianismo. La reescritura paródica no aspira, pues, a una transgresión de la norma, sino a la decantación de la misma de sus encarnaciones vigentes. Lucas Gavilán declara su intención de preservar "con estricta fidelidad" la estructura y el espíritu de su pre-texto, a la vez que admite su apoyo a todos los que actúan "a contrapelo del catolicismo institucional" (11). Por lo tanto, solamente desde el punto de vista institucional —estatal y/o clerical— la parodia de Leñero puede ser considerada como una subversión o una herejía.

A pesar de su tono metaliterario y su evidente potencialidad irónica, el prólogo no aparece en oposición ideológica al cuerpo de la novela. A diferencia de novelas que —siguiendo la línea borgeana— convierten la parodia en un ejercicio intelectual, *Evangelio de Lucas Gavilán* subordina sus intertextualidades a un mensaje social y moral, dirigiéndose a los creyentes "con el ánimo de acrecentar las enseñanzas que hemos recibido y fortalecer y depurar nuestra fe" (13). Lucas Gavilán suministra a su obra metacomentarios agudos y detallados: enumera fuentes de las cuales se ha servido ("la versión castellana de la *Biblia de Jerusalén*" y "homilías, conversaciones con amigos, artículos teológicos"), describe su método de trabajo ("Sólo por excepción trastoqué en cuestiones de detalle algún encabezamiento, y en ocasiones, cuando se trataba de reproducir párrafos textuales, consulté la versión popular del Nuevo Testamento..." [12]) y ubica su paráfrasis intertextualmente entre "toda suerte de biografías, novelas, adaptaciones de los evangelios y paráfrasis" (11). El carácter canónico del pre-texto y la solemnidad del compromiso declarado en el prólogo anticipan una novela seria. Pero el texto está saturado de humor tanto situacional como verbal, a la vez que mantiene la misma hibridez serio-cómica que hemos visto en las parodias satíricas de Vargas Llosa y Costantini. Pero a pesar de esta oscilación entre lo cómico y lo trágico, el narrador no menciona nunca la palabra "parodia," como si tuviera miedo de que las implicaciones negativas unidas al concepto pudieran afectar la trascendencia de su proyecto o desacralizar su pre-texto.

La yuxtaposición de novelas tan distintas como las que acabamos de comentar permite poner al desnudo la riqueza del repertorio paródico contemporáneo y singularizar sus implicaciones ideológicas. Hemos visto que el significado de la parodia va desde un *ethos* lúdico (Hiriart, Donoso), a través de un parodójico entrelazamiento de homenaje y rechazo en el marco de la "transgresión autorizada de la norma" (Aguilera Garramuño, Alvarez Gardeazábal, Arana), hasta una descontextualización de pre-textos anacrónicos o clásicos subordinada a la crítica social (Vargas Llosa, Costantini, Leñero). Por otra parte, el florecimiento de la parodicidad en la década del setenta nos da pie a considerar esta gama de novelas en términos de la evolución literaria. Podemos concluir que la reacción local contra los paradigmas estructuradores del boom (mito–"masculinismo"–hermetismo–totalidad) combinada con una autoconciencia universal postmoderna constituyen dos poderosas fuerzas que van moldeando la transformación del canon novelístico hispanoamericano en las décadas del setenta y ochenta.

5
Transgresión paródica de la fórmula policial

5.1. LA FORMULA POLICIAL Y SU TRAYECTORIA EN LA NARRATIVA HISPANOAMERICANA

La proliferación de obras narrativas que parecen atenerse a los lineamientos de la literatura popular —sobre todo del relato policial, pero también de la novela rosa— constituye una de las tendencias más visibles en la configuración del complejo cuadro de literatura hispanoamericana de las décadas del setenta y ochenta. Pero lo que nos interesa en el presente estudio no es un análisis de textos que cumplen con los requisitos de la llamada fórmula policial, sino, al contrario, una lectura de novelas que logran trascender por medio de la parodia este modelo popular, "formulaico," "subliterario."[1] Antes de examinar las diferentes maneras de tal transgresión paródica, consideramos indispensable remitirnos brevemente tanto a los antecedentes de este hecho literario, producto —según veremos— de una evolución peculiar, como a las características de la fórmula misma.

La trayectoria de la fórmula policial en Hispanoamérica se inicia en la primera década del siglo veinte con las traducciones de la literatura "clásica" al estilo de Edgar Allan Poe (racional, intelectual), seguidas a partir de los años treinta por la novela negra norteamericana (no intelectual, aventurera, popular). Algunos críticos mantienen, pues, que durante muchos años la literatura policial fue "leída pero no creada" en Hispanoamérica.[2] Esta condición "no natural" de la novela policial en el medio hispanoamericano —atribuída por algunos al desarrollo industrial tardío del continente— se puede explicar siguiendo la interpretación "sociológica" del género en cuanto "épica de la ciudad" (Gilbert Keith Chesterton) y "alimento preferido del burgués" (Maxim Gorki).[3] Si bien es cierto que literatura policial vernácula —que iba a afianzarse en Hispanoamérica hacia fines del cuarenta, sobre todo en

Argentina, Chile y México— era, en su mayoría, una copia de modelos foráneos con retoques costumbristas locales, tampoco se puede pasar por alto la contribución original al desarrollo de esta forma por parte de los escritores "serios."[4] Refiriéndose a Argentina, Donald Yates comenta: "Desde el principio, el interés intelectual por la novela policial fue evidente, ya que, durante el lapso 1940-48, el destino de la novela policial argentina estuvo en manos de un grupo de escritores y críticos de gran cultura."[5] Es aquí donde tendremos que buscar luego los gérmenes de la transgresión paródica de la fórmula policial.

La transformación de la narrativa policial angloamericana a partir de la década del treinta en dirección de la llamada *hard boiled novel* (la novela negra) ha tenido un impacto que ha cambiado también la fisonomía del género en Hispanoamérica. En esta vertiente que arranca de Dashiell Hammett y Raymond Chandler varios escritores hispanoamericanos han encontrado un vehículo idóneo para encauzar su compromiso social y político:

> La novela negra ha traído aportaciones que no pueden ser menospreciadas: la perspectiva desgarrada de una sociedad en la que tanto lo injustificable como la virtud tienden a perder sus perfiles individuales para fundirse en una estructura esencialmente violenta, la impotencia regeneradora de la simple buena voluntad, la codicia y la corrupción como nítidos antivalores insolidarios en un mundo de valores confusos, etc.[6]

Coincide con esta opinión Giardinelli —uno de los escritores hispanoamericanos que han contribuído substancialmente a la consagración de la novela negra. Según el argentino, la novela negra no sólo es evasión y entretenimiento, sino también "Puede —y debe ser— un arma ideológica."[7]

A partir de los años sesenta la incuestionable popularidad de la literatura policial se ve reforzada en Hispanoamérica por los mismos factores que han moldeado el fenómeno del boom: la expansión de la base editorial y la ampliación del círculo de lectores. En Cuba el excepcional desarrollo de esta modalidad narrativa se debe al patrocinio oficial del gobierno revolucionario. Sobre todo a partir de los setenta al público lector se le ofrece tiradas masivas de obras policiales cada vez más elaboradas desde el punto de vista formal (*El cuarto círculo* de Luis Rogelio Nogueras y Guillermo Rodríguez Rivera, 1976; *Joy* de Daniel Chavarría, 1977), aunque invariablemente inscritas en el marco ideológico de una modalidad de la fórmula policial —el *thriller* político con un mensaje claramente antiimperialista.[8]

Si consideramos la variante cubana de la fórmula policial en términos de su originalidad, veremos que se trata de una hábil adaptación de los mecanismos prestados del *thriller* político a los objetivos ideológicos de la revolución. Enraizada en la realidad inmediata del país, la literatura policial cubana intenta ser verosímil y "legible" y está encaminada a facilitar la identificación del lector con la historia y, en última instancia, a confirmar las expectativas del mismo en vez de desafiarlas. Es una literatura del *establishment* político y cultural —no por casualidad patrocinada a partir de 1972 por los concursos anuales del Ministerio del Interior— y, como tal, refuerza la ideología dominante. Obviamente, la narrativa policial cubana retiene solamente los mecanismos de su modelo, pero encarna una ideología de signo opuesto a la del *thriller* político de los países capitalistas, convirtiéndose asimismo en un arma en la lucha entre los dos sistemas.[9]

Frente a esta variedad de textos hispanoamericanos clasificados como policiales, el criterio que hemos adoptado para nuestro estudio debe quedar bien claro: vamos a analizar novelas en las cuales la presencia del *pre-texto* de la fórmula policial es esencial para la poética del conjunto; pero, al mismo tiempo, éste sirve tan sólo como *pretexto* para perseguir objetivos estéticos e ideológicos que sobrepasan el marco de la fórmula.

¿Cuáles serían, pues, las características de la literatura policial en cuanto escritura "de fórmulas"? Basándonos en los ensayos de John G. Cawelti, Todorov, Stanco Lasič y Desiderio Navarro podemos enumerar las siguientes características de la misma: (a) la narrativa policial formulaica se caracteriza por una sola línea composicional, el predominio de la acción y el entrelazamiento de la historia del crimen con la historia de la investigación: (b) la acción marca el paso desde el desorden social hacia la restitución del orden preexistente al crimen, cumpliendo asimismo una función reafirmativa; (c) el misterio es el principio estructurador de la fórmula; (d) igual que en otras fórmulas literarias —la narrativa de aventuras y el *romance*— se trata de una narración imaginativa, pero no totalmente antimimética, que tiende a satisfacer las "fantasías morales" universales; (e) en la lectura predomina el impulso de entretenimiento, mientras que el valor cognoscitivo y el aspecto estético están relegados al segundo plano; (f) la literatura de fórmulas está encaminada siempre a la "refamiliarización" del lector con su mundo.[10]

Según afirma Lasič, la praxis narrativa de la literatura policial requiere maestría en el manejo del modelo preestablecido. La novelística cubana —que es en su mayoría la variante politizada del modelo policial— se caracteriza precisamente por la ejecución magistral de las premisas de la fórmula, pero no supera sus funciones fundamentales. Cabe apuntar, sin embargo, que este tipo de literatura —tradicionalmente favorecido más por los lectores que por la crítica— ha sido reivindicado en Cuba tanto debido a la actividad "canonizadora" de la crítica como gracias al afán de algunos autores por una elaboración formal prestada de la "alta" literatura. En muchas novelas es notable también el esfuerzo por evitar lo que en Cuba suele llamarse "el teque" —una presentación apologética de la ideología revolucionaria.[11]

La mímesis formal —una apropiación mutua de estrategias entre distintos tipos de creación artística (Głowiński)— bien puede haber contribuído a borrar el estigma de lo subliterario o paraliterario de la literatura policial cubana, aunque —recalquemos otra vez— no ha conducido a una transgresión estética e ideológica de la fórmula. La literatura policial sigue siendo aquí "la voz de la ley" que refuerza el orden establecido.

En la rigidez formulaica de este tipo de literatura —codificada, por ejemplo, en el famoso decálogo de Ronald A. Knox y las "Veinte reglas" de S. S. Van Dine[12]— se funda, paradójicamente, su proteísmo:

> Las novelas policiales, aunque por regla general carecen de la originalidad antiesquemática exigida a la literatura artística contemporánea, son capaces de maestría en el manejo de los esquemas y estereotipos del género; capaces de virtuosismo en la improvisación creadora de nuevas variaciones con los elementos y reglas establecidos; capaces incluso de *otra* originalidad artística, la de la obra que se aparta de la copia más o menos literal de variaciones anteriores y, al tiempo que respeta al máximo las convenciones del subgénero, explora con la máxima libertad las posibilidades de su repertorio y su combinatoria.[13]

Tal reiteración ritual de las mismas funciones facilita la inserción de este tipo de literatura dentro de un marco ideológico fijo. No es sorprendente, pues, que la literatura policial haya llegado a ejemplificar en Cuba la creación genuinamente revolucionaria, tal como ésta quedó definida por Fidel Castro en su famoso discurso "Palabras a los intelectuales."

No pretendemos restarle importancia sociológica o hasta política al fenómeno de la literatura policial revolucionaria en Cuba, pero nos parece claro que no se trata aquí de una transformación genuina del modelo. Aunque la literatura de fórmulas se presta bien a la transgresión paródica —puesto que representa un modelo generalmente conocido, casi arquetípico,

La fórmula policial

constituído a fuerza de repetición y encaminado a confirmar las expectativas del receptor— las novelas cubanas, hasta las más "literarias," como *Joy,* no recurren a esta potencialidad paródica y no pretenden superar la función "refamiliarizadora" de la fórmula.

Basándonos en las consideraciones teóricas previas, podemos afirmar que la manipulación crítica de la fórmula policial puede llevar a la reducción de la fórmula (en cuanto *pre-texto*) a un *pretexto* que, a su vez, da pie a una reflexión auto-referencial y/o a una desmitificación satírica de la realidad. Al habernos referido a la trayectoria de la narrativa policial en Hispanoamérica, hemos notado que la reelaboración del modelo policial por la llamada "alta" literatura se ha dado a partir de los cuarenta sobre todo en México y Argentina, países que no solamente han fomentado durante tres o cuatro décadas el desarrollo de la veta popular de la literatura policial, sino también han contado con escritores "serios" dedicados a la exploración de esta modalidad narrativa (en Argentina Borges, Bioy Casares, Sábato, Marco Denevi, Walsh; en México Leñero, Rodolfo Usigli y —como crítico— Alfonso Reyes).

Desde el punto de vista histórico-literario parece incuestionable que la fórmula policial clásica quedó paródicamente apropiada por la "alta" literatura hispanoamericana gracias a Borges y Bioy Casares. Su obra en colaboración *Seis problemas para don Isidro Parodi* —publicada en 1942 bajo el nombre de pluma de Bustos Domecq— fue concebida como parodia del modelo chestertoniano. El poder paródico del libro estriba en la preservación de la matriz genérica de la narrativa policial —por lo cual el modelo es fácil de identificar— y en la simultánea inversión de algunas de sus premisas (el detective inocentemente encarcelado). Por otra parte, la subordinación de las paradojas lingüísticas y de las coincidencias milagrosas de la trama a objetivos satíricos y no al código hermenéutico, refuerza el carácter paródico del discurso.[14] El singular "eclecticismo intertextual" del detective Parodi —"una mezcla de Caballero Dupin, Monsieur Teste y el rastreador del *Facundo*"— constituye otra señal de la parodicidad del texto.[15]

Obviamente, todos los cuentos de *Seis problemas* pueden leerse también de manera superficial, en cuanto narraciones lisa y llanamente detectivescas, pero las claves diseminadas en el texto —desde la ambigua identidad del autor y el mismo nombre del detective, hasta las constantes exageraciones estilísticas y formales— tienden a desconcertar al lector y, en consecuencia, sugieren una lectura juguetona, satírica, (auto)irónica.

La defamiliarización —tal como la vemos en *Seis problemas*— consiste en desafiar las expectativas del lector con respecto al mundo literario construído. Según advierte Yates, el tradicional procedimiento paródico de "elevación" de un motivo vulgar produce en *Seis problemas* un efecto humorístico basado en "la incongruencia de una forma literaria fundamentalmente popular y vulgar tratada como si poseyera los atributos literarios e intelectuales de un ensayo filosófico."[16] Boris Tomachevski utiliza una terminología un tanto distinta en su explicación de este mecanismo de defamiliarización:

> Los procedimientos de la motivación falsa son especialmente frecuentes en las obras basadas en una larga tradición literaria. El lector está habituado a interpretar cada detalle de la obra de manera tradicional. Al final se aclara el subterfugio y el lector comprende que todos estos detalles han sido introducidos con la finalidad de producir un desenlace imprevisto. La motivación falsa es un elemento del pastiche literario, es decir un juego basado en situaciones literarias conocidas que pertenecen a una sólida tradición, y que los escritores utilizan con una función no tradicional.[17]

La defamiliarización es ajena a la literatura de fórmulas (novelas de aventuras, novela rosa, narrativa policial). Siendo parte de una tradición literaria apropiada por el vasto público lector, este tipo de literatura no defamiliariza, sino reafirma y —en vez de perturbar las emociones— trata de evitar todas las dificultades en la ejecución y en la recepción del texto. En palabras de Michael Holquist, la literatura formulaica "no causa dolor, sino suministra apaciguantes, no ofrece preguntas profundas, sino respuestas fáciles."[18]

Las narraciones detectivescas de Bioy Casares y Borges subvierten esta tradición, ya que fundan su poética en el principio de sorpresa y defamiliarización. El desafío a las expectativas del lector aparece también en otros cuentos ampliamente difundidos y antologados de Borges: "El jardín de senderos que se bifurcan," "Emma Zunz," "La muerte y la brújula." En el primero, un asesinato político ingeniosamente tramado es tan sólo un pretexto para una compleja reflexión metaliteraria y metafísica, mientras que en el segundo, el crimen por venganza da pie a una exploración psicológica de la protagonista. En "La muerte y la brújula," a su vez, el aparente victimario llega a ser la víctima. Según concluye Myrna Solotorevsky, con este desenlace queda violada la regla más elemental de la fórmula: la que garantiza la inmunidad del detective. En consecuencia, el cuento borgeano se convierte en parodia del modelo formulaico.[19]

"La muerte y la brújula" burla las expectativas del lector y al mismo tiempo le fuerza a abandonar una actitud pasiva frente al juego literario. Esta activación del lector de la literatura detectivesca va a ser llevada al extremo por Cortázar, quien en su mini-cuento "La continuidad de los parques" casi a la manera cervantina convierte al lector en el protagonista de la ficción y, en última instancia, en la víctima. Más tarde, el compatriota de Borges y Cortázar, Manuel Puig, con su novela *The Buenos Aires Affair* (1973) elimina la figura del detective y distribuye la función de la "investigación" entre el lector y varios personajes para demostrar que no existe la verdad, sino sus diferentes interpretaciones. Según nota Kerr, Puig manipula la fórmula detectivesca en una dirección insospechada y convierte a su protagonista Leo en víctima y victimario, detective y criminal, asesino y asesinado.[20]

Las estrategias narrativas empleadas por Bioy Casares, Borges, Cortázar o Puig en sus respectivas reversiones/inversiones de la narrativa policial tienen objetivos paródicos pero no en el sentido de burla denigradora. A pesar de emplear toques humorísticos, estos autores van más allá de un juego gratuito: persiguen una transgresión creativa del modelo a través de la autorreflexión y la autoironía que facilitan el trastocamiento de la estructura formulaica y aseguran la desautomatización de lo familiar.

Hemos señalado que en el período que nos ocupa la reelaboración de las fórmulas literarias ha llegado a ser tan frecuente en la novelística hispanoamericana que no sería exagerado hablar de la formación de un nuevo canon literario. El papel de Puig en esta evolución es fundamental, aunque ha sido tardío el reconocimiento de su escritura en cuanto préstamo creativo de ciertos códigos formulaicos y no su mera imitación. Coincidimos con Juan Armando Epple, Kerr y otros críticos en que —al superar paródicamente los modelos subliterarios— Puig no aspira a su rebajamiento burlesco, sino busca un desenmascaramiento satírico de una sociedad dominada por estos modelos. Comenta al respecto Epple:

> En efecto, los personajes de Puig se caracterizan por vivir la realidad a través de estructuras mentales alienadas por los medios citados, en este sentido, víctimas de la sociedad de consumo, no asumen su vida sobre la base de sus necesidades concretas ni de acuerdo a expectativas reales, sino imitando ciertos modelos propuestos por el sistema vigente.[21]

Al reproducir con sorprendente fidelidad la estructura formulaica del folletín *(Boquitas pintadas)* y de la novela policial *(The Buenos Aires Affair)* y emplearlas para los objetivos no asociados con estas formas (función satírica), Puig sigue los principios de la escritura paródica tradicionalmente entendida como "una forma vieja con contenido nuevo," aunque su modelo no pertenece a la "alta" literatura, sino a la esfera de lo paraliterario.

La proliferación de textos que aportan una vuelta de tuerca a la fórmula policial por medio de la transgresión de la misma debe considerarse en el marco de la evolución literaria. Visto desde la perspectiva diacrónica, el distanciamiento paródico de los autores hispanoamericanos frente a la fórmula policial puede explicarse, primeramente, por el carácter "prestado" de este modelo. Si bien podría plantearse lo mismo con respecto a la mayoría de formas literarias transplantadas al Nuevo Mundo, la rigidez formulaica es, indudablemente, un factor adicional que favorece la parodia. Según Fernando Savater, las prescripciones y proscripciones de la fórmula "se cumplen aún cuando son violadas por inversión o innovación del autor, cuya originalidad cuenta precisamente con el conocimiento previo por parte del lector de la 'normalidad' transgredida."[22]

Varios estudiosos han comprobado que tal actitud de distanciamiento paródico ha sido frecuente ya a partir de las primeras narraciones policiales locales. En palabras de Jorge Lafforgue: "Prevalecerá, en varios, la idea de la narración como pastiche, como ejercicio de humor con las reglas de juego y las convenciones del género, e inclusive como ocasión para la sátira."[23] Portuondo comparte esta opinión:

> Los autores hispanoamericanos muestran una marcada preferencia por un tipo humorístico de investigador privado que a veces toca en la caricatura y que, sin desdeñar las complicaciones de la inducción cuidadosa...llega al descubrimiento de la verdad por caminos psicológicos, emotivos, antes que lógicos.[24]

Por otro lado, retomando nuestras conclusiones de los capítulos 3 y 4, podemos afirmar que en la época del post-boom la apropiación paródica de la narrativa policial no debe considerarse exclusivamente como resultado de un distanciamiento (auto)crítico frente al acto de escribir —actitud heredada de los auto-reflexivos años sesenta—, sino también como producto de un cuestionamiento de la narrativa hermética de las "superestrellas" del boom. Es significativo que a partir de mediados del setenta el compromiso del escritor con el público lector exigente, pero no elitista, se deje notar también entre los escritores más destacados y dedicados hasta ahora a un virtuosismo formal.

García Márquez, Vargas Llosa y Fuentes encuentran en la elaboración paródica de la narrativa argumental y entretenida un camino para acercarse al público más amplio, más allá de los círculos académicos y elitistas de los *culturati* quienes habían sido los lectores ideales de sus novelas anteriores: *El otoño del patriarca, Conversación en la Catedral, Cambio de piel,* respectivamente.

Así pues, a partir de mediados de los setenta Vargas Llosa abandona la laberíntica escritura de sus novelas del sesenta para explorar —según acabamos de ver— las posibilidades de la épica burlesca en *Pantaleón y las visitadoras* (1973) y dedicar *La tía Julia y el escribidor* (1977) a una despiadada desmitificación de las radionovelas. Por otra parte, Fuentes echa mano a los clichés del *thriller* político en su entretenida visión de las intrigas internacionales en torno al petróleo mexicano (*La cabeza de la hidra*, 1978), mientras que Cortázar se vale de la tira cómica en *Fantomas contra los vampiros multinacionales* (1975). Finalmente, García Márquez utiliza la fórmula detectivesca en *Crónica de una muerte anunciada* (1981) y el modelo de *romance* en *El amor en los tiempos del cólera* (1985).[25]

Aunque hemos subrayado más de una vez que consideramos arriesgadas las clasificaciones de la novelística más reciente —en cuanto "obra en marcha"[26]— nos parece acertada la observación de Juan Manuel Marcos de que la transición entre la nueva y la novísima novela, entre la generación del boom y la del post-boom, está marcada justamente por una apropiación defamiliarizadora de la literatura de fórmulas:

> No es casual que los autores de la nueva generación elijan modelos como la novela negra, el cuento de hadas, el folletín sentimental, el relato de aventuras y otros géneros de origen popular, así como la parodia de formas ya canónicas. No se trata de un vulgar oportunismo editorial, ya que estos nuevos planteamientos exigen un lector atento y sofisticado y un contrato de lectura bastante elaborado.[27]

Si evaluamos el auge de la literatura policial en Hispanoamérica en términos de tal "cambio de la noción de literatura"[28] en la década del setenta, notamos que la reelaboración de una fórmula "subliteraria" de hecho ha servido como un "caballo de Troya" a varios escritores anteriormente periféricos para apoderarse del canon literario. No nos referimos tan sólo a los representantes de la "novísima" generación (Giardinelli, Osvaldo Soriano, Paco Ignacio Taibo II), sino también a los coetáneos de los autores más reconocidos del boom, quienes no habían recibido una atención crítica bien merecida antes de haber asaltado el canon literario a través de las fórmulas populares (Ibargüengoitia).

Entre los escritores hispanoamericanos dedicados al arte de reelaboración de la fórmula policial no todos cuestionan la fórmula por medio de la parodia. En algunos casos la influencia del modelo policial es tan sólo tangencial (*Sobre esta piedra* del mexicano Carlos Eduardo Turón, 1981), en otros la capacidad del escritor para revertir la fórmula se limita a la adaptación costumbrista a una realidad histórico-social concreta, pero no conlleva una autorreflexión imprescindible para la transgresión del pre-texto formulaico (*Tierra en la boca* del uruguayo Carlos Martínez Moreno, 1974; *Días de combate* del mismo Taibo, 1976; *Veneno de cachiporra* del argentino Carlos María Gómez, 1979; *Qué solos se quedan los muertos* de Giardinelli, 1985).

Las soluciones formales a través de las cuales se cumple la defamiliarización y, por lo tanto, la transgresión de la fórmula policial, tienen que verse, pues, en el escrutinio de textos concretos. Esperamos que las cinco novelas seleccionadas para nuestro análisis sean una muestra convincente de la potencialidad paródica del modelo formulaico, aunque representan tan sólo un fragmento de la vastísima corriente policial de los setenta y ochenta.[29]

5.2. IBARGUENGOITIA Y GIARDINELLI: RECONOCIMIENTO Y CUESTIONAMIENTO DE LA NOVELA NEGRA

Las muertas (1977) y *Dos crímenes* (1979) de Ibargüengoitia ejemplifican la adaptación de la novela negra norteamericana a las condiciones mexicanas.[30] Ibargüengoitia acata las reglas básicas de la fórmula, pero a la vez pone de relieve la dimensión satírica del texto. La primera novela es una reelaboración ficticia de un hecho real que había conmovido a la opinión pública mexicana a principios de los sesenta y ocupado mucho espacio en las "crónicas rojas" de la época. El autor —entrevistado sobre la génesis del libro— dice lo siguiente:

> En el caso de "Las Poquianchis" hubo una cantidad de información y toda, o casi toda, está llena de mentiras.... Además presenta todas las tareas del periodismo: sensacionalismo, morbosidad, pasiones; hubo que quitar y quitar material hasta dejar un esqueletito que es la visión que tengo de este caso.[31]

La fórmula policial

La reconstrucción de abusos y vejaciones vinculados a la desaparición de varias "mujeres de la vida" bien hubiera podido cobrar la forma de una historia de crimen y castigo, de misterio y revelación. Hubiera podido convertirse también en un relato testimonial en la misma línea de *Operación masacre* o *¿Quién mató a Rosendo?* de Walsh o del ya clásico ejemplo de prosa documental, *En sangre fría* de Truman Capote. Ibargüengoitia ofrece pruebas fehacientes (apéndice, testimonios) de haberse documentado en el vasto expediente legal del caso y en los periódicos de la época, pero al contrario de los entusiastas de la literatura testimonial, desconfía de la posibilidad de recuperar la experiencia y el discurso del "otro" sin incurrir en la traición. En el nivel más general Ibargüengoitia desconfía de cualquier discurso que proponga un recuento objetivo de lo ocurrido —desde el mimetismo decimonónico hasta el llamado nuevo periodismo. La imposibilidad de suministrar una explicación racional de los hechos conforme a una cosmovisión positivista implica, por cierto, el rechazo de la premisa ideológica de la fórmula policial basada en la reconstrucción causal del crimen.

En *Las muertas* la desintegración del mundo regido por el raciocinio y la lógica es visible a nivel de la organización narrativa. El narrador en tercera persona —aunque capaz de anticipar el futuro debido a su perspectiva de retrospección— no pretende ser omnisciente. Al contrario, a partir de la primera frase ("Es posible imaginarlos") establece el carácter hipotético del discurso y vuelve a resaltarlo a través del recurrente uso de conjeturas ("El siguiente paso no está documentado" [38]; "Así pudo ser" [126]; "Una de las partes oscuras de esta historia es..." [143]; "Podemos imaginar lo que vio" [145]; "Puede explicarse tentativamente así" [166]). La relativización de la verdad vincula la novela de Ibargüengoitia con la narrativa de autocuestionamiento discursivo —cuyo aspecto metaliterario e histórico acabamos de analizar— a la vez que permite diferenciarla de la escritura formulaica. Al diseminar en el texto preguntas que no encuentran respuestas satisfactorias, Ibargüengoitia autoirónicamente cuestiona la capacidad representativa de todo discurso, pero encauza su crítica también en la dirección social. *Las muertas* desmitifica la versión de los hechos confeccionada por la prensa sensacionalista y pone en duda la honestidad de los procedimientos del aparato de justicia.

Si entendemos la operación de la *detección* del crimen en términos semiótico-narratológicos —siguiendo a la crítica más reciente al respecto[32]— podemos interpretar la narrativa policial clásica como una tentativa de dar forma lógica a la *historia* del crimen a través de una *lectura/interpretación* lógica de los *signos* caóticos dejados por el criminal, o sea como una creación del *discurso*. Es significativo que la reconstrucción del crimen que se da en la novela no ofrezca un cuadro nítido y completo de la verdad revelada, del orden restituído y de la justicia impuesta. El discurso fragmentado y confuso, lleno de silencios, dudas y preguntas, se resuelve de una manera que evidentemente parodia el desenlace de las historias detectivescas clásicas: el inspector Cueto descubre el crimen no gracias al raciocinio, sino casi a pesar suyo, hundiéndose en la tierra que cubre la tumba precaria de una de las seis víctimas.

La tensión acumulada queda resuelta en el epílogo de modo parcial y moralmente insatisfactorio. Nos enteramos de que las víctimas sobrevivientes de abusos recibieron una indemnización y "se fueron cada una por diferente camino.... Nadie volvió a saber de ellas" (178). La perpetuación del mismo (des)orden social está ejemplificada por el relativo bienestar de las condenadas hermanas Baladro, quienes terminan ocupando una posición destacada en la jerarquía de la cárcel donde "son prestamistas y su capital, calculan las otras presas, asciende a cien mil pesos" (179).

Dado el carácter altamente convencional de la fórmula policial, el punto más vulnerable de la misma es el desenlace. Es precisamente allí —y no en la configuración de distintos elementos narrativos— donde se cumple la función fundamental de la literatura formulaica de asegurarle al lector la integridad de su mundo. De ahí que la alteración del desenlace implique la revisión de los supuestos del receptor y la transgresión paródica del modelo implícito. En el *denouement* de *Las muertas* encontramos dos de los procedimientos paródicos que Stefano Tani ha clasificado como "antipoliciales": la solución está encontrada por azar en vez de un proceso de deducción/persecución y el desenlace no implica castigo. Entre otras maneras de superar el molde formulaico enumera Tani la falta de solución y un desenlace burlón, inverosímil, inaceptable.[33]

En *Las muertas* la parodia de distintos discursos —desde la prensa sensacionalista y la novela mimética, hasta el lenguaje oficial de actas legales y la misma fórmula policial— está subordinada a un objetivo satírico. En este sentido podemos adoptar otra vez la terminología de Hutcheon y clasificar *Las muertas* como una parodia satírica. La novela —en cuanto transgresión de las versiones formulaicas de crimen y castigo— pone al descubierto las lacras sociales y denuncia el sistema socio-político del México de los años sesenta. Este sistema aparece como una caricatura de la democracia, de la justicia, del progreso. México es un país donde el negocio de esclavas blancas se descubre solamente por azar, donde las prácticas supersticiosas son más frecuentes que la asistencia médica, donde el sistema burocrático es corrupto y dedicado a inventar reglamentaciones absurdas.

La misma estructura de la novela no deja lugar a dudas en cuanto a la intención desmitificadora del autor. El intento del "crimen" descrito en el primer capítulo sirve solamente como pretexto para desenterrar delitos mucho más oscuros y desenmascarar los mecanismos socio-políticos detrás de ellos. Con una gran habilidad Ibargüengoitia crea el clima de tensión y misterio y emplea la retórica sensacionalista de la literatura popular: varias secuencias de la cadena narrativa terminan con una anticipación de castigo, pero el mismo delito no se describe sino más tarde. Obviamente, la repetición de este procedimiento atrae nuestra atención hacia la estrategia como tal, haciéndonos conscientes de la manipulación autorial. Ejemplos de este recurso abundan a lo largo del texto: "Esta firma le costó seis años de cárcel" (15), "[G]racias a esa peculiaridad de su casa, pasó seis años en la cárcel" (56); "Tres días después murió Blanca" (95). A la inversa de la narrativa tradicional, el relato deja entrever sus propias operaciones narrativas, distribuyendo asimismo su significado entre el plano referencial y el auto-reflexivo. Ibargüengoitia refuerza el juego irónico entre el discurso aparente (historia policial) y el discurso profundo de la novela (paródico-satírico) con la técnica de distanciamiento fundada en una ambivalente situación del narrador (omnisciente, pero capaz tan sólo de conjeturas) y una burla satírica de vicios sociales. La desvirtuación de los procedimientos formulaicos de la literatura de misterio es completa.

El desafío con respecto a las expectativas del lector es fundamental para la interpretación de la novela en cuanto discurso anti-policial. Son numerosas las señales que apuntan hacia un discurso en clave y ponen de relieve el juego entre el sentido literal de los enunciados y su significado subyacente. En el primer capítulo el lector queda enfrentado a unos "criminales" que guardan tanto parentesco con modelos estereotipados que parecen paródicos: les traiciona tanto su aspecto casi de película ("los cuatro llevan anteojos negros" [9]) como su comportamiento demasiado autoconsciente ("Le dice al capitán, que está a su lado: —Dispare usted, mi capitán. —No. Yo aquí estoy nomás cubriendo —está apuntando hacia la otra acera, por si hay un ataque por retaguardia" [12]). La eficacia satírica de los procedimientos señalados consiste en resaltar el contraste entre tal escenificación grotesca de un crimen y la sordidez de los verdaderos delitos que van a descubrirse más tarde.

Aunque la novela negra norteamericana ha llegado a desmitificar algunos de los principios y valores de la ficción detectivesca, la transformación de la fórmula no ha implicado de por sí una destrucción del mecanismo formulaico. Tal transgresión sí está asumida por Ibargüengoitia: su objetivo es chocar al lector y no adormecer su sentido de terror. Si recurrimos al tratamiento pragmático de la parodia —según la sugerencia de Hutcheon— podemos sostener que el objetivo de Ibargüengoitia consiste, en última instancia, en sensibilizar al lector con respecto a los mismos problemas que en la literatura hispanoamericana solían abordarse a través de una retórica solemne. Si bien los nuevos narradores han demostrado que el compromiso del escritor frente a la injusticia, la violencia y la opresión no tiene que cobrar formas ceremoniosas, Ibargüengoitia es en realidad uno de los pocos autores quienes de manera consistente han esgrimido el humor como arma de crítica social. El humorismo del escritor mexicano no está encaminado a exorcisar los demonios de la realidad socio-política, sino a denunciar el lado demoníaco de la realidad. Ibargüengoitia tampoco parece contentarse con una crítica incidental, propia de la novela negra norteamericana. Su enfoque es englobador, con implicaciones en el nivel de la clase dirigente socio-política mexicana.

La ridiculización de los procedimientos rutinarios de los representantes de la ley bien podría verse como otro préstamo de la novela negra norteamericana si no fuera por la conciencia metaliteraria de *Las muertas*. El párrafo siguiente nos brinda una muestra ejemplar de la manera en la cual Ibargüengoitia va compaginando lo metaliterario con lo satírico, lo intratextual con lo transtextual:

> De pronto se oye un silbatazo. Es el policía Segoviano anunciándose desde la esquina....
> Lo que sigue es entre triste y aburrido....
> El agente del Ministerio Público hace las preguntas necesarias para levantar el acta: "¿dónde estaba usted cuando oyó los disparos?" "no oí los disparos"; "¿cómo se dio cuenta entonces de que algo raro pasaba?" "vi un muerto en el piso," etc. (76-77)

Finalmente, la diferencia entre *Las muertas* y la fórmula de la novela negra estriba en la elaboración de la figura del detective: éste ya ni siquiera es un ser marginal como Philip Marlowe, el inolvidable *cowboy* urbano de Chandler. El inspector Cueto no solamente aparece con todos los rasgos antiheroicos —como los protagonistas de *hard boiled novel*—, sino también es un ser corrupto y amoral. Irónicamente, en vez de descubrir la verdad, el inspector es responsable de las lagunas del discurso. Ibargüengoitia no titubea en asignarle "una de las partes oscuras de esta historia" (166). Tal desmitificación paródica de la figura del detective es esencial para la poética antipolicial de la novela y para el descubrimiento de la escisión entre el mundo al fin y al cabo armónico de la ficción detectivesca y el demoníaco caos de la realidad mexicana.

Mientras que los procedimientos narrativos de *Las muertas* están designados a cumplir una función predominantemente satírica, la otra novela de Ibargüengoitia basada en el modelo policial (*Dos crímenes*, 1979) parece más bien auto-referencial. El carácter explícitamente lúdico de *Dos crímenes* se debe probablemente al hecho de que esta historia no ha sido inspirada por hechos reales. En este sentido la novela se ubica, pues, más bien en la línea del virtuosismo formal de los relatos detectivescos de Borges que en la veta de las sátiras paródicas de Puig.

La historia de un hombre inocentemente perseguido por la policía (Marcos González), quien con una red de mentiras va a provocar dos muertes, está narrada desde la perspectiva limitada de la primera persona. La parte correspondiente a la preparación del crimen está a cargo de Marcos en cuanto narrador-protagonista, mientras que la ejecución del delito está narrada por un boticario con ambiciones de detective. Si examinamos con rigor el uso de los ingredientes de la novela policial clásica— pistas falsas, cartas misteriosas, pasiones amorosas oscuras y secretas, huida, persecución, venenos— notamos que éstos no sirven a Ibargüengoitia para cumplir con la poética de la fórmula, sino para rebasarla. El discurso-modelo sufre otra vez una distorsión paródica debido a la presentación ambivalente de su eje ideológico y de la figura del detective (el boticario). El mismo así resume su papel ambiguo y nada convencional en la historia:

> Lo que voy a contar es lo único notable que me ha pasado en la vida: después de cincuenta años de ser boticario me convertí en detective. No puedo decir que triunfé en este segundo oficio, pero lo desempeñé mejor que los profesionales que intervinieron en el caso que me tocó resolver. Para comenzar mi relato creo que conviene advertir que yo fui causante indirecto de los delitos que después tuve que investigar. (129)

El boticario es un detective que al cabo de una morosa detección positivista no llega a probar ni la inocencia ni la culpa. La justicia va a imponerse

126   La parodia en la nueva novela

en *Dos crímenes* de manera igualmente paródica: la inocencia de Marcos será negociada en un regateo con los representantes del aparato policial corrupto, mientras que la muerte de la supuesta envenenadora a manos de su propio padre se deberá a un juego de apariencias y a la confusión de identidades. Tal desenlace absurdo e inaceptable dentro de la poética de la fórmula produce, por cierto, un efecto defamiliarizador, revelando la naturaleza caótica del mundo en el sentido social (la corrupción de la justicia) y metafísico (la muerte por azar). También a esta novela le corresponde situarse más bien en el marco postvanguardista del cuestionamiento epistemológico que dentro del modelo formulaico.

Ambas obras de Ibargüengoitia difieren de la literatura de fórmulas por inscribir en su propia poética el mecanismo de cuestionamiento y desmitificación —tanto a nivel del referente (dimensión satírico-social) como en el plano de la representación (dimensión paródico-autotemática). *Las muertas* y *Dos crímenes* ejemplifican una característica que llega a predominar en el cuadro narrativo hispanoamericano a partir de mediados del setenta: una complejidad interna engañosamente revestida con una estructura sencilla. En la interpretación de estos textos que se autopresentan como encubrimiento y antifaz deceptivo de la realidad la cooperación del lector es crucial para que el género popular, formulaico quede interpretado no en su sentido literal sino —en palabras de Marcos— como "meta-discurso textual."[34]

Las dificultades interpretativas frente a este tipo de literatura sorprenden hasta a los lectores competentes, según advierte Marcos en su comentario sobre *Luna caliente,* una novela negra de Giardinelli publicada y premiada en México en 1983. *Luna caliente* ha encontrado en Marcos a un lector entusiasta y perspicaz, por lo cual limitaremos nuestro propio comentario y citaremos a continuación algunas de sus observaciones.

¿Cómo interpretar la historia de un joven abogado Ramiro, quien llega a asesinar a un tal Tennembaum, después intenta matar a la hija de éste, Araceli, para quedar enredado en un laberinto tejido tanto por una pasión erótica como por la peculiar situación política de la Argentina durante los años de la dictadura militar de Videla? Marcos ha leído *Luna caliente* como una parodia de la novela negra.[35] La exageración de la pasión carnal de Araceli, su sorprendente resurrección después de los dos atentados contra su vida y la patológica inclinación de Ramiro hacia la violencia evidentemente sobrepasan los límites de un clásico *thriller* regido por el principio de verosimilitud. Pero, continúa el crítico, la monstruosidad grotesca de pasiones individuales apunta hacia otra dimensión de la realidad: hacia el transfondo violento y opresivo de la existencia bajo el régimen autoritario.

Las novelas comentadas se dirigen, pues, a un lector ideal capaz de llenar los espacios en blanco y arriesgar una interpretación de los distintos estratos del discurso, más allá de los tradicionales códigos "del misterio" y "de la acción." La multiplicidad irónica de sentidos está sugerida por varias claves que sirven para desautomatizar la experiencia —en este caso la de un discurso formulaico— por medio del humor, la exageración, la burla satírica o la inversión paródica de las convenciones. El trastocamiento de la fórmula policial se deja sentir en todos estos textos en mayor o menor grado, conforme a los procedimientos empleados. Debido a la familiarización del público lector con el modelo policial ninguna de las novelas tiene que emplear enunciados metalingüísticos explícitos para "delatar" la presencia de su pre-texto originador.

Ibargüengoitia y Giardinelli se distancian deliberadamente de las convenciones formulaicas, pero este procedimiento esencialmente paródico no les lleva a rebajar al prototipo, sino a demostrar su potencial verdaderamente "literario." Desde el marco que sigue siendo reconocible como policial ambos escritores multiplican los hilos semánticos del discurso para remitir al lector a los problemas socio-políticos (dimensión satírica), catalizar la percepción crítica del destinatario y, en última instancia, metaforizar su propia calidad de "artefacto" discursivo (dimensión metaliteraria).

5.3. *DE PASO*: LA VOLUNTAD PARODICA Y EL *THRILLER* POLITICO

De la vasta producción de obras basadas en el modelo policial hemos intentado seleccionar textos estéticamente originales y diversificados en sus procedimientos de la subversión de la fórmula. Nos hemos enfocado en novelas insuficientemente comentadas, aunque sí bien acogidas por los lectores. *De paso* (1985) de Taibo corresponde a todos estos criterios.[36] El modelo de referencia se entronca tanto con la novela negra norteamericana de Hammett y Chandler como con el *thriller* político. La novela está anunciada en la solapa como policial, complementando asimismo una trilogía con la que el escritor había establecido su reputación en México como uno de los representantes más destacados del género (*Días de combate*, 1976; *Cosa fácil*, 1977; *No habrá final feliz*, 1981).

A partir de la advertencia preliminar al lector, *De paso* propone un código de lectura escéptica y desconfiada. Desde los primeros renglones se resalta la falta de la autoridad del narrador con respecto al material manejado: mientras que en la primera nota el narrador declara el carácter testimonial de su obra, en la siguiente lo desmiente rotundamente, para llegar a preguntarse en la tercera: "¿Qué demonios es la novela?" (10). Esta indagación metaliteraria no solamente pone en entredicho lo fidedigno de la voz autorial, sino también borra los límites entre la historia y la ficción y establece una distancia (auto)irónica hacia el texto, a la vez que presupone una capacidad del lector para reconocer este juego. Desde el principio la novela despliega, pues, unas preocupaciones autotemáticas que no suelen perturbar la nítida conjugación del código hermenéutico (el misterio) y proairético (la acción) del modelo tradicional de *whodunit*.

La novela de Taibo recurre también a una variedad de estrategias narrativas que implican una complicación estructural y estilística ajena a la fórmula policial. Según ha acertado en observar Navarro, en la literatura policial clásica "la tendencia del autor" hacia la elaboración estética suele ceder ante "la tendencia del lector" hacia la simplificación de la expresión formal.[37] Veamos, brevemente, los recursos narrativos empleados por Taibo para comprobar que su invención no se limita a un ingenioso juego con las constantes del género.

El capítulo 1 —a través de una serie de informes policiales confidenciales que recuerdan la jerga de los policías de Costantini— nos introduce sin preámbulos en lo que bien podría ser la principal y la única línea composicional de una novela policial. Uno de los informes dice: "Noticias San Vicente envuelto invest. atentado presidente Wilson" (11). En los lacónicos informes aparecen condensados algunos de los elementos fundamentales de la acción de la narración policial: el crimen, la investigación, la persecución. Juzgado por este fragmento preliminar, el modelo empleado por Taibo corresponde más bien a lo que Lasič denomina la forma de persecución en cuanto opuesta a la forma de investigación.

El capítulo 2 nos traslada bruscamente en el tiempo al año 1985. Desde la perspectiva de 65 años el yo-narrador reproduce su conversación con Sebastián San Vicente sobre la revolución en cuanto proceso histórico y sobre la revolución mexicana en particular. Las expectativas del lector de una novela policial están desafiadas una vez más por este insospechado giro "ensayístico" hacia los asuntos socio-políticos. Aunque la figura de San

La fórmula policial

Vicente constituye hasta cierto punto el eje de la narración a lo largo de la novela, esta línea va desarrollándose de manera caprichosa, con saltos en el tiempo y espacio, con cambios de narradores, perspectivas y estilos narrativos. Mientras que la novela policial clásica desarrolla en su línea de investigación la historia del crimen ordenada según los principios de cronología y lógica, Taibo suministra al lector varias piezas de un rompecabezas que ni siquiera son suficientes para reconstruir el supuesto caso real.

El capítulo 3 nos vuelve al principio de la historia a través de la narración de un tal Pablo que había conocido a San Vicente en Tampico cuando éste intentó organizar allí una red anarquista. La narración retrospectiva se basa en un juego entre el yo-narrador (Pablo de 81 años de edad, según parece) y el yo-experimentador (Pablito de 16 años). Los fallos de la memoria exacerban nuestro escepticismo hacia la narración. En un momento versa el texto: "Porque el cajón de los recuerdos se llena de mierdecita al paso del tiempo, y hay cosas que hay que señalar con un lápiz rojo para que no se borren" (19). En esta reflexión un tanto irreverente sobre los mecanismos de la preservación del pasado resuena un eco distante de la experiencia de los ciudadanos de Macondo afectados por la peste del olvido. Esta idea permite también entroncar la novela de Taibo con la corriente de la narrativa hispanoamericana dedicada a reescribir el pasado.

En el capítulo 4 vuelve la voz del narrador, aparentemente identificable con el autor. Se describe una tentativa de imaginar el retrato de San Vicente, puesto que salvo un dibujo en una revista no ha quedado ni una foto suya. El intento imaginativo por parte del narrador se asemeja a un proceso de investigación-reconstrucción detectivesca a base de diferentes pistas-signos. Este fragmento es, pues, fundamental para la poética de la novela: mientras que el detective "lee" los signos dejados por el criminal, organizándolos en un discurso significativo, el escritor y el lector persiguen el mismo objetivo.

Taibo no es el único escritor hispanoamericano fascinado por la idea del relato en cuanto "investigación." Por ejemplo Ricardo Piglia —quien reelabora la fórmula policial en *Respiración artificial* (1980)— establece curiosos paralelos entre la escritura, la lectura, la crítica y la investigación:

> A menudo veo a la crítica como una variante del género policial. El crítico como detective que trata de descifrar un enigma aunque no haya enigma.... Dupin trabaja con el complot, la sospecha, la doble vida, la conspiración, el secreto: todas las representaciones alucinantes y

persecutorias que el escritor se hace del mundo literario con sus rivales y sus cómplices, sus sociedades secretas y sus espías, con sus envidias, sus enemistades y sus robos.[38]

El capítulo 5 introduce otra perspectiva narrativa —la de un narrador omnisciente autorial, quien inmiscuye sus comentarios irónicos y recurre, además, al antiguo truco retórico de un texto encontrado. Este texto ajeno es el cuadernillo privado de San Vicente que le había sido robado y más tarde iba a dar a la mesa del capitán de la gendarmería, Arturo Gómez. El narrador cita extensamente de este cuaderno, lo cual hace su posición éticamente ambigua: en vez de contribuir a la veracidad del texto, el documento termina por convertir al narrador en una figura no-fidedigna.

El capítulo 6 se enlaza otra vez con la línea de investigación y contiene una descripción meticulosa de una foto por parte de una persona interrogada. A continuación aparece una ficha sobre San Vicente preparada a petición del Departamento del Estado en abril de 1921. Asimismo, el lector advierte que la posible implicación de San Vicente en el atentado contra el presidente Wilson es tan sólo uno de los elementos de la investigación. A esta altura nos damos cuenta de que la clásica situación crimen-investigación-persecución-castigo no va a desarrollarse en la novela, aunque los ingredientes barajados sí vienen de la fórmula detectivesca, de la novela negra norteamericana y de la novela de espionaje.

De la novela detectivesca clásica toma Taibo el suspenso, la sorpresa y la presencia de la amenaza mortal (el capítulo 11 está narrado por un tal Tomás, contratado para matar a San Vicente). El aspecto social, a su vez, viene de la novela negra, mientras que el motivo de la lucha entre las ideologías distintas (el estado versus el anarquismo) nos remite a la novela de espionaje. No obstante, *De paso* descontextualiza todos los elementos de las fórmulas citadas, utilizándolos en una estructura que no está construída de acuerdo con las presuposiciones del lector. La novela no ofrece escape, sino una visión desconcertante de la realidad, con hincapié en las ambigüedades e incoherencias de la misma.

De paso representa una tentativa de reconstruir la figura y la biografía de un hombre que ha dejado pocas huellas y que no ha ocupado a los historiógrafos oficiales: "No hay una nota firmada por él, una intervención en un congreso tomada taquigráficamente, un artículo completo. No hay fotos, ni recibos de renta a su nombre (nunca tuvo casa), ni actas de matrimonio, o fes

La fórmula policial

de nacimiento de sus hijos" (41). San Vicente aparece como una sombra, como un personaje "sin historia," por lo cual la tarea de su biógrafo de hecho es una especie de investigación detectivesca. Dice el narrador:

> Rebuscando en archivos, en papeles viejos y microfilms, el nombre aparece aquí y allá. A veces lo suficiente para hilar un pedazo de historia, nunca bastante para que la historia se complete.... Sólo pedacería en las columnas de la prensa que van haciendo la sombra del hombre. (41)

El lector tiene que compartir con el narrador las dificultades de la reconstrucción de la verdad histórica guiándose en esta tarea por indicios dispersos y fragmentarios —informes, rememoraciones, recortes de prensa, entrevistas. Tal paralelismo entre la actividad de escribir/leer y la de revelar misterios implica la existencia de un mensaje que puede ser descifrado por medio de una actividad hermenéutica adecuada. La novela presupone, por lo tanto, un doble juego: entre el narrador y su esquivo protagonista, por un lado, y entre el autor y su lector por el otro. El lector tiene que superar sus propias presuposiciones y ajustarse al código de la novela para cumplir el proceso semiótico de desciframiento del mensaje.

Curiosamente, el escritor en cuanto detective se une aquí a la misma tarea que de diferentes maneras perseguían los autores estudiados en el capítulo 2: la de reescribir la historiografía del continente desde la perspectiva no oficial. Vale la pena mencionar que otras modalidades de este tipo de narrativa reivindicadora despliegan una gran variedad estilística y estructural: desde el empleo del discurso oral grabado (las novelas testimoniales de Barnet o Poniatowska) hasta la deconstrucción total de la historiografía en *Yo el Supremo* de Roa Bastos.

En la novela de Taibo el símbolo de la historia institucionalizada, pero a la vez secreta, es la computadora en el banco de datos de la FBI. En este super-archivo el nombre de San Vicente no aparece, lo cual constituye un estímulo suficiente para el autor como para intentar su propia investigación y rendirla en forma de una historia novelada. Evoquemos aquí tan sólo de paso que el impulso de Arenas —en su pseudobiografía del fraile mexicano de la época de la Independencia— era muy parecido: "desde que te descubrí, en un renglón de una pésima historia de literatura mexicana, como 'el fraile que había recorrido a pie toda Europa realizando aventuras inverosímiles,' comencé a tratar de localizarte por todos los sitios" (9). Siguiendo un procedimiento parecido, la novela de Taibo primero desafía las expectativas del lector con respecto a la literatura detectivesca para luego desembocar en la desmitificación de los principios de la escritura historiográfica oficial. De paso desconfía del orden y de la verdad definitiva, dejando muchos cabos sueltos en su especulación inconclusa sobre el misterioso San Vicente. Aunque —igual que en *Las muertas*— el modo de presentación tiende a ser documental y objetivo (cartas, informes policiales, testimonios), la verdad histórica aparece supeditada a la ficción, a la subjetividad, a lo falible de la memoria y a las manipulaciones de los aparatos del poder. La novela plantea la relatividad de los sistemas de representación, y autocuestiona su propia escritura de manera semejante a los textos auto-reflexivos ya examinados: "Tú te ves como paseante. Yo te veo como pájaro negro, cuervo anárquico que amenaza estallido, pasiones desbocadas. Yo hago mucha lírica a tu costa. Tú haces un paseo por las calles empedradas de Atlixco a la mía" (49). Más adelante vuelve a plantearse uno de los dilemas fundamentales del escritor contemporáneo, desconfiado del lenguaje, consciente de su incapacidad para captar lo multifacético de la realidad extraliteraria: "No logro imaginarme a San Vicente sonriendo. Parece que lo voy a perder en una estación enorme, llena de gente" (58).

La novela de Taibo es relativamente compleja desde el punto de vista estructural y muy heterogénea debido a sus préstamos de diferentes formas discursivas: puede ser biografía ficticia de un protagonista que parece ficticio o, tal vez, autobiografía, un *Bildungsroman* o novela policial. La complicidad entre el narrador y el misterioso anarquista español plantea —igual que en el caso de *El mundo alucinante*— un sesgo autobiográfico: "¿Por qué San Vicente? ¿Qué encarna San Vicente?... ¿La ausencia del sentido nacional? Supongo que en el fondo de las telarañas que pueblan el rincón más recóndito de mi cabeza, algo hay de esto último" (126). La complicidad —ideológica, humana o simplemente temperamental— entre Taibo y su personaje se deja notar más aún hacia el final: "Desde el muelle, instantes antes de desvanecerte, me dedicas una sonrisa burlona. Desde esta noche, escribiendo a máquina frente a la ventana, te devuelvo la sonrisa" (151).

Este hilo de simpatía es igualmente fundamental para el funcionamiento del desenlace digno de un "cuento de efecto" y a la altura de una buena novela de misterio. Cuando hacia el final nos enteramos de que el autor llega a ser fichado y tachado de sospechoso debido a su curiosa afición por la causa anarquista, nos damos cuenta de que tal desenlace no solamente ficcionaliza al autor, sino también a nosotros, los lectores. Pero mientras que en "La continuidad de los parques" Cortázar convertía al lector en la víctima del asesino por medio de un juego retórico entre la realidad y la ficción, el lector de Taibo se siente amenazado por el poder ubicuo, pero concreto, del aparato estatal opresivo. La transgresión de la fórmula policial sirve —como en el caso de Ibargüengoitia— para desmitificar la inmutabilidad de los métodos de este aparato.

El lector que se deje engañar o seducir por el aparente carácter policial de tales novelas como *De paso*, *Luna caliente* o *Las muertas*, va a quedar sorprendido o hasta desengañado en trance de la lectura. No obstante, según hemos visto en el caso de Taibo, la dificultad estructural y la transgresión de los principios de la fórmula policial están compensadas por varios recursos que refuerzan "el placer del texto" que emana de la experiencia de una estructura estéticamente cumplida. *De paso* retiene, a la vez, tales rasgos lúdicos de la fórmula policial como "un juego de prestidigitación destinado a engañar al público" y "un ejercicio intelectual" de la novela-problema.[39]

El destinatario ideal de la novela de Taibo debe ser bastante exigente y competente, ya que —al contrario de sus protomodelos— el texto no suministra "una explicación rigurosa, después de haberle dejado al lector experimentar el placer del viaje a través de lo inexplicable."[40] Si volvemos aquí a la diferenciación entre la fórmula policial y sus reelaboraciones paródicas, podemos concluir lo siguiente: mientras que las novelas policiales *stricto sensu* sancionan lo deseado y cumplen con lo esperado, las novelas de Ibargüengoitia, Giardinelli y Taibo se fundan en la duda y en la ambigüedad, desarticulan paso a paso nuestras presuposiciones y refuerzan la sensación de la incertidumbre y del caos del hombre moderno. La latente presencia del modelo de la novela policial —en cuanto punto de referencia fácilmente reconocible por el lector— sirve en estas novelas a la exhibición de algunos mecanismos ya petrificados de esta forma narrativa. Pero por encima de esta función desenmascaradora de la parodia, los textos analizados demuestran la posibilidad de una transformación creativa de la fórmula de acuerdo con las necesidades estéticas e ideológicas del momento histórico.

5.4. *TRISTE, SOLITARIO Y FINAL*: PARODIA COMO HOMENAJE

A diferencia de los textos de Ibargüengoitia, Giardinelli y Taibo, el mecanismo paródico de citar, exhibir y transformar empleado por Soriano en *Triste, solitario y final* (1973)[41] nos remite a un pre-texto más específico que un conjunto de convenciones. La novela del argentino mantiene un juego explícitamente intertextual con la obra de Chandler. El título —tomado de *El largo adiós* de Chandler—, los epígrafes, la figura inconfundible de Marlowe y las referencias a la "vida literaria" anterior de este personaje, son claves de una operación intertextual que a fuerza de repetición sistemática se convierte en una poética paródica.

Al contrario de novelas metaliterarias que fundan su complicidad con el lector en la capacidad de éste para descifrar las referencias intertextuales, *Triste, solitario y final* recurre a lo que podríamos denominar "exhibicionismo intertextual." No se trata de una novela tan evidentemente chandleriana como *El diez por ciento de vida* de Hiber Conteris que es, en realidad, una broma literaria con un *test* y "una tabla de puntos" que tiene que adjudicarse el lector por descifrar las referencias a 5 novelas, 23 cuentos y 4 artículos de Chandler.[42] En vez de invitar a un juego de adivinanzas intertextuales, Soriano prefiere que apreciemos su ingeniosa reelaboración de los pre-textos.

De entre los textos aquí comentados, *Triste, solitario y final* es tal vez el más irreverente en sus transgresiones con respecto a la fórmula policial. Igual que Taibo, Soriano insiste en borrar las fronteras entre la realidad y la ficción a través de procedimientos muy diversos: autoirónicamente se convierte en un personaje literario (Soriano), introduce a un protagonista inventado por Chandler (Marlowe) y constantemente confunde los planos de la realidad (la existencia diaria en los Estados Unidos de los sesenta) con la ficción literaria (las aventuras detectivescas de Marlowe y Soriano) y la ficción del cine de Hollywood (el rodaje de películas de vaqueros, la entrega de los Oscars). El vaivén de los personajes entre el mundo real y ficticio —procedimiento que desde Cervantes ha servido para destacar la naturaleza ilusoria de la realidad— aparece en relación a los medios masivos de entretenimiento y comunicación que constantemente transfiguran la realidad (una pelea real convertida en una escena de película, el "secuestro" de Charlie Chaplin captado por la televisión, etc.).

Dos grandes mitos de la cultura popular —la novela policial negra y el cine de Hollywood— quedan desenmascarados tan sólo para revelar la dimensión humana de sus héroes —la soledad, el desengaño y la miseria del detective Marlowe y de los cómicos Stan Laurel y Oliver Hardy. Con un procedimiento semejante a las estrategias empleadas por Arenas y Taibo, Soriano trata a sus "marginados" con cariño y respeto. La distancia paródica no implica, pues, el rebajamiento de los personajes, sino una mirada levemente irónica, llena de nostalgia. Por otro lado, la novela no escamotea su mensaje satírico. La interpretación social de *Triste, solitario y final* está reforzada por el contraste entre las "dos Américas," la visible y la invisible. Al dominio de la "fábrica de sueños" yuxtapone Soriano la memoria de los tiempos del maccartismo (30) y la realidad contemporánea con los bombardeos de Vietnam (20), la cultura *hippie* (166-72), el desempleo, la violencia descarnada de la policía (113-20), el racismo y la hostilidad hacia los chicanos.

A pesar de insistir en un mensaje social y político, Soriano ha saturado su transformación desmitificadora del arquetipo de la novela policial y del mito de Hollywood con una fuerte dosis de humor. A lo largo de la novela recurren escenas que —por su exageración burlesca— constituyen una brillante parodia de novelas y películas de aventuras (el secuestro de Chaplin, la huida en el techo del tren, el enfrentamiento con los *gangsters*). Hay también una deliciosa burla intertextual de las novelas de Chandler protagonizadas por el mismo Marlowe, sintetizada en un largo episodio que se cierra con las palabras que aluden al título de la más famosa obra de Chandler: "Adiós para siempre, preciosidad" (108).

El distanciamiento autoirónico entre Marlowe-personaje y Marlowe-mito contribuye al humor intertextual de la novela como en la escena siguiente: "Marlowe bajó la vista. Tiró de la empuñadura y sacó la pistola. —No es mía. La última vez que la vi, hace muchos años, la usaba un detective sobrio, que pagaba sus impuestos y tenía clientes importantes y enemigos que podían emboscarlo en un callejón" (80). El gesto final de Marlowe de enterrar su pistola junto al gato es entre amargo y burlón: "Sacó la pistola de un bolsillo y la puso encima del gato. —Basta de muertes —murmuró" (184).

La presencia de Soriano en el espacio de la novela aporta otro elemento de contraste irónico que crea una escisión entre los mecanismos codificados de la fórmula policial y la versión paródica de la misma. Soriano se autorretrata como un escritor hispanoamericano empeñado en documentarse *in situ* para escribir una novela sobre Laurel y Hardy. Esta autopresentación parece fidedigna si tomamos en cuenta un dato de la biografía literaria de Soriano: los numerosos artículos dedicados a Chandler, Laurel y Hardy publicados a principios de los setenta por el Soriano-periodista en el diario bonaerense *La Opinión*. El Soriano-protagonista confiesa a su vez:

> Vivo en Buenos Aires. Trabajo en un diario. Desde hace algunos años investigo la vida de Laurel y Hardy.... Quería conocer Los Angeles para

ubicar la acción con detalles. Estuve juntando plata para venir. Tuve que empeñarme un poco. La devaluación de la plata argentina ponía los dólares cada vez más lejos. (53)

Los toques irónicos en la autopresentación de Soriano son abundantes. Su desconocimiento del inglés provoca varios incidentes cómicos, su comportamiento es ostentosamente machista, a la vez que su apariencia física evidentemente no corresponde al arquetipo de masculinidad: "La cara del hombre era redonda y le quedaba poco pelo para protegerse de la ligera llovizna que empezaba a caer.... Sin ser muy gordo, su barriga desentonaba con el resto del cuerpo (47-48). Cuando Soriano asume el papel del detective aventurero, lo hace con el desparpajo de un protagonista literario convirtiéndose asimismo en otra parodia, lo cual queda advertido por Marlowe: "—Téngame la pistola, Marlowe, voy a anotarlo. —No exagere. ¿Se cree Sam Spade?" (74). Bajo la influencia de Marlowe, Soriano-personaje descubre —igual que el narrador en *De paso*— sorprendentes paralelos entre la tarea del escritor y la de un detective, lo cual le otorga a la novela un leve toque metaliterario:

—Estuve unos años recorriendo archivos; leí notas, libros, y de vez en cuando me puse a pensar cómo encajaba una cosa con otra.
—Tal vez usted sea un mal investigador, o haya seguido pistas falsas. No tengo la seguridad de que un tipo que no conozco, que habla el inglés de Harpo Marx, tenga información seria. (58)

Si *Triste, solitario y final* es en realidad —como quiere Carlos Roberto Morán— "la sexta novela de Chandler," sin duda alguna es también "triste y final." Mientras que en las novelas de Chandler, Marlowe —aunque al margen del sistema— mantenía su postura romántico-moralista y siempre terminaba solucionando los casos y reinstaurando el "orden," en la reescritura de Soriano ni siquiera se le concede este privilegio.[43] Pero al negarle al lector un desenlace esperado, Soriano cumple con su propósito de desgajar al receptor del ámbito formulaico y desplazarlo hacia el nivel más complejo de la literariedad. En esta nostálgica historia de aquellos seres que tanto le habían fascinado en sus relatos periodísticos de "artistas, locos y criminales," Soriano demuestra el mismo interés por el lado periférico de la historiografía oficial que hemos visto tanto en las novelas analizadas en el capítulo 2 como en la obra de Taibo. Utilizando el esquema de la novela de misterio, Soriano llega a convencernos de que lo más interesante del tradicional código hermenéutico es el eterno misterio del ser humano. Hacia el final, Marlowe, vencido por los eventos, dirá a Soriano: "Durante los días que estuvimos juntos me pregunté quién es usted, qué busca aquí. —¿Lo averiguó? —No, pero me gustaría saberlo" (187).

Si tomamos en cuenta la relativa fidelidad a la fórmula policial en las novelas comentadas puede parecer curioso que el gesto formal de la parodia revista en ellas tanta variedad de recursos: exageración grotesca y burlona, autoironía, alusión intertextual, elucidación metatextual, confusión entre lo real y lo imaginario, inversión de los principios estructurales del modelo (la figura del detective, el desenlace). La artificiosa estructura narrativa (cambios de planes narrativos y puntos de vista, mímesis formal de diferentes formas discursivas) llega a trastocar la clásica secuencia de exposición-complicación-resolución propia de las novelas policiales, aunque no desemboca nunca en el hermetismo formal de las novelas del boom.

La susceptibilidad de la literatura policial a la transformación dentro de los límites de la fórmula ha garantizado su sobrevivencia en diferentes épocas y culturas —desde Poe y Arthur Conan Doyle, a través de Hammett, Chandler y Ian Fleming hasta la novela de contraespionaje cubana— y, por otro lado, ha permitido su constante perfeccionamiento formal. Debido al creciente eclecticismo y la impureza genérica de las formas narrativas modernas, nos parece que la ambigua distinción entre la narrativa "popular" y su variante "literaria" no puede basarse en el criterio de elaboración formal o estilística, sino debe abordarse a través de la estética de la recepción. Si evocamos a la sazón las opiniones de Cawelti y Navarro, llegaremos a la conclusión de que la función primordial de la narrativa popular de fórmulas consiste en suministrar el entretenimiento escapista y reafirmar las expectativas del lector. En el caso de la fórmula policial esta reafirmación se cumple a través del desenlace que asegura la restitución del orden social alterado por el delito. En las novelas que acabamos de analizar —antipoliciales, según quieren algunos críticos— el interés del lector se centra en la perversión/inversión del esquema generalmente conocido. El objetivo de tal defamiliarización consiste en ampliar la experiencia estética y cognoscitiva del lector.

La transformación de la "subliteratura" policial en la "alta literatura" representa tan sólo una faceta de un fenómeno más amplio de la evolución literaria que envuelve el cambio del concepto del canon literario. En los últimos años esta transformación de la noción de literariedad se ha visto reflejada en el vocabulario crítico que procura captar el contagio mutuo entre formas expresivas más dispares y la subsiguiente anulación de deslindes entre géneros literarios. Así pues, los críticos han recurrido a términos sugerentes de la hibridez genérica (la novela documental, la novela-ensayo, *Faction*) o han intentado captar el proceso de la disolución del canon con términos como "mímesis formal" (Głowiński), "cambio de noción de la literatura" (Rincón), "sátira menipea" o "anatomía" (MacAdam, Nelson) o "silva rerum" (Nycz).

Hemos visto en los capítulos precedentes cómo el enfrentamiento crítico a las formas consagradas por el boom ha producido a mediados de los setenta una serie de parodias "con venganza" marcando asimismo el agotamiento del canon mágico-realista. Pero las propuestas de Alvarez Gardeazábal o Aguilera Garramuño constituían una respuesta hispanoamericana a un fenómeno por excelencia local (el boom, el realismo mágico) y no lograron trascender el marco regional que implícitamente criticaban. A su vez, la transgresión paródica de los modelos de la cultura popular en la narrativa de Ibargüengoitia, Giardinelli, Soriano o Taibo permite desenmascarar los mecanismos de la cultura masiva en el contexto de la "aldea global."

Si al compleja red de vínculos con la cultura mundial convierte a los latinoamericanos —según la expresión de Paz— en "contemporáneos de todos los hombres," el momento de la adopción de la fórmula policial por numerosos escritores hispanoamericanos puede interpretarse también en términos de la *postmodernidad*. Sin recurrir explícitamente a esta noción, Lafforgue se refiere a muchas características postmodernas cuando explica que el auge de la narrativa policial argentina se debe a la actitud de nostalgia y a la crisis estética que remite al redescubrimiento de formas antes marginadas. Por otro lado, continúa Lafforgue, la percepción de la narrativa "dura" como síntoma de la descomposición del mundo capitalista justifica la adopción de esta fórmula por los escritores hispanoamericanos "comprometidos."[44] Es importante agregar que los narradores jóvenes son también discípulos de Borges, quien persiguió en la novela policial "un modo de defender el orden, de buscar formas clásicas, de valorizar la forma"[45] y terminó por adoptar frente a este clásico modelo de lógica y raciocinio una actitud *postmoderna* de escepticismo, burla y subversión.

En un ensayo dedicado a la relación entre la fórmula detectivesca y la literatura del *Modernism* y *Postmodernism* angloamericano, Holquist demuestra que el auge del *Modernism* en los años 1920-30 coincide con la

La fórmula policial

edad dorada de la fórmula detectivesca. En otras palabras, la literatura vanguardista que dramatiza los límites de la razón y experimenta con tales modos irracionales como el mito y el subconsciente coexiste con una literatura diametralmente opuesta que problematiza el poder de la razón en la figura del detective. En consecuencia, la literatura antipsicológica y antimítica que llegó a predominar después de la segunda guerra mundial *(Postmodernism)* desafiaba a la estética precedente recurriendo precisamente a la novela detectivesca en cuanto símbolo de todo lo que en la época anterior había sido desvirtuado: "*Postmodernism* explora la narrativa detectivesca expandiendo y cambiando algunas de sus posibilidades intrínsecas, de la misma manera que *Modernism* había modificado la potencialidad del mito."[46]

Otra vez, sin forzar las analogías entre el *Postmodernism* y la novísima novela hispanoamericana, podemos concluir que frente al agotamiento de las posibilidades del realismo mágico y de la escritura hermética en la narrativa hispanoamericana del setenta —según hemos visto en los capítulos 3 y 4—, la parodia de fórmulas literarias aflora como una de las posibilidades de experimentación y contestación que quedan por ser exploradas. Es importante notar también cómo la integración del "continente mestizo" al mercado internacional del libro y la universalización de las letras de Hispanoamérica la hace participar más que nunca en estas tendencias evolutivas de la literatura mundial.

Aunque el peculiar entrelazamiento de la fórmula policial con la parodia queda todavía por ser explorado, parece existir un consenso crítico sobre el carácter positivo de la misma en la evolución del género detectivesco. En uno de los escasos estudios enfocados precisamente sobre este tema, Lizabeth Paravisini y Carlos Yorio llegan a unas conclusiones que bien pueden servir para cerrar el presente capítulo:

> La parodia ha sido una de las estrageias principales utilizadas por los escritores en la renovación de la ficción detectivesca; en otras palabras, la parodia ha llevado al desarrollo del género; asimismo, la parodia ha traído el humor a lo que había sido en sus orígenes un género predominantemente ahumorístico; y, finalmente, la parodia ha sido incorporada al género de tal manera que frecuentemente no queda reconocida como parodia.[47]

6
La escritura femenina:
una contra-corriente paródica

6.1. PARODIA COMO SUBVERSION: EN TORNO AL DISCURSO FEMENINO EN LA NUEVA NOVELA HISPANOAMERICANA

El auge de la narrativa femenina hispanoamericana en los últimos años —acompañado por el amplio escrutinio crítico— ha facilitado una reivindicación de escritoras ignoradas u olvidadas durante siglos, a la vez que ha permitido poner de relieve parámetros distintivos del discurso femenino. Si bien en el último decenio la escritura femenina ha ido evolucionando hacia el canon, eso no ha implicado ni la neutralización de sus características subversivas, contestatarias, ni el abandono de su particular óptica desde la periferia. En palabras de Kristeva:

> La mujer es una disidente perpetua con respecto al consenso social y político; es exiliada de la esfera del poder y por ello es siempre singular, dividida, diabólica, una bruja.... La mujer está aquí para agitar, trastornar, desinflar los valores masculinos, y no para abrazarlos. Su papel consiste en mantener las diferencias apuntando hacia ellas, dándoles vida y poniéndolas en juego.[1]

Se puede afirmar —sin correr el riesgo de exageración o distorsión— que hasta hace poco el discurso femenino hispanoamericano, particularmente en la narrativa, ha sido tratado como periférico con respecto a la literatura escrita por los hombres. En este sentido la visión del desarrollo de la escritura femenina en términos de subcultura literaria —propuesta por Elaine Showalter para la literatura inglesa— nos parece acertada también en el contexto hispanoamericano. Showalter distingue tres fases en la evolución de este tipo de praxis literaria: una prolongada fase de imitación y absorción de la tradición dominante, una etapa de protesta y vindicación de derechos minoritarios y, finalmente, un período de autodescubrimiento y búsqueda de identidad propia. Aplicado a la escritura de mujeres, el esquema corresponde a la literatura femenina, feminista y "propiamente femenina" *(female)*.[2]

Ya en la introducción se ha dicho que cada sistema literario es dinámico y abarca elementos heterogéneos o hasta contradictorios, tendencias anacrónicas al lado de las innovadoras. Siguiendo esta idea podemos dar por sentado —en vez de clasificar con una de las tres etiquetas la actual producción literaria femenina en Hispanoamérica— que tanto las tendencias femeninas cuanto feministas y "propiamente femeninas" están presentes en el cuadro actual de las letras hispanoamericanas. Lo que sí merece destacarse es la intensificación —sobre todo a partir de mediados del setenta— de la producción narrativa feminista y propiamente femenina. Desde posiciones estéticas e ideológicas muy diversas las escritoras de la promoción más reciente —Allende, Fanny Buitrago, Albalucía Angel, Rosario Ferré, Cristina Peri Rossi, Valenzuela, entre otras— tratan de sustituir el discurso anteriormente *usurpado* y *manipulado* por los hombres con la expresividad *auténtica* de la mujer hispanoamericana.

Es significativo que el auge creativo de la escritura femenina hispanoamericana se haya producido a raíz del boom narrativo —epítome de lo que acabamos de denominar discurso usurpado—, en el momento entre el apogeo y la extinción del mismo. Para los objetivos de nuestro trabajo será pertinente anotar aquí una observación de Bouché, quien considera los momentos de apogeo/declinación de un género o un movimiento artístico como excepcionalmente propicios para el florecimiento de la parodia.[3]

Volvemos a recalcar que las novelas que encuadran en lo que suele denominarse la literatura femenina —en cuanto escrita por mujeres— son muy diversas, tanto desde el punto de vista de su poética como con respecto a su ideología. A lo largo del presente estudio hemos tratado de demostrar que no es posible aplicar a los textos concretos las generalizaciones referentes a un género, una corriente o una promoción literaria, pero tampoco hemos podido prescindir del todo de etiquetas o clasificaciones inexorablemente generalizadoras. Tal disyuntiva entre el reconocimiento de la especificidad de una obra y el anhelo de sintetizar, entre un marco metodológico adoptado y las posibles claves interpretativas impuestas por un texto concierne, por cierto, también a la escritura femenina hispanoamericana. Concluye al respecto Marcelo Coddou:

La escritura femenina

Problemas básicos que se suelen enfrentar cuando se emprende el análisis de obras escritas por mujeres son, entre otros, los de una supuesta existencia de un discurso femenino, las posibilidades de una teoría literaria que les sea aplicable —lo que conlleva la discusión del tema sexo y literatura— y el de la especificidad de métodos críticos de aproximación textual.[4]

Por su parte, Showalter advierte contra la tendencia de englobar la literatura escrita por mujeres y contra el desplazamiento de la discusión de obras concretas al ámbito abstracto de lo femenino:

Mujeres-escritoras no deben estudiarse como un grupo diferente a partir de la suposición de que todas escriben de manera similar o inclusive ostentan características estilísticas propiamente femeninas. Pero las mujeres sí tienen una historia propia susceptible a un análisis que debe incluir consideraciones tan complejas como la economía, la relación de la mujer al mercado, los efectos de cambios socio-políticos sobre la condición de mujer como individuo, así como las implicaciones del estereotipo de mujer-escritora y las limitaciones impuestas a su autonomía artística.[5]

Sin olvidar estas advertencias, analizaremos cuatro novelas que representan tan sólo cuatro facetas de una literatura que está ahora en Hispanoamérica en vigoroso desarrollo. Es importante señalar que algunas de las obras estudiadas han hecho exitosas incursiones en el ámbito antes dominado exclusivamente por los escritores: *La casa de los espíritus* de Allende ha sido aclamada por la crítica y ha superado las fronteras del mundo hispánico gracias a su excelente acogida en traducciones a varios idiomas. *Como en la guerra* de Valenzuela ha recibido —junto al resto de su obra narrativa— reconocimiento en los Estados Unidos. *Hagiografía de Narcisa la Bella* de Robles y *Lumpérica* de Eltit —por ser primeras novelas de autoras prácticamente desconocidas— están esperando todavía su "hora del lector" y el reconocimiento crítico que merecen.[6]

Todas estas novelas —sin ser necesariamente feministas o "propiamente femeninas"— son *fémino-céntricas*, por lo cual representan una ruptura ideológica sin precedentes con el discurso dominante de las letras hispanoamericanas: masculino, patriarcal, machista, burgués. A la luz de nuestras consideraciones sobre los modos operacionales y el significado ideológico de la parodia es factible suponer que la potencialidad subversiva de la misma la convierte en un recurso idóneo para cumplir con los objetivos del discurso femenino. En los últimos años estos propósitos subversivos pueden leerse entre renglones de la gran parte de poemas, cuentos y novelas de autoras hispanoamericanas; pero a veces se formulan de manera más explícita —como en los ensayos de Ferré, *Sitio a Eros*—, o provocativa, como en las obras de Peri Rossi, Valenzuela o Eltit. En este amplio espacio textual entre la ambigüedad irónica y la desambiguación satírica la parodia cumple un papel esencial.

En todo caso, se puede afirmar que las escritoras hispanoamericanas abogan por la reivindicación de la voz y de la identidad femenina, por la reescritura de su imagen fijada en el pasado y, en última instancia, por la deconstrucción del discurso patriarcal. En este sentido la praxis de la escritura femenina hispanoamericana confirma la naturaleza esencialmente polémica de esta literatura:

> La escritura femenina es dialogal: existe en el seno de la herencia cultural, social y política de fuerzas hegemónicas y no hegemónicas. Asimismo, tiene que tomar en cuenta tanto la influencia de valores y formas patriarcales del pasado como de mensajes suprimidos de sus precursoras femeninas.[7]

Dada la actitud revisionista de la escritura femenina, es ineludible su intervención crítica, y por lo tanto paródica, en el "paisaje textual" preexistente. El problema ha merecido comentarios de varias estudiosas feministas: Donna Przybylowicz, Sandra M. Gilbert y Susan Gubar están de acuerdo en que la mujer imita a los sistemas expresivos masculinos, pero sin dejarse reducir a ellos. Al contrario, la mujer descontextualiza la práctica discursiva masculina, sea por medio de una repetición juguetona, sea a través de una desautomatización (en el sentido otorgado al término por los formalistas rusos). Ambos procedimientos le permiten a la mujer utilizar el discurso con el objetivo subversivo de "revelar la naturaleza de su propia explotación y supresión."[8] En su libro sobre la escritura femenina inglesa del siglo pasado, Gilbert y Gubar emplean palabras como "palimpsesto" y "parodia" sin titubeos: "Paródica, ambigua, extraordinaria y sofisticada, la escritura de todas estas mujeres es tanto revisionista cuanto revolucionaria, aún cuando está producida por autoras que suelen considerarse figuras ejemplares de resignación angelical."[9]

La escritura femenina

Inclusive una ligera alteración del discurso original por medio de la parodia puede producir un cambio semántico significativo. En la escritura femenina el desafío deriva del mero cambio del sujeto hablante. Deguy señala que siempre nos inclinamos a percibir como burla la imitación de nuestras propias palabras por el otro. Así pues, sigue el crítico, cuando la hija imita el estilo de su padre, provoca la cólera de éste, porque el cambio del sujeto hablante (padre-hija) produce una permutación de lo ya dicho y crea un efecto paródico y desmitificador.[10]

Con respecto a la parodia hemos citado el juicio de Bajtin de que la inherente proclividad del género novelístico hacia el empleo de la misma no implica que todas las novelas sean paródicas. Podemos seguir la misma línea de pensamiento y afirmar que no toda novela femenina será paródica por el mero hecho de ser escrita por mujer. No obstante, consideramos la *potencialidad* paródica de la escritura femenina como uno de los rasgos más sobresalientes de la misma.

Las cuatro novelas aquí analizadas adelantan ya desde sus títulos su tono subversivo y/o su conciencia dialogal: *Cambio de armas* y *Lumpérica* llaman la atención sobre su significado combativo y marginal, respectivamente, mientras que *Hagiografía de Narcisa la Bella* forja su provocación a partir de la hipérbole y la ironía intertextual. *La casa de los espíritus* se autoanuncia de manera menos beligerante, pero de ningún modo puede considerarse como título intertextualmente neutral. *La casa de los espíritus* invoca un amplio *corpus* de pre-textos: la narrativa gótica, el modelo de la saga familiar, la corriente fantástica y, vagamente, a los "demonios" del realismo mágico.

Habíamos visto con anterioridad que el referente paródico puede ser constituído por un solo texto de un solo autor (como era el caso del poema de Martí "Los zapaticos de rosa" parodiado en *Tres tristes tigres*), pero con más frecuencia está formado por un conjunto de textos de un autor (parodias de Lezama Lima y Carpentier en las novelas de Cabrera Infante y Arenas) o por una corriente literaria (el ciclo narrativo de la Revolución Mexicana en *Los relámpagos de agosto*). No obstante, la mayoría de las novelas estudiadas han partido de pre-textos más amplios, que abarcan una tradición de un género concreto (novela realista, novela histórica, novela de caballerías, novela del boom, narrativa policial) o bien un mosaico tan heterogéneo de referencias que un escrutinio completo de la "biblioteca mental" del autor sería imposible *(Cuadernos de gofa).*[11]

El proyecto reivindicador-subversivo de la escritura femenina en cuanto enfrentamiento polémico al discurso masculino la sitúa en esta última categoría de parodias y presupone un diálogo crítico con el vastísimo *corpus* del "discurso usurpado." El riesgo de la disolución del referente paródico en este "espacio de consumación"[12] textual es, por lo tanto, mucho más serio que en obras basadas en un solo pre-texto y, en consecuencia, puede causar problemas de descodificación. Recalquemos otra vez que la competencia del lector es fundamental para la percepción del texto paródico:

> De la misma manera que la ironía, la parodia desaloja al lector de una posición de confianza con respecto al texto sugiriendo dos registros de descodificación: el lector tiene que descifrar el texto a la luz de otro texto subyacente, recurriendo en esta tarea a su competencia intertextual.[13]

Acabamos de poner de relieve —siguiendo a las críticas feministas francesas y anglosajonas— que la especificidad de la escritura femenina consiste en su actitud ambivalente con respecto a la tradición: una actitud esencialmente paródica que tiene que abrazar los valores del discurso patriarcal para luego subvertirlos. Podemos dar por sentado, pues, que las novelas femeninas tendrán que escoger con esmero particular indicios retóricos para mantener su forma de palimpsesto, o sea un texto que retiene *con diferencia crítica* la memoria de sus antecedentes puesto que solamente de esta manera se puede llamar la atención del lector hacia la parodicidad del discurso e indicarle un código de lectura apropiado.

6.2. *HAGIOGRAFIA DE NARCISA LA BELLA*: PARODIA SATIRICA COMO (AUTO)DESTRUCCION GROTESCA

En una aproximación perspicaz a la novela vanguardista, Francine Masiello sostiene que una de las rupturas estéticas e ideológicas más importantes de esta etapa consistía en la búsqueda de nuevos derroteros estéticos por parte de las escritoras hispanoamericanas. Como resultado de estas pesquisas, continúa Masiello, la mujer hispanoamericana se volvió sujeto activo de un discurso propio. La experimentación formal de narradoras como María Luisa Bombal o Teresa de la Parra llevó a una ampliación de las posibilidades expresivas de la narrativa y contribuyó a la superación del canon mimético.[14] Citamos este comentario no solamente porque la narrativa vanguardista femenina en Hispanoamérica es todavía una de las zonas descuidadas por la crítica, sino también porque el artículo de Masiello nos ayuda a cumplir con una de las premisas de nuestro ensayo: demostrar que la obra literaria nunca se produce en aislamiento. Al ubicar las novelas femeninas más recientes en un marco histórico-literario de la vanguardia, podemos ver cómo las escritoras contemporáneas llevan a sus últimas consecuencias los conceptos sembrados por sus precursoras cincuenta años atrás. Al mismo tiempo percibimos con más claridad la idea de Kristeva de que la escritura femenina se corresponde con los mecanismos de ruptura y subversión propios del movimiento vanguardista como tal.

La primera novela que nos ocupa aquí —*Hagiografía de Narcisa la Bella* de Robles[15]— fue publicada en 1985, o sea más de un medio siglo después de los experimentos narrativos de la vanguardia. Para nuestro análisis es también pertinente apuntar que la novela apareció en la época de la novísima narrativa, o sea en el período que se distingue tanto por la apropiación de los logros formales de la escritura más espectacular del sesenta como por la superación crítica de algunos rasgos de la misma. *Hagiografía* pertenece, pues, a este momento peculiar en la evolución de la novela hispanoamericana cuando los impulsos contradictorios de la tradición y la traición quedan catalizados por la pujante promoción de "los novísimos."

Desde la óptica de su tiempo y su espacio (el exilio estadounidense), la escritora cubana nos presenta un texto cuya falta de reverencia por la tradición se debe tanto a la postura contestataria de los "novísimos" como al uso de una lente propiamente femenina y —cabe suponer— a la experiencia con los movimientos feministas en los Estados Unidos. A manera de un palimpsesto la novela deja transparentar varios pre-textos. Un poco menos borrosas que otras aparecen —con una diferencia crítica debida a la descontextualización— tres influencias: Robles combina el anhelo de sus predecesoras vanguardistas de instaurar un sujeto femenino y construir una novela verdaderamente fémino-céntrica (Hagiografía-Narcisa-Bella) con la tradición hagiográfica y con ecos dispersos, pero fácilmente reconocibles, del fantástico universo macondino (Remedios la Bella, el motivo de levitación, el aire mágico-realista).

Aunque la presencia de estos pre-textos —*conditio sine qua non* de la parodia— no se da en la más explícita de las formas (faltan elementos metadiscursivos como citas, notas al pie de página, advertencias autoriales), Robles recurre a otros indicios retóricos que señalan un deliberado préstamo intertextual y, en consecuencia, insinúan al lector una lectura en clave paródica. La apertura de la novela anticipa una biografía excepcional de una santa o una salvadora de la humanidad. No obstante, ya en las primeras palabras del libro la anacrónica fórmula de la hagiografía va a reactualizarse —recuperar su calidad de *le scriptible*— a la luz de las circunstancias geográficas y sociales muy concretas: "Narcisa nació en pañales en un rincón de la Ciénaga de Zapata ... sabía que ella había venido al mundo para redimir las faltas de los demás" (1).

Lo que la novela retiene de las hagiografías tradicionales es el camino de sufrimiento de la protagonista, su *via crucis*. Pero su sacrificio final no solamente es grotescamente cruel, sino evidentemente inútil, en vez de redentor. En lugar de desenvolverse en un mundo superior al nuestro —según sugiere el título y la anticipación en la apertura—, *Hagiografía* desciende hacia las esferas demoníacas de la sátira. Tal procedimiento de inversión es, pues, esencialmente paródico y sigue sin titubeos la línea del desafío de las expectativas del lector, tal como lo describe Rose: "Al evocar ciertas expectativas de un público solamente para 'decepcionar' o chocar al lector con otro tipo de texto, la parodia le permite al autor atacar las presuposiciones del lector con respecto a obras mimético-referenciales."[16]

La técnica esencial de la novela consiste en la inversión paródica de todos los atributos deseados por la protagonista: su calidad de Sujeto, su "santidad" y capacidad de hacer milagros y, finalmente, su "belleza" en cuanto epítome de la femenidad. Otro recurso defamiliarizador y antimimético de la novela es la falta del orden secuencial y el empleo de lo fantástico. Los incidentes sobrenaturales distribuídos estratégicamente por el texto —sueños, levitaciones de Narcisa, su viaje en el tiempo hasta el año 2000— cumplen una función satírica: permiten resaltar los vicios del mundo real puesto que crean una escisión entre lo familiar y lo extraño y así afectan (defamiliarizan) la óptica habitual del lector. Recordemos que según Hernán Vidal, "la sátira se caracteriza por proponer una perspectiva marginal, excéntrica, para el conocimiento de la realidad degradada."[17]

La realidad degradada está trazada en la novela con precisión realista: se trata de la sociedad cubana en el período pre-revolucionario (los años 1940-50). Son los valores —o más bien sinvalores— de esta sociedad machista, pequeñoburguesa, provinciana, los que determinan la reducción de Narcisa a la categoría de un objeto (su "cosificación") y producen una anulación de su identidad hasta convertirla en un fantoche grotesco. En numerosas ocasiones la novela lleva adelante un programa de vituperación satírica cuyo blanco es el machismo en cuanto culto de una virilidad violenta y deshumanizada. Tanto la preponderancia de instantes satíricos como su intensidad parecen apuntar hacia una clasificación de la novela como sátira paródica. Citemos un fragmento que —a través de una descripción del acto sexual como parodia del acto de amor— ofrece una curiosa incursión en la mentalidad machista de don Pascual, el progenitor de Narcisa y el arquetípico *pater familias*:

> había soñado con un hijo que llevara en pulgadas rectas y redondas, generosos pedazos de carne utilizables como símbolo de hombría; pulgadas rectas que en trámite apurado de probar hombrías, golpearían los túneles hundidos en cuerpos sin rostro, porque el rostro poco importaba. (4)

El machismo exagerado hasta los límites de lo grotesco es el signo más sobresaliente del referente cultural al cual hace frente el texto. La niña Narcisa ya a partir del momento de su concepción oye las amenazas de su padre dirigidas a su esposa encinta: "mira, Flora, mi hija, eso que tú tienes ahí en la placenta procura que sea un macho, porque, si es hembra, no quiero ni verla" (2). Pero la cuestión va más allá del concepto biológico del sexo. De ahí el rechazo del hijo varón que tiene inclinaciones homosexuales: "ya con Manengo me fallaste, es un blando, Flora, es un blando" (3). Por cierto, Manengo tiene la ventaja de ser varón y don Pascual no pierde esperanzas de "enderezarlo."

En el cuadro degradado de la existencia pequeñoburguesa se destacan —por su naturaleza exacerbada y violenta— las imágenes del acto sexual visto como su propia parodia mecanizada, la cosificación de la mujer y la reducción del hombre a su dimensión puramente fisiológica. En contraste con muchas novelas femeninas y feministas, la obra de Robles no es solamente una acusación del mundo masculino, sino también una denuncia de la incapacidad de las mismas mujeres de desarticular la ideología patriarcal y la tiranía de los hombres. Las incursiones que la novela hace en la mentalidad sumisa de las mujeres se concentran en la de la madre de Narcisa, doña Flora, que activamente contribuye a perpetuar el orden patriarcal. Es una esfigie ejemplar de mujer pasiva: de noche sometida a los ritos masculinos y de día confinada a los quehaceres domésticos. Tan sólo el mundo de radionovelas —epítome del discurso de *romance*— le ayuda a sustraerse de la monotonía cotidiana y de las noches colmadas de asco. Igual que la protagonista titular de una de las radionovelas, doña Flora es una "maltratada sin perdón," pero su existencia se encuentra en el polo diametralmente opuesto al mundo idealizado de *romance*, nada más es una dolorosa parodia satírica del mismo. El único instante cuando a doña Flora se le otorga el "derecho" a decidir —escoger el nombre de su hija— la deja completamente perpleja: "después de todo, si ella tenía la potestad de escoger y no escogía ¿qué derecho tenía a que le dieran estas oportunidades?" (12).

Recalquemos, pues, que *Hagiografía* codifica con gran eficacia sus propósitos satíricos (desmitificación de la ideología burguesa y machista), pero no se propone brindar una contrapropuesta positiva en forma de la ideología feminista. El texto convierte en parodia la tradición patriarcal, pero a la vez se cuestiona a sí mismo. La ideología de la novela es, en realidad, la de un escepticismo desolador. No se trata solamente de un escepticismo con respecto a los valores de una sociedad concreta, sino también a nivel intratextual, puesto que la protagonista no logra superar su marginalidad ni afirmar su identidad por medio de un lenguaje propio. El texto se repliega sobre sí mismo en una actitud de autocuestionamiento cuando los desesperados intentos de Narcisa de encontrar una expresión propia terminan en un rechazo. La niña —ansiosa de ser aceptada por la familia y la sociedad, de deshacerse de su otredad— aprende a disimular su diferencia a través de la *imitación* vulgar de modos de expresión consagrados. Esta imitación no le llevará a trascender su situación de una "loca en el altillo," pero al menos le ofrecerá paliativos temporales para su situación marginada. Dicho de otro modo, Narcisa aprende a acatar las reglas y normas de la sociedad en vez de desafiarlas.

La mentira, el oportunismo y la falsedad se convierten en las armas más eficaces de Narcisa en la construcción de su lenguaje que —por su hiperbolismo, repetición mecanizada y/o tónica panegírica— se vuelve pastiche, una parodia vaciada de sentido, como en el curioso discurso forjado por Narcisa en homenaje a su familia: "mamá, el ama de casa tan dedicada, tan generosa, papá, el ser supremo con el que hay que contar para todo; Manengo, tan inteligente y tan genial" (41). El uso automatizado de lo que ya de por sí es cliché y lugar común refuerza el tono involuntariamente paródico de Narcisa: "abrió la mano y la cerró en puño varias veces mientras repetía: mamá linda, papá bueno, mamá linda, papá bueno...observó a sus padres y vio que lentamente desaparecía en ellos la ajenidad que hasta ahora le habían mostrado" (46). En su gesto halagador y conformista frente a la autoridad paterna Narcisa imita el ademán simbólico de subyugación al poder político. En otra ocasión —al escribir una tarea escolar— Narcisa emplea metáforas, imágenes audaces y referencias eruditas para confeccionar un retrato panegírico de su familia pequeñoburguesa. El comentario de la maestra con respecto a este lenguaje prestado es devastador: "Narcisa, no te pedí que escribieras una hagiografía, sino una simple composición" (94).

La repetición de la palabra del otro —pero sin diferencia crítica, sin distanciamiento irónico— reduce el verbo a un pastiche estéril, convierte el discurso en autoparodia. Aunque la parodia en la *Hagiografía* está subordinada al modo satírico, no se puede pasar por alto la dimensión metaliteraria del texto. Todas las referencias al *lenguaje* de Narcisa —en cuanto imitación involuntariamente paródica del discurso ajeno— ineludiblemente apuntan hacia el aspecto auto-reflexivo de la novela.

Si bien el pre-texto del discurso de Narcisa está constituído por modelos no-literarios (clichés del habla cotidiana, oratoria política), las intertextualidades de la novela abarcan también un diálogo con discursos literarios (literatura hagiográfica, lo fantástico, la tradición satírica). Por otro lado, las mujeres retratadas por Robles son todavía incapaces de desafiar y desarticular la ideología dominante, lo cual podría ser considerado como un planteamiento polémico no solamente con respecto a las novelas hispanoamericanas feministas más recientes, sino también en relación a aquellas obras de la vanguardia que, según Masiello, habían logrado instaurar la imagen de la mujer en cuanto Sujeto.

Otro pre-texto visible de la *Hagiografía* está constituído por *Cien años de soledad*: la trayectoria de Narcisa la Bella es en realidad una levitación no sometida a las leyes de la lógica o cronología. Hay también referencias explícitas al realismo mágico (la película del hermano de Narcisa, Manengo, se subtitula "realismo mágico a cinco voces"). Pero Narcisa representa una inversión esperpéntica de Remedios la Bella, a la vez que las trayectorias de las dos mujeres parecen tomar cursos diversos: en lugar de ascender al cielo Narcisa está sacrificada por su familia en un rito grotesco y sangriento. Dicho sea de paso, el tratamiento paródico de la protagonista de García Márquez parece haberse convertido en una especie de exorcismo para las escritoras hispanoamericanas. Según han observado ya los críticos, también en *La casa de los espíritus* el cuerpo de la protagonista Rosa la Bella sufre la violencia de una autopsia horrible.[18]

6.3. *LA CASA DE LOS ESPIRITUS*: PARODIA COMO REESCRITURA SIN VENGANZA

Si bien los paralelos textuales entre *Cien años de soledad* de García Márquez y *La casa de los espíritus* (1982)[19] de Allende justifican enfoques comparativos, la clasificación de la novela chilena como epítome del postboom es una analogía que se debe más bien a la urgencia de poner etiquetas que a un estudio profundo. La evolución del fenómeno estético-editorial de la novísima novela hispanoamericana ha impulsado a los críticos a acuñar definiciones y términos de este tipo con el objetivo de diferenciar la escritura de la década del ochenta de sus antecedentes más inmediatos. El afianzamiento del discurso femenino es, por cierto, uno de los rasgos más distintivos de esta etapa postmacondiana que —como cualquier ocaso de un movimiento estético— se caracteriza por la intensificación de impulsos conflictivos de rechazo y atracción, de marginalización y canonización, de tradición y traición.

El aire mágico-realista de *La casa de los espíritus* ha predeterminado su interpretación intertextual y su ubicación en el espacio dialogal (post-boom versus boom) en cuanto imitación/inversión de *Cien años de soledad*. Como ya se ha recalcado, la apreciación de la presencia de un pre-texto constituye tan sólo el primer paso hacia el estudio de la parodia. Lo que nos ocupa en esta ocasión es el escrutinio de las estrategias específicas empleadas por Allende en su tarea, la cual no es solamente de incorporación, sino ante todo de transformación/transgresión de *Cien años de soledad*. El sugerente modelo de Antonio Gómez Moriana —basado en conceptos jakobsonianos— va a servir como un punto de partida para nuestro análisis. El crítico recomienda la siguiente actitud hacia la intertextualidad:

> No se trata de buscar nuevas fuentes en el sentido tradicional, sino de estudiar esa confluencia de elementos que permite cualquier producción textual y la define como redistribución o re-elaboración de materiales preexistentes —eje de selección— y como fiel reproducción, modificación o (ab)uso de prácticas discursivas vigentes en el ámbito de tal producción —eje de combinación.[20]

Igual que la novela colombiana, *La casa de los espíritus* es una summa de varios discursos: es autobiografía y novela histórica, ficción y testimonio, narración fantástica y relato terriblemente real. Dicho de otro modo, es una novela que en su eje de combinación recurre a muchas de las numerosas posibilidades del género novelístico, siempre abierto, protéico, en trance de reformular sus propios principios constitutivos (eje de selección). Allende aprovecha la inherente proclividad del género hacia la parodia no para desviarse de los modelos —inexorablemente masculinos— con hostilidad, "con venganza," sino para domesticarlos desde una perspectiva fémino-céntrica. Al elaborar "con crítica diferencia" una obra de gran valor estético, *La casa de los espíritus* no pretende destruir el original ni eclipsarlo. En otras palabras, la novela chilena no se inscribe en la misma veta burlona que había iniciado Cervantes con su parodia destructora de las novelas de caballería. Si Allende de hecho deconstruye el discurso de García Márquez, no lo hace desde posiciones post-estructuralistas ni tampoco feministas. Según el certero juicio de Coddou, *La casa de los espíritus* no pretende romper el contrato mimético.[21] Más aún, agreguemos, la novela mantiene lisa y llanamente el valor referencial del signo y la función del sujeto como organizador de todo significado textual. El Sujeto —en cuanto fundamento del orden tradicional, masculino— en vez de desintegrarse y desplazarse, aparece re-instaurado en la novela revestido en el ostentoso fémino-centrismo, en la óptica femenina de la narradora y en las figuras de las protagonistas: Nívea, Clara, Blanca y Alba.

Con respecto a la novela de García Márquez el cambio del Sujeto es tan evidente que —según ya habíamos notado, siguiendo a Deguy— garantiza la descontextualización de la palabra heredada y su matización paródica, subversiva. Si entendemos la parodia como un recurso que vacila "entre una satírica desjerarquización del otro y una inquisición auto-reflexiva,"[22] *La casa de los espíritus* se situaría probablemente en el espacio gris entre los dos extremos. Aunque menos exacerbada en su virulencia satírica que *Hagiografía* y no tan abiertamente auto-reflexiva como aquélla, la novela de Allende también aprovecha la parodia con el fin de separar "las costuras del discurso para admitir múltiples voces que surgen compitiendo entre sí." Gracias a la instauración del Sujeto femenino, esta versión del realismo mágico —en contraste a su contraparte "masculina"— se vuelve esencialmente dialogal, "agranda el espacio de la narrativa y expande una visión monocular."[23]

Por cierto, una parte de la crítica feminista preferiría encontrar en la novela de Allende un discurso monológico femenino. Pero *La casa de los*

154   La parodia en la nueva novela

espíritus consigue, a nuestro modo de ver, un objetivo mucho más constructivo, que —en palabras de Angélica Gorodischer— se perfila de la manera siguiente:

> Lo ideal y lo necesario sería no la combinación o la mezcla, sino la interacción de ambos lenguajes, el masculino de poder, de acción personalizada, y el femenino mítico, de exilio y marginalidad.... Aquí hay que tener cuidado de no caer en el sexismo ... con lo cual tenemos la misma situación contra la que nos debatimos, sólo que con el signo contrario.[24]

La novela nos brinda una exploración sutil, pero a la vez poderosa, de la reescritura en cuanto fenómeno cambiable e históricamente determinado. Al enfrentarse de manera polémica y desafiante al discurso canonizado de *Cien años de soledad* —exorcisado desde otra óptica en las novelas de Alvarez Gardeazábal y Aguilera Garramuño—, Allende ha llamado la atención hacia un aspecto ignorado de la reescritura en la literatura hispanoamericana postmacondiana. Con su novela ha demostrado cómo la instauración de un nuevo Sujeto le otorga al acto de reescribir/citar un sentido innovador y subversivo. Si bien las dos épocas designadas por el binomio boom/post-boom emplean la reescritura *ad libitum*, el gesto "parricida" de Allende indudablemente marca un hito importante: señala la configuración de una óptica nueva en la reescritura en las letras hispanoamericanas y el afianzamiento de la literatura femenina en cuanto contratexto. Según Robert Antoni, en el marco de la novela se da un salto del discurso que Showalter denomina femenino a la escritura propiamente femenina: "Allende usa el lenguaje [de García Márquez] como vehículo para descubrir su propio lenguaje, con el cual suplanta luego el de García Márquez."[25]

En un agudo comentario sobre la novelística de la escritora chilena, Coddou apunta cómo muchos de los estudios intertextuales de *La casa de los espíritus* han pasado por alto el aspecto subversivo de la misma y, en consecuencia, han desembocado en un ejercicio no solamente gratuito, sino manipulativo y enmascarador. Cito *in extenso* a Coddou:

> La deshistorización también se ha dado cuando se pretende insertar *La casa de los espíritus* en las corrientes literarias del discurso hegemónico, con escasa o nula atención al carácter específicamente latinoamericano de la corriente en que tal obra se inserta. La misma preocupación obsesiva por trazar las huellas de García Márquez en Isabel Allende me

parece una variante de tal intento: al destacárselas hasta la saciedad no sólo se busca desmerecer su "originalidad" —y así su "validez"— y de tal modo desviar la atención de aquellos aspectos que hacen peligrar el discurso del poder, el subvertido por la orientación que asume su propuesta discursiva.[26]

Si bien la polivalencia semántica de *La casa de los espíritus* admite una pluralidad de lecturas, la proliferación de interpretaciones que ignoran la parodicidad de la obra parece sintomática. Tal vez tiene razón Lotman cuando dice que la parodia termina por evadir el control autorial porque su lucha contra los clichés se cumple en el espacio extratextual y su eficacia estética e ideológica está exclusivamente a la merced de la competencia del lector.[27] Quizás el problema interpretativo estriba en este caso también en la igualación negativa —todavía común— entre la parodia y una escritura repetitiva, parasítica.

A contrapelo de tal acepción simplificada de la parodia, en la praxis textual la novela chilena hace aflorar las características más complejas de la parodia. Siguiendo la nomenclatura de Gómez Moriana podemos recapitular el mecanismo de la parodicidad de la siguiente manera: la interferencia de varios paradigmas a que la novela pertenece —mímesis, realismo mágico— en el nuevo sintagma del discurso fémino-céntrico crea un complejo sistema de referencias cruzadas. La parodia aparece en *La casa de los espíritus* en forma de un juego irónico y ambivalente de rechazo y atracción, de apropiación y transgresión y no como una mera reproducción de *Cien años de soledad*. La escritura de Allende se va forjando, pues, entre un gesto parricida y un abrazo de la tradición, muy al contrario de *Hagiografía*, cuyo *ethos* predominantemente satírico tiende a desambiguar la parodia y a poner de relieve sus rasgos denigrantes. La novela de Robles, a su vez, comparte esta actitud de "reescritura con venganza" con dos obras que nos quedan por analizar —*Como en la guerra* y *Lumpérica*.

6.4. *COMO EN LA GUERRA* Y *LUMPERICA*: OPERACION PARODICA "COMO EN LA GUERRA"

A la inversa de *Hagiografía* y *La casa de los espíritus*, *Lumpérica* de Eltit y *Como en la guerra* de Valenzuela parecen estar hechas a partir de los supuestos de la estética postvanguardista. La percepción de la "postmodernidad" de estos textos se hace más palpable si pensamos en algunos puntos del esquema de Ihab Hassan, donde el crítico procura delinear la estética de *Postmodernism* en oposición al *Modernism*.[28] Resumiendo el amplio registro comparado de características parece evidente que el signo distintivo de *Postmodernism* es el realce de la actitud deconstructiva que se traduce en una larga cadena de sinónimos: deshacer, desplazar, desmitificar, descentrar, desintegrar, descomponer, deformar... Lo que sí resulta evidente en la lectura de *Lumpérica* y *Como en la guerra* es que la tradición realista —omnipresente en la saga familiar de los Trueba y no del todo eliminada de la hagiografía-biografía de Narcisa— está reducida en estas novelas a una forma verdaderamente arqueológica: fragmentos, ecos, destellos. El principio de la mímesis está sometido, pues, a una disección, disolución, desintegración, a un deshacer *(unmaking)*. Si bien es cierto que la novela de Robles también desafía las expectativas del lector acostumbrado al contrato mimético, *Lumpérica* y *Como en la guerra* son en este sentido más radicales aún y ni siquiera conservan una cierta coherencia o predecibilidad del discurso, a la vez que —según sugiere Jean Franco— tienden a alinearse con los términos "bajos" de los binomios de normal/anormal, serio/no serio, central/marginal.[29]

Primeramente, *Lumpérica* nos da una indicación de su carácter deconstruído, fragmentario, inconvencional, en el nivel visible, tipográfico. Las diez secciones de la novela —algunas subtituladas, otras solamente numeradas— están desmenuzadas en entidades más pequeñas, separadas por amplios espacios en blanco. El cambio del pie de imprenta y la incorporación de una borrosa foto de una mujer hacen ostentar más aún la naturaleza fragmentaria y heteróclita del texto y la importancia de la mirada para la configuración del sentido. *Lumpérica* podría servir como caso ejemplar del procedimiento que Głowiński denomina mímesis formal: a la presencia de las artes plásticas y del cine a nivel de contenido corresponde una forma evidentemente influída por ambos medios de expresión visual. Los vínculos que establece la novela entre la literatura, el cine y la fotografía (frecuentes referencias a las "tomas fílmicas," al *travelling* de la cámara, a la noción de espectáculo y de escena) evocan semejantes meditaciones auto-referenciales en *Rayuela* y "Las babas del diablo" de Cortázar. Pero la novela de Eltit parece brindarnos una reflexión metaliteraria extremadamente intensificada, puesta "en abismo." En lugar del tradicional código "proairético" de la acción —todavía visiblemente presente en Cortázar— nos enfrentamos con una secuencia de escenas, variantes, versiones, aproximaciones, separadas de vez en cuando por una

La escritura femenina

voz autoconsciente que suministra comentarios y señala errores de cada "toma," para luego afirmar la necesidad de "decirlo nuevamente" (8-14). La complejidad de la obra es tal que su interpretación dentro del marco preestablecido de este capítulo nos hace dejar de lado una serie de cuestiones importantes de su estética. En lo que atañe específicamente a la parodia, en primer lugar cabe preguntarse cuáles son los indicios textuales que hacen legítima una lectura paródica. Dos aspectos del discurso merecen destacarse al respecto: las constantes referencias a la escritura en cuanto proceso de producción de significados y —entre las meditaciones metaliterarias de carácter ensayístico— la presencia palpable de varios intertextos.

Empecemos por esta última pista, por ser tal vez la más explícita. La cuarta parte de la novela lleva por título "Para la formulación de una imagen en la literatura" y se abre con una sección epónima que a la manera de una letanía empieza así:

> Entonces/
>
> Los chilenos esperamos los mensajes
> L. Iluminada, toda ella
> Piensa en Lezama y se las frota
> Con James Joyce se las frota
> Con Neruda Pablo se las frota
> Con Juan Rulfo se las frota
> Con E. Pound se las frota
> Con Robbe Grillet se las frota
> Con cualquier fulano se frota las antenas.
>
> (69)

La tradición literaria evocada en esta enumeración irreverente y burlona es, por cierto, muy heterogénea, pero su denominador común está constituído por la estética esencialmente vanguardista *(Modernism)* de los autores mencionados. El pasaje es crucial para fijar tanto la tónica paródica de la novela como su óptica femenina: la imagen de L. Iluminada "frotándose las antenas" con cada uno de los "fulanos" consagrados por la crítica literaria es explícitamente sacrílega, a la vez que el gesto de la escritura/reescritura parece descaradamente erótico. El papel activo del ente femenino y la sensación de goce *(jouissance)* que emana del acto lúdico de "frotarse las antenas" establecen una distancia irónica hacia los pre-textos mencionados.

Si bien la inscripción de la autora en el texto ("Su alma es no llamarse diamela eltit/sábanas blancas/cadáver" [81]) podría hacer legítima una identificación entre su poética autorial y los metacomentarios del texto, preferimos interpretar sus reflexiones sin este sesgo autobiográfico, solamente a nivel de la poética textual. Citemos un curioso fragmento —entre credo poético, autobiografía y confesión— de la sección intitulada "Sus remanentes," en donde aparece evaluada la "ansiedad de la influencia" que experimenta la protagonista:

> Desde este lugar se debieron marcar sus preferencias, inscritas en la ficción que ella realizaba sobre los demás, aunque no tenían la plasticidad de sus deseos. Cayó en constantes equívocos, desconectando los diálogos, rescatando el tiempo en escenografías poco importantes.... En la escritura de otros vitalizó su incapacidad para inscribirla de nuevo, en un proceso igualmente equivocado. (74)

En el *corpus* heterogéneo de la novela "la escritura de otros" —Joyce, Alain Robbe-Grillet, T. S. Eliot y Pablo Neruda— es quizás más palpable que las demás influencias admitidas, pero nunca llega a aflorar en forma de un pre-texto nítidamente delimitado. Igual que en *Cómico de la lengua* el procedimiento joyceano del fluir de conciencia aparece mezclado con la técnica de la mirada objetivista del *nouveau roman*, a la vez que en algunos pasajes (*De su proyecto de olvido* 78-81) son evidentes las huellas del fragmentado y apocalíptico mundo de *Residencia en la tierra* de Neruda.

Tanto a la luz del fragmento citado —una especie de arte poética de la novela— como base de numerosas reflexiones autotemáticas diseminadas por el texto, no nos parece exagerado definir la poética de *Lumpérica* en términos de la estética postmoderna. En una de las aproximaciones más iluminadoras al *Postmodernism*, Hassan —sin descuidar las contradicciones inherentes a la sensibilidad postmoderna— hace destacar las siguientes tendencias: el carácter urbano y tecnológico del arte postmoderno; su deshumanización, que se traduce en una disgregación del yo y una negación paródica de todos los valores; el paso del nivel mítico al existencial; el juego erótico, frecuentemente con toques perversos; la preponderancia de corrientes contra-culturales, el culto de lo apocalíptico, discontinuo, fragmentario; la experimentación formal caracterizada por la apertura de la forma, la autoreflexión y el prevalente tono lúdico (*happening,* humor, juego, parodia).[30] Si bien muchos de estos rasgos y procedimientos habían aflorado ya en los

La escritura femenina

movimientos vanguardistas *(Modernism)*, la nueva sensiblidad parece haberlos llevado a sus últimas consecuencias al mismo tiempo que ha destruído la única estructura sobre la cual la vanguardia había edificado su estética: el paradigma mítico.

Parece significativo que los pre-textos explícitamente mencionados en *Lumpérica* sean ejemplos "antológicos" de la mitologización vanguardista/moderna. Al lado de los mitos universales, sitúa Eltit el mito local del realismo mágico (Rulfo) y de la expresión barroca hispanoamericana, cuya ejemplificación es *Paradiso* de Lezama Lima. En realidad, hubiéramos podido incluir a *Lumpérica* al *corpus* de textos metaliterarios-postvanguardistas analizados en el capítulo 3 y ver cómo esta novela femenina se suscribe a las características postmodernas, quizás con la única excepción de no ser "humorística."

No obstante, creemos que la perspectiva femenina de *Lumpérica* constituye un elemento tan peculiar de su estética y de su ideología que precisamente este aspecto merece un tratamiento aparte. En este sentido es oportuno destacar cómo lo femenino de la novela sirve de embrague entre la auto-reflexión postmoderna y la búsqueda de la expresión de la mujer hispanoamericana. Varias páginas del texto están dedicadas a unas exasperadas tentativas de aproximarse a la identidad de la figura femenina (en cuanto narradora, autora, protagonista) que ocupa el centro de esta novela fémino-céntrica, aunque en la realidad se siente desplazada a la periferia.

El título de la novela sugiere esta marginalidad *(lumpen)* a la vez que evoca la idea de la identidad concebida en la plataforma de lo *americano*. El texto va configurándose entre los impulsos centrífugos de desmembramiento del cuerpo femenino (cf. 78-81) y la fuerza-ansia centrípeta de fijar su identidad (cf. la escena final en donde L. Iluminada está contemplándose en el espejo). El siguiente fragmento nos parece ilustrativo con respecto a lo que acabamos de afirmar:

> Castellano esfuerzo ha desplegado para reubicar su diseñado espacio:
> cura ha obtenido en cicatrices/huellas que por constantes, embotan el disminuido entorno.
> Saquénla de todo referente &
> más que luz de la plaza, aguarda el lumpérico juicio/
>   del toda inexpresable
> en su derruida continental estirpe. (176)

160 La parodia en la nueva novela

Con respecto a la dimensión femenina e hispanoamericana de la novela sería oportuno valorar la obra de Eltit en su contexto más inmediato. En este sentido la confrontación intertextual con la poesía de Neruda —que parece desarrollarse como parte del diálogo entre la modernidad y la postmodernidad— se tiñe también de significados más particulares y/o locales. En primer lugar, la óptica femenina de la novela y el enfoque en la sexualidad libre de la mujer sugieren una polémica con la imagen de la mujer forjada en la poesía erótica de Neruda: mujer–objeto, mujer–objeto sexual, mujer–en función del hombre. Debido a su perspectiva y sus atrevidas incursiones en el "coto vedado" de la sexualidad, *Lumpérica* va perfilándose como contratexto de la lírica nerudiana y —volvamos a nuestra nomenclatura paródica— como un contra-canto, una rebelión de la mujer contra la dominación masculina, contra "el varón, ese potro indecente que la inscribe" (82).

Por otro lado, la novela pone de relieve su enraizamiento en la dolorosa realidad chilena (se ubica en Santiago, "bajo el cielo chileno" [25]), lo cual conlleva indisolublemente unida la cuestión del compromiso del escritor. En el marco de la literatura chilena —y hasta cierto punto latinoamericana— la obra de Neruda encarna este compromiso de manera ejemplar. La poesía nerudiana ha llegado a ser interiorizada por el pueblo que ha encontrado en ella un programa, una guía, un manifiesto. En palabras de Eltit: "Los chilenos esperamos los mensajes." Su *Lumpérica* no ofrece mensajes explícitos: "Letra a letra, palabra por palabra, en esas horas en que gastó su mirada dejando ir sus ojos sobre los neones; evitando los mensajes aparentes que podrían haberla inducido a un error por quedarse en la superficialidad de la letra" (191). Al contrario: en vez de instaurar la figura de un autor-vate, la novela se rehusa a aceptar la noción de una autoridad del escritor. Como consecuencia de este modo de razonamiento —esencialmente postvanguardista— el texto va desmenuzando paso a paso nuestra confianza en el poder de la palabra y, consecuentemente, en el sentido de la literatura. La novela es —en sus propias palabras— "ambigua, errada" (91).

Ya habíamos dicho que *Lumpérica* aparece reñida no solamente con la tradición literaria del mimetismo tradicional —ya tantas veces desvirtuado y rechazado—, sino también con la herencia más inmediata, vanguardista, moderna, lo cual permite emparentarla con *Cómico de la lengua* y *Cuadernos de gofa*. Esta actitud contestataria de la novela está cifrada en numerosas reflexiones que giran en torno a la escritura o, en el nivel más general, se refieren a la representación y la recepción en cuanto prácticas productoras de sentido. *Lumpérica* va combinando comentarios ensayísticos sobre diferentes formas de escritura heredada con fragmentos que representan una burla de la actividad exegética (igual que *Cómico de la lengua* y *Cuadernos de gofa*) y ofrecen una parodia de la "jerga" típica de las interpretaciones críticas. He aquí un ejemplo de este lenguaje convertido en un balbuceo: "Definir aisladamente los diversos cortes resulta un subterfugio por cuanto ellos se articulan en la medida que cada uno va iluminando el recorrido de los otros" (154). La proliferación de definiciones de la escritura en la parte sexta de la novela (escritura en cuanto proclama, desatino, ficción, seducción, engranaje, sentencia, refrote, evasión, objetivo, iluminación, burla, abandono, erosión, [111-24]) irremediablemente conduce a una autoparodia. El sentido autoparódico del texto queda realzado por las muestras de la escritura que siguen a cada una de las definiciones/aproximaciones y aparecen en forma de una nota al pie de página: "Escribió: son palabras falaces todo esto" (120); "Escribió: me encarcelan, me rebajan las palabras" (121); "Escribió: son palabras transitorias madona, apenas balbuceos" (122).

Lumpérica es metáfora de su propio proceso narrativo, es también parodia y autoparodia, puesto que a cada paso va desmintiendo su propia capacidad representativa. Volvemos a confirmar, por ende, las conclusiones de los capítulos 3 y 4 de que la línea divisoria entre lo metaliterario y lo paródico es difícil de fijar y las tentativas críticas de hacerlo son verdaderamente sisíficas. El siguiente comentario de Kerr es iluminador en este respecto:

> Mientras que la parodia parece dirigir su mirada hacia adentro (hacia los rasgos del texto parodiante) después de haber mirado primero en dirección de afuera (hacia el discurso, texto o la tradición original), la escritura auto-reflexiva parece mirar hacia afuera (las convenciones genéricas y su historia) al haber dirigido primero su mirada hacia adentro (hacia su propia situación como texto y el juego entre la realidad representada y las técnicas narrativas). No obstante, en la práctica ambas miradas críticas aparecen simultáneamente....[31]

De manera semejante a *Cómico de la lengua* la novela va consumándose entre el ansia de fijar la identidad de cosas y personas a través del acto de nombrar y la dolorosa conciencia de la imposibilidad de hacerlo. La escritura es falsificación, traición, balbuceo, un engranaje de apodos en vez de

162   La parodia en la nueva novela

nombres: "Pasan sobre el cuerpo, primero el nombre y luego su gama total de apodos" (17); "Están esperando su turno, para que el luminoso los confirme como existencia, es decir, los nombre de otra manera" (16). La autoconciencia del discurso es, en realidad, tan exacerbada que a veces amenaza con cancelar el texto:

> Pero entonces con la boca pegada a su mano comienza el sentido inverso de su frase. Desconstruye la frase, de palabra en palabra, de sílaba en sílaba, de letra en letra, de sonidos.
> Torciendo su fonética. Alterando la modulación en extranjero idioma se convierte. Ya no es reconocible y su garganta forzada emite con dificultad las señas. Separa su mano de la boca perdida de la legibilidad del mensaje. Por eso su boca abierta ya no es capaz de sacar sonido, ni menos palabras.
> Ha desorganizado el lenguaje.
> Sus esfuerzos son considerables. Parece más bien una muda que en su necesidad de expresión gesticulara abriendo exageradamente su boca, entrecerrando sus ojos y entonces se convirtiera en un espectáculo grotesco para aquel que, sin esfuerzo, y en armonía se deja oír. (30)

El dilema de toda práctica paródica tan radical como la de Eltit o Sánchez se puede ilustrar con una sugerente anécdota citada por Deguy: el parodista es como el escorpión que —al cruzar el río montado sobre el lomo de una rata— no puede resistir la tentación de picar, aunque eso implica su autodestrucción.[32] Si bien la novela de Eltit pone a prueba no solamente la competencia, sino también la paciencia del lector, logra evadir el peligro de autoaniquilamiento gracias a una serie de recursos conciliatorios. En primer lugar, la experiencia del lector está regida por el ritmo profundamente lírico de la novela. La casi total anulación de los códigos narrativos tradicionales —el hermenéutico y el proairético— y la reducción del código referencial quedan compensadas por la elaboración de "la voz de la persona" (código sémico) y "la voz del símbolo" (código simbólico).[33] Estos dos códigos —introvertidos, poéticos— se van forjando a través del ritmo peculiar de la frase, la sintaxis a veces arcaizante, las aliteraciones, el uso de poderosas imágenes y metáforas y la poemática disposición tipográfica del texto.

Otro elemento que ofrece un paliativo para la estructura entrópica de la novela es la búsqueda de la identidad de L. Iluminada. Si bien es una búsqueda desesperada y fútil, existencial más que mítica, brinda al lector un punto de referencia. Finalmente, las infrecuentes pero explícitas alusiones al contexto socio-histórico y geográfico permiten interpretar las expresiones de la violencia (descripciones de cortes, ampollas, quemaduras y rasgaduras en cuerpos ultrajados) en términos de la situación política en Chile bajo el poder militar. Algunos fragmentos aún más explícitos otorgan legitimidad a este tipo de lectura:

> Nuevas fundaciones / como llamado de atención para que los chilenos / descansen sus espaldas en esas máquinas que / alzarán en varios centímetros sus cerebros. / Nos contaron que en esas funciones hubo / vencedores y vencidos. / Yo digo que eso es verdad a medias: / hubo vencidos y muertos. Nada más. (123)

También los dos diálogos entre el interrogador y el interrogado (partes 2 y 7) —a pesar de involucrar contenidos aparentemente apolíticos— logran conferir con su ritmo implacable y obsesivamente repetitivo una violencia que va más allá de la agresión verbal. En este mundo de exacerbada opresión, lo verdadero y lo real queda reducido a las reacciones y sensaciones más elementales: el frío, el hambre, el dolor, la sed. Este es el código de lo real de la novela. En varias ocasiones el texto lo dice explícitamente: "Porque sí el frío era real; cruzaba los huesos; sacaba el alma" (34). La verdadera escritura es solamente la imprimida sobre el cuerpo y con el cuerpo: "Las palabras se escriben sobre los cuerpos. Convulsiones con las uñas sobre la piel: el deseo abre surcos" (9).

Curiosamente, *Lumpérica* lleva adelante un proyecto comprometido de denuncia social y política, aunque en vez de ahondar en el referente —según las prescripciones de la literatura comprometida— propone una estructura que pretende encerrar en sí misma su propia significación. Una poética de provocación semejante se desprende también de *Como en la guerra* (1977) de Valenzuela.[34] En ambos casos se trata de novelas polivalentes, cuya significación rebasa el nivel de un solo código. Aunque no es nuestro propósito intentar aquí un análisis completo, tampoco es posible establecer una rigurosa demarcación entre la parodia y otras estrategias narrativas de estas novelas. El ingrediente paródico —discernible en diferentes formas y niveles— es crucial en la configuración del tono subversivo de estos textos.

A diferencia de *Hagiografía* y *Lumpérica*, la novela de Valenzuela cuenta con una bibliografía crítica relativamente extensa, por lo cual en este caso no consideramos necesario un escrutinio exhaustivo. Procuraremos tan sólo ahondar en los aspectos paródicos del texto, partiendo de algunas observaciones establecidas ya por la crítica.[35] Primeramente, *Como en la guerra* está considerada en términos de la escritura postmoderna que lleva al exceso varios modelos discursivos heredados. En un agudo ensayo inspirado en las ideas de Barthes, Emily Hicks distingue seis códigos operantes en *Como en la guerra*: (1) una historia tradicional (código proairético); (2) el código hermenéutico (el misterio); (3) el código psicoanalítico de Sigmund Freud y Jacques Lacan; (4) el código político-marxista; (5) el código del feminismo; (6) el código de lo real.[36] Debido a lo que podríamos denominar —de manera oximorónica— la coexistencia conflictiva de códigos tan heterogéneos, el sentido de cada uno de ellos está matizado, alterado o —volvamos a nuestra terminología— desautomatizado por la interacción de los demás.

La yuxtaposición de registros narrativos e ideológicos diferentes produce el efecto de descontextualización, muy semejante a lo que Tinianov denominara "una coloratura verbal." Así pues, la recolocación de los modos tradicionales de la narrativa realista —códigos "de la acción" y "del misterio"— en un marco narrativo disgregado y conflictivo induce al lector a trascenderlos. Pero —tal como en el caso de *Lumpérica*— las aspiraciones subversivas de *Como en la guerra* van más allá del pre-texto realista. Hicks ha demostrado cómo la novela pone en solfa las teorías psicoanalíticas de Freud (el sueño de Navoni y el caso del Hombre-Lobo; el episodio de la fiesta totémica) y hasta qué punto la interferencia del código político latinoamericano contribuye a relativizar y, de hecho, reescribir el sistema lacaniano:

> La estructura narrativa es ambigua en el sentido de que no clarifica si Navoni de hecho ha vendido a las dos hermanas a la policía o sea —en una parodia de la terminología lacaniana— a la Ley. Valenzuela estructura la narrativa de tal modo que es forzoso leerla en términos de interferencia entre dos códigos: una lectura estrictamente lacaniana es inoperable, mientras que con una interpretación llanamente política se pierde la ironía del texto.[37]

Con un gesto beligerante e inconfundiblemente femenino *Como en la guerra* y *Lumpérica* se rehusan a adoptar cualquier principio constructivo evidente para la organización del material narrativo. Nos parece oportuno citar aquí una observación de Lida B. Aronne-Amestoy sobre la dimensión metaliteraria de la novela: *Como en la guerra* se propone "como guerra" a la palabra, pero también como goce *(jouissance)* de haber desafiado el discurso masculino. Aronne-Amestoy cita a la sazón el episodio extraído por el psicoanalista llamado AZ de las reminiscencias de la protagonista:

> De su infancia hemos obtenido muy pocos elementos para realizar éste su diagnóstico. Su primer placer consciente parece haber tenido lugar a los dos años de edad, cuando consiguió después de mucha reflexión abrir la puerta de la heladera y tomar los huevos uno a uno para dejarlos caer; los huevos rotos a sus pies le produjeron un gozo profundo. Ni vale la pena interpretar este hecho tan transparente, ella misma acota que el placer de romper los huevos se ha ido reiterando en distintas épocas de su vida de manera bastante metafórica. (15)

La dimensión autotemática y —en última instancia— el aspecto paródico del texto plantean una serie de dificultades de orden formal e ideológico, por lo cual requieren un escrutinio más detenido. Los "enunciados metalingüísticos"[38] que por lo general suelen aparecer en los discursos intertextuales para delatar la presencia de pre-textos, son en *Como en la guerra* aún más escasos y borrosos que en *Lumpérica*. Si bien la imitación de la jerga pseudocientífica de AZ —analista aficionado y profesor de semiótica— puede ser percibida como paródica debido a sus rasgos caricaturescos, las transformaciones del código psicoanalítico irremediablemente apelan a un lector competente, versado en las teorías de Freud y Lacan. En cuanto a los intertextos puramente literarios, el código mágico-realista resulta bastante transparente para cualquier lector familiarizado con la prosa hispanoamericana de los últimos treinta años. Tal como en el caso de la utilización del metadiscurso crítico-científico (semiótica-psicoanálisis), Valenzuela lleva este código al borde del absurdo por medio de la hiperbolización.

Por cierto, la relación que establece *Como en la guerra* —en cuanto "novísima" novela— con la novelística hispanoamericana de los sesenta pone de manifiesto algunas tendencias más generales de la evolución literaria en la prosa hispanoamericana de los años 70 y 80. Aronne-Amestoy ha interpretado este período en términos de un retroceso estético con respecto al boom. Ni el surrealismo exacerbado (Valenzuela), ni el realismo anecdótico (Giardinelli) —que según la crítica representan dos formas de reacción contra el realismo mágico— ofrecen el equilibrio y la síntesis logrados en la etapa anterior.[39] Aronne-Amestoy ve en *Como en la guerra* no solamente una parodia del realismo mágico, sino también un desafío a *Rayuela*. Dicho de otro modo, la novela de Valenzuela —de manera semejante a *Lumpérica*— lleva al exceso y a la irrisión también los pre-textos considerados como encarnación más radical de la modernidad. Si bien en *Rayuela* hemos visto cuestionados los valores fundamentales del logocentrismo occidental, *Como en la guerra* lleva estos mismos valores a un anonadamiento total, resistiéndose a afirmar la identidad del Sujeto, el sentido de una búsqueda mítica o la existencia de un centro o eje estructurador.

En nuestra opinión, la parodia de *Rayuela* no es de ningún modo un eje en que se apoya la novela de Valenzuela, pero constituye un elemento importante de su metapoética. Si adoptamos la terminología de Pérez Firmat y aceptamos que la relación entre un texto y su pre-texto (o para-texto, en palabras de Pérez Firmat) puede ser de compatibilidad y jerarquización, no cabe duda de que *Como en la guerra* se inscribe en esta segunda categoría. Es curioso observar que la actitud crítica de Valenzuela se concentre sobre dos elementos supuestamente más originales y radicales de la poética cortazariana: la novela es de hecho una acometida, "como en la guerra," contra la figura del "lector-macho" y contra el lenguaje "glíglico."

El protagonista-narrador AZ ostenta todas las características del lector activo cortazariano: competente, perspicaz, analítico, capaz de emprender un viaje largo y peligroso para desenterrar el sentido del texto. Paradójicamente, AZ no logra satisfacer su curiosidad hermenéutica, o sea descifrar el enigma de su misteriosa paciente y el secreto de su propia identidad. Por otro lado, la mujer que fascina al analista como objeto de investigación, pero cuya capacidad intelectual le parece inferior a la suya, le llega a sorprender primero en su calidad de "escritora" y después como interlocutora que no se deja intimidar por la deslumbrante erudición de AZ: "Nos llamó la atención que tanta cita culta, tanto conocimiento, no parecieran asombrarla en lo más mínimo, viniendo como venían de un vulgar aunque noctámbulo corredor de seguros" (25).

En cuanto al lenguaje empleado en *Rayuela* como idioma secreto de comunicación íntima entre los amantes, Valenzuela pone aún más encono en descalificarlo cuando procede a reformularlo paródicamente en función de un contexto diferente: el de una familia pequeñoburguesa. He aquí AZ y su abnegada esposa Beatriz en una escena de rearticulación paródica del diálogo entre Oliveira y la Maga:

> 15 hs. Asombros mil porque hoy todo ha recuperado la diurnidad, se ha vuelto día en el hogar de AZ. Y el matrimonio at home en tan insólita

circunstancia, regodeándose en la terraza al calorcito de un sol gatuno que les lame las zonas epidérmicas expuestas a su dulce caricia....
A Bé se le ha roto el grabador —no se sabe si por acto fallido o voluntario— y la voz de ella ya no resuena en ese ámbito.
—Glumglumpfi —le dice Bé a A con su mejor ronroneo—. Tu verdosidad caruna non mi pluski, tostaditus vas a estar más pámprico.
—Gul —contesta él.
—¿Gustábate acaso tu verdosidad caruna? ¿Te sentías ampífilo?
—Nus, nus! (98)

El lazo intertextual entre *Como en la guerra* y sus dos pre-textos literarios —el realismo mágico y *Rayuela*— trasciende el nivel de un juego paródico gratuito en el sentido de que su ideología no se limita a una recontextualización cómica. En un comentario sobre los aspectos ideológicos de la parodia, Ziva Ben-Porat establece varias categorías a las cuales vamos a remitirnos para ahondar en el sentido pragmático de la parodia tanto en la novela de Valenzuela como en las demás obras femeninas que acabamos de comentar. Ben-Porat distingue tres modalidades de parodia, según el tipo de relación entre el parodiante y el parodiado: (1) parodia cómica en cuanto alteración del modelo, pero sin transgresión de sus principios ideológicos (por ejemplo la práctica carnavalizadora que invierte las jerarquías, pero tan sólo temporalmente y en unas circunstancias aceptadas por el sistema dominante); (2) la parodia directamente satírica que emplea un pre-texto para criticar la realidad extratextual e —igual que en el caso anterior— comparte con su pre-texto el código ideológico; (3) la parodia indirectamente satírica y la parodia seria que se dan solamente cuando los códigos ideológicos del texto y de su protomodelo son diferentes.[40]

Parece evidente que ninguna de las cuatro novelas representa la categoría de la parodia cómica, aunque elementos humorísticos abundan en todas, salvo en *Lumpérica*. Tanto *Hagiografía de Narcisa la Bella* como *La casa de los espíritus* caben bajo la rúbrica de parodia indirectamente satírica: el blanco principal de su ataque es extratextual (el machismo, la moral pequeñoburguesa) a la vez que debido a su enfoque fémino-céntrico desafían las premisas ideológicas de sus respectivos pre-textos (el realismo, el realismo mágico, la narrativa fantástica, la biografía hagiográfica). Por cierto, tanto *Lumpérica* cuanto *Como en la guerra* encajan en la tercera categoría, pero su enfoque paródico es tan radical y totalizante que resulta imposible establecer una demarcación entre sus implicaciones satíricas (crítica social desde la óptica femenina, acusación de la violencia política) y estrictamente paródicas (auto-reflexión, autoparodia).

Las conclusiones más generales que se desprenden de la lectura de estas novelas pueden recapitularse del modo siguiente: (1) a partir de mediados del setenta la narrativa femenina hispanoamericana logra afianzar su presencia y su identidad subversiva a través de un discurso que es esencialmente féminocéntrico; (2) en sus accidentadas y diversas formas es una narrativa esencialmente dialogal, polémica, intertextual, caracterizada por el desafío a las fórmulas que caracterizaron el período del boom (tácitas o directas parodias de Cortázar y García Márquez o del realismo mágico); (3) es evidente su entroncamiento con las tendencias postmodernas (el cuestionamiento del valor logocéntrico del signo y de la identidad del sujeto en las novelas de Valenzuela y Eltit): (4) a pesar de su vacilación entre sátira y reflexión metaliteraria, hasta las obras más herméticas y "ensimismadas" (Eltit, Valenzuela) mantienen una clara noción de realidad hispanoamericana; (5) la opresión y el abuso de la mujer hispanoamericana pertenece a este "código de lo real," a la vez que forma parte de un cuadro más amplio de opresión política y social, que —en palabras de Ariel Dorfman— podría denominarse "la violencia estructural."

Conclusiones

Novelas que tienen su eje común en la parodia, forman un *corpus* estética e ideológicamente muy heterogéneo. La dificultad en enhebrar los diferentes hilos paródicos en un discurso analítico se debe tanto a la falta de una definición restrictiva del concepto "parodia" como a la ambivalencia inherente a su praxis (capítulo 1). Mientras que en los últimos años la parodia ha sido objeto de un intenso debate, sobre todo en relación a la sensibilidad postvanguardista (postmoderna) en la cultura occidental, el aspecto paródico de la literatura hispanoamericana —si bien reconocido como fenómeno estético— no ha inspirado todavía estudios teóricos de la misma envergadura que los libros de Rose, Hutcheon, Bouché o Kiremidjian enfocados en las letras del habla inglesa, francesa y alemana. Más numerosos son los ensayos analíticos dedicados al *modus operandi* de la parodia en textos concretos, aunque en la mayoría de los casos el tema sigue siendo tratado de soslayo, como una faceta de la sátira, la ironía o la carnavalización.

Cada crítico de la parodia debe encararse a una situación difícil: por un lado, están las controversias teóricas que han ido acumulándose a partir del siglo XVIII (cf. el estudio de Dane) y por el otro, el proteísmo de la praxis histórica de la parodia. A pesar de la heterogeneidad de las reglas que presiden la teoría y la práctica de la parodia europea, los investigadores de literatura hispanoamericana (MacAdam, Rodríguez Monegal, Kerr) han logrado encontrar categorías y mecanismos adaptables a las "letras del continente mestizo." La preferencia por las teorías de Bajtin (carnavalización) y de los formalistas rusos (la parodia–la estilización–la evolución literaria) en la crítica hispanoamericanista tiene su explicación no solamente en la relativa coherencia de estas teorías, sino también en su entendimiento de la parodia en cuanto *fuerza positiva* en el enfrentamiento con la tradición (en este caso: patrimonio literario europeo). A lo largo del presente trabajo hemos aspirado también a una suerte de visión englobadora de lo paródico en la nueva y novísima novela de Hispanoamérica. Al pasar revisión de los conceptos de la parodia que en su mayoría se desprenden de la preceptiva neoclásica europea, hemos procurado captar las diferentes opciones semánticas que potencialmente pueden darse en la praxis paródica. De ningún modo hemos intentado superar teóricamente la confusión taxonómica imperante. Lo que esperamos haber demostrado en nuestro comentario de 25 novelas es el carácter polisémico de la parodia y la presencia no incidental de la parodicidad en estos textos. Asimismo, hemos procurado comprobar la *legitimidad* del enfoque sobre lo paródico en la novela hispanoamericana del último cuarto de siglo. Lejos de considerar el modo paródico como paradigma único y privativo del género novelístico, hemos analizado la parodia en cuanto mecanismo que puede dilatar el alcance del signo literario, revelar otro plano ideológico discordante (lo satírico), desmitificar la ilusión mimética, cuestionar el proceso mismo de la escritura (lo metaliterario). En particular hemos examinado las implicaciones estéticas e ideológicas del entrelazamiento de la parodia con la reescritura histórica, con el discurso descentrado y marginal de la narrativa femenina y con uno de los modos de la llamada literatura formulaica (policial).

En el nivel *sincrónico* la práctica textual de la parodia —tal como la hemos visto a través de discursos concretos— puede resumirse en el esquema ilustrado en la Fig. 3.

En nuestras lecturas hemos visto que las novelas hispanoamericanas recientes inciden notoriamente en la compleja urdimbre intertextual y por lo tanto son, en menor o mayor medida, auto-reflexivas. Por un lado, la parodia en estos textos está enmarcada por una vasta gama de actitudes hacia el pretexto y, por el otro, por un frecuente entrelazamiento con la forma extratextual de la sátira. Tal vez éste ha sido el rasgo más sobresaliente de las obras comentadas: inclusive el cuestionamiento autoparódico de formas de representación e interpretación —tan propio de la "condición postmoderna"— en muy pocas ocasiones produce en la novelística hispanoamericana una desvinculación de la realidad o, en otras palabras, una parodia vacía, un pastiche postmoderno (Jameson). Hemos señalado que novelas que se inscriben paródicamente en paradigmas genéricos tan distintos como la novela histórica, la narrativa policial, la novela caballeresca, la épica o la literatura sagrada (la hagiografía, el Evangelio) no acatan las reglas de sus pre-textos de manera ahistórica y tan sólo excepcionalmente ostentan su propia despolitización (Hiriart, Donoso). Equidistantes entre el juego paródico y la crítica

Conclusiones

Texto originador (pre-texto)
- obra concreta;
- estilo propio de un autor;
- corriente literaria;
- convenciones genéricas;

        Lector: reconocimiento del código
        Señales metadiscursivas: citas, notas
        al pie de página, subtítulos, introduc-
        ciones, epígrafes, ilustraciones, etc.

↓   ↓

Transformación del pre-texto desde una distancia irónica
Parodia como reescritura del pre-texto en función de un momento histórico específico

↓

        Estrategias paródicas:
- hipérbole, condensación, inversión carnavalesca, deformación grotesca (en cuanto modalidades de los procedimientos retóricos clásicos *figurae per adiectionem, figurae per detractionem, figurae per transmutationem, figurae per immutationem*), humor, ironía, anacronismos y otras formas de descontextualización geográfica, histórica o lingüística ("coloratura verbal"), juegos de palabras, metacomentarios (véase arriba, señales metadiscursivas)

↓

        Efecto pragmático *(ethos)*

PARÓDICO INTRATEXTUAL	SATÍRICO
(intramural)	*(extramural)*
vinculado al modo metaliterario en la novela	vinculado a los modos satírico, realista, picaresco y cómico en la novela

actitud hacia el pre-texto:
- consagración/homenaje
- exorcismo
- degradación (burla, rebajamiento)
- subversión de la ideología
- transgresión lúdica

actitud hacia el contexto:
- crítica seria
- burla irreverente

←——————→
sátira paródica / parodia satírica

Fig. 3. La práctica textual de la parodia

satírica, la mayoría de novelas analizadas ponen de relieve la historicidad del acto de (re)escritura/(re)lectura.

El objetivo de nuestro trabajo ha sido doble. Por un lado, hemos intentado desentrañar el código retórico de textos paródicos para evaluar luego las implicaciones ideológicas de estrategias analizadas (*ethos* lúdico, auto-reflexivo, satírico-crítico). Por otro lado —condicionados tanto por el enfoque sintético del estudio como por el proteísmo del género novelístico y la historicidad de la praxis paródica— hemos procurado colocar los textos comentados en el marco *diacrónico*. Por cierto, la urdimbre intertextual de novelas paródicas, su "ansiedad de la influencia," ha facilitado tal inserción dialogal en la tradición literaria. Hasta donde haya sido posible hemos analizado novelas concretas en cuanto mosaico de textos, buscando la producción de significado en relación a los precursores, en el espacio del paisaje textual marcado por la conflictiva coexistencia de impulsos de ruptura y continuidad, de rechazo y absorción.

Pero no solamente las nociones de la "memoria" o "arqueología" del género (Bajtin, Foucault, Rose), del diálogo (Bajtin) e intertextualidad (Kristeva) transplantadas a la crítica hispanoamericanista hacen ineludibles tales evaluaciones del género novelístico. Es sobre todo la praxis de las novelas hispanoamericanas más recientes —que suelen clasificarse como "postmacondianas," "novísimas," "postvanguardistas," "postmodernas" o "del post-boom"— la que nos invita a leerlas inter e intratextualmente. Estos discursos tematizan sus propias limitaciones expresivas *(Cuadernos de gofa)* de manera más lúdica, más abiertamente autoparódica, pero al mismo tiempo más narrativa y "legible" que las obras de la década del sesenta *(Rayuela, Tres tristes tigres)*. Al mismo tiempo, los "novísimos" ostentan su condición postmoderna al poner de relieve la imposibilidad de dar cuenta de lo americano a través de los paradigmas que les habían servido a los escritores de la promoción anterior para estructurar su *imago mundi* mágico-realista y universalizar su proyecto de "invención de América." Novelas como *Enciclopedia de latinoamericana omnisciencia* o *Breve historia de todas las cosas* y —desde una óptica fémino-céntrica— *La casa de los espíritus* y *Lumpérica* ponen al desnudo el desmembramiento de la identidad latinoamericana y las limitaciones y fisuras del paradigma narrativo mágico-realista que había sido consagrado por la crítica en tanto una "cristalización sincrética" (expresión de Fernando Ainsa) de lo latinoamericano.

A pesar de las esquivas características de una obra "en marcha," en la novela hispanoamericana del setenta y ochenta se deja notar una actitud

Conclusiones

crítica hacia modelos más inmediatos: es una narrativa que propone un desplazamiento de los horizontes de la cultura letrada hacia las modalidades asociadas con la subcultura y la cultura masiva. Esta evolución puede verse como un caso más de la difusión cultural en el contexto de la dependencia, como una domesticación local del impulso postmoderno, pero también en cuanto un rechazo espontáneo por parte de los "novísimos" de formas expresivas herméticas, elitistas, canonizadas por el boom. Hay que advertir, sin embargo, que en algunos casos la parodia aparece en forma de una mecanización exagerada de procedimientos ya conocidos (las novelas mágico-realistas de Aguilera Garramuño o Alvarez Gardeazábal) y tan sólo un empleo hábil y sutil de lo irónico puede salvar el texto de una imitación pastichante. La línea divisoria entre la transformación paródica enriquecedora y la repetición mecánica, pastichante es —según hemos visto en el capítulo 4— peligrosamente borrosa. La naturaleza misma de la parodia apunta hacia esta ambivalencia en su funcionamiento: diálogo intertextual, renovación, reescritura y transgresión, pero también repetición, cliché, imitación vaciada del impulso creador.

La adopción de la parodia en cuanto eje ordenador de un amplio *corpus* de novelas no ha podido rendir, por cierto, esquemas homogéneos y estáticos. Pero el proteísmo inherente a la praxis paródica tiene, tal vez, una ventaja: permite colocar textos concretos en el marco sincrónico del sistema literario —tal como lo hemos definido siguiendo a Rama y Williams— y facilita la percepción de los procesos evolutivos a nivel diacrónico. Al haber situado nuestros comentarios entre las polaridades de lo textual y lo histórico, de lo marginal y lo canónico, de lo retórico y lo contextual, hemos procurado demostrar que la praxis paródica en la nueva/novísima novela hispanoamericana en la mayoría de los casos va más allá de un incidental e intrascendente ejercicio de *playgiarism* (Federman). Asimismo, debido a nuestro enfoque sobre textos un tanto descuidados por la crítica esperamos haber señalado una pista más para investigaciones ulteriores sobre aspectos todavía no canonizados de la producción novelística hispanoamericana. Finalmente, consideramos legítima la conclusión de que el enfoque sobre la parodicidad ayuda a insertar el texto en el contexto, permite engarzar lo estético y lo extraliterario y, por lo tanto, facilita el análisis íntegro del sentido y de la forma de una obra literaria.

Notas

INTRODUCCION

[1] Angel Rama et al., eds., *Más allá del boom: Literatura y mercado* (México: Marcha, 1981) 293-97; Gustav Siebenmann, "Técnica narrativa y éxito literario: su correlación a la luz de algunas novelas latinoamericanas," *Iberoromania* 7 (1978): 50-66.

[2] Juan Manuel Marcos, *De García Márquez al post-boom* (Madrid: Orígenes, 1985); Antonio Skármeta, "La novísima generación: varias características y un límite," *Revista de Literatura Hispanoamericana* 10 (1976): 9-18; Ricardo Gutiérrez Mouat, "La narrativa latinoamericana del postboom," *Revista Interamericana de Bibliografía* 38.1 (1988): 3-10.

[3] Octavio Paz, "El romanticismo y la poesía contemporánea," *Vuelta* 127 (Junio 1987): 26.

[4] Fernando Burgos, ed., *Prosa hispánica de vanguardia* (Madrid: Orígenes, 1986) 13-14.

[5] Saúl Sosnowski, "Lectura sobre la marcha de una obra en marcha," Rama et al., eds., *Más allá del boom* 194.

[6] José Miguel Oviedo, "Una discusión permanente," *América Latina en su literatura*, ed. César Fernández Moreno (México: Siglo XXI y UNESCO, 1972) 437; Edward Said, *The World, the Text and the Critic* (Cambridge: Harvard UP, 1983) 35. Todas las traducciones al español son mías, a no ser que se indique de otro modo.

[7] Fernando Ainsa, *Identidad cultural en Iberoamérica en su narrativa* (Madrid: Gredos, 1986) 136.

[8] Jorge Aguilar Mora, "Sobre el lado moridor de la 'nueva narrativa' hispanoamericana," Rama et al., eds., *Más allá del boom* 237.

[9] Carlos Fuentes, *La nueva novela hispanoamericana* (México: Joaquín Mortiz, 1969); Julio Ortega, *La contemplación y la fiesta* (Caracas: Monte Avila,

1969); Alfred J. MacAdam, *Modern Latin American Narratives: The Dreams of Reason* (Chicago: U of Chicago P, 1977); Donald L. Shaw, *Nueva narrativa hispanoamericana* (Madrid: Cátedra, 1981); John S. Brushwood, *La novela hispanoamericana del siglo XX* (México: Fondo de Cultura Económica, 1984); Giuseppe Bellini, *Historia de literatura hispanoamericana* (Madrid: Castalia, 1985); Angel Rama, *La novela en América Latina* (Xalapa: Universidad Veracruzana, 1986); Fernando Alegría, *Nueva historia de la novela hispanoamericana* (Hanover, NH: Ediciones del Norte, 1986). Para el concepto de *silva rerum* cf. Ryszard Nycz, *Sylwy współczesne* (Wrocław: Ossolineum, 1984). La noción de mímesis formal está explicada en Michał Głowiński, "Document as Novel," *New Literary History* 18.2 (1987): 385-401. El concepto de *mise en abyme* (estructura en abismo) es de Lucien Dällenbach, *Le Récit spéculaire* (Paris: Seuil, 1977) 52. En traducción al castellano la definición de *mise en abyme* sería la siguiente: "Constituye estructura en abismo todo espejo interno que refleje el conjunto del relato por reduplicación simple, repetida o espaciosa." Véase también Gonzalo Navajas, *Teoría y práctica de la novela española posmoderna* (Barcelona: Mall, 1987).

[10] Elizabeth Garrels, "Resumen de discusión," Rama et al., eds., *Más allá del boom* 289.

[11] Mempo Giardinelli, "Dictaduras y el artista en el exilio," *Discurso literario* 3.1 (1985): 41-49.

[12] Alfred J. MacAdam, *Textual Confrontations: Comparative Readings in Latin American Literature* (Chicago: U of Chicago P, 1987); Jonathan Tittler, *Narrative Irony in the Contemporary Spanish American Narrative* (Ithaca-London: Cornell UP, 1984); Emir Rodríguez Monegal, "Carnaval, antropofagia, parodia," *Revista Iberoamericana* 45 (1979): 401-12; Lucille Kerr, *Suspended Fictions: Reading Novels by Manuel Puig* (Urbana: U of Illinois P, 1987).

[13] David William Foster, *Alternate Voices in the Contemporary Latin American Narrative* (Columbia: U of Missouri P, 1985) 108-12.

[14] John Brushwood, "Teoría literaria: práctica hispanoamericana," *Revista de Estudios Colombianos* 4 (1987): 11-12.

[15] Los términos *Modernism* y *Postmodernism* están prestados del discurso crítico angloparlante y podrían traducirse al español por los términos "vanguardia" y "postvanguardia," respectivamente. La traducción de *Modernism* por "modernismo" (que en español designa en primer lugar el movimiento literario encabezado por Rubén Darío) debe evitarse para no causar confusión. El empleo de la palabra "postmodernidad" en vez de *Postmodernism* parece más aceptable, puesto que no provoca la misma confusión que en el caso anterior.

[16] Roland Barthes en *S/Z* (Paris: Seuil, 1970) distingue entre los textos que ya son "clásicos" y suministran al lector una experiencia de lectura pasiva, codificada (texto *lisible*) y textos que incitan al lector a una cooperación más activa, a una relectura/reescritura (texto *scriptible*). Véase en particular pp. 10-12. En el mismo estudio introduce Barthes los cinco códigos narrativos a los cuales vamos a referirnos en el curso de nuestro análisis: el código proairético (de la acción), el hermenéutico (del misterio), el sémico (de los personajes), el cultural-referencial y el simbólico.

[17] Angel Rama, *Novísimos narradores hispanoamericanos en marcha (1964-1980)* (México: Marcha, 1981) 9-48.

CAPITULO 1: EN TORNO AL CONCEPTO DE PARODIA

[1] Las bibliografías más completas sobre la parodia se encuentran en los estudios siguientes: "Bibliographie sélective de la critique récente sur la parodie," *Etudes Littéraires* 19.1 (1986): 153-58; Linda Hutcheon, *A Theory of Parody: The Teachings of Twentieth-Century Art Forms* (New York–London: Methuen, 1985); Gérard Genette, *Palimpsestes: La Littérature au second degré* (Paris: Seuil, 1982); Joseph Dane, *Parody: Critical Concepts versus Literary Practices: Aristophanes to Sterne* (Norman: U of Oklahoma P, 1988); Claude Bouché, *Lautréamont: Du lieu commun à la parodie* (Paris: Larousse, 1974). Existe también una interesante publicación brasileña dedicada a la evaluación y aplicación de la teoría de la parodia según Bajtin y los formalistas rusos; cf. *Tempo Brasileiro* 62 (1980): 5-152, número monográfico coordinado por Emir Rodríguez Monegal.

[2] Clive Thomson, "Problèmes théoriques de la parodie," *Etudes Littéraires* 19.1 (1986): 19; Joseph A. Dane, "Parody and Satire: A Theoretical Model," *Genre* 13.2 (1980): 145-60.

[3] David Kiremidjian, "The Aesthetics of Parody," *Journal of Aesthetics and Art Criticism* 28.2 (1969): 231-42; David Kiremidjian, *A Study of Modern Parody: James Joyce's "Ulysses," Thomas Mann's "Doctor Faustus"* (New York: Garland, 1985) 1; Sanda Golopentia-Eretescu, "Grammaire de la parodie," *Cahiers de Linguistique Théorique et Appliqué* 6 (1969): 167-81; Margaret Rose, *Parody/Metafiction* (London: Croom Helm, 1979): Tuvia Shlonsky, "Literary Parody: Remarks on Its Method and Function," *Proceedings of the*

IVth *Congress of the International Comparative Literature Association*, ed. Francois Jost, 2 vols. (The Hague: Mouton, 1966) 2: 797-801; Nicholas Cronk, "La Defense du dialogisme: Vers une poétique du burlesque," *Burlesque et formes parodiques*, ed. Isabelle Landy-Houillon y Maurice Menard (Paris-Seattle-Tuebingen: Papers on French Seventeenth Century Literature, 1987) 331.

[4] Arystoteles, *Retoryka-Poetyka* (Warszawa: PWN, 1988) 317 (1448ª 12); Ulrich Weisstein, "Parody, Travesty and Burlesque: Imitations with a Vengeance," *Proceedings of the IVth Congress* 802-11; Henryk Markiewicz, "Parodia i inne gatunki literackie: Problemy terminologiczne," *Nowe przekroje i zbliżenia* (Warszawa: PIW, 1974) 102-18.

[5] Fred W. Householder, "Parodia," *Classical Philology* 39.1 (1944): 1-9; Henryk Markiewicz, "On the Definitions of Literary Parody," *To Honor Roman Jakobson: Essays on the Occasion of His Seventieth Birthday*, 2 vols. (The Hague: Mouton, 1967) 2:1264.

[6] Dane, *Parody* 3-13. Entre los estudios sobre la parodia antigua, medieval, renacentista y la veta burlesca de los siglos XVII-XVIII se destacan los siguientes: J. G. Riewald, "Parody as Criticism," *Neophilologus* 50 (1966): 125-48; Sander L. Gilman, *The Parodic Sermon in European Perspective: Aspects of Liturgical Parody from the Middle Ages to the Twentieth Century* (Wiesbaden: Franz Steiner, 1974); O. M. Freidenberg, "The Origin of Parody," *Semiotics and Structuralism: Readings from the Soviet Union*, ed. Henryk Baran (White Plains, NY: International Arts and Sciences, 1975); George de Forest Lord, *Heroic Mockery: Variations on Epic Themes from Homer to Joyce* (Newark: U of Delaware P, 1977).

[7] Claude Abastado, "Situation de la parodie," *Cahiers du XX Siècle* 6 (1976): 16. Abastado fecha la aparición en francés de la palabra *parodia* en 1614, de *pastiche* en 1677, de *plagio* en 1735; Bernard Beugnot, "L'Invention parodique du XVIIᵉ siècle," *Etudes Littéraires* 19.1 (1986): 81-94; Jerzy Ziomek, "Parodia jako problem retoryki," *Powinowactwa literatury* (Warszawa: PWN, 1980) 355-90.

[8] Markiewicz, "Parodia i inne gatunki" 105. En un interesante cuadro comparativo, Markiewicz enumera a continuación los diferentes procedimientos asociados con la parodia en el siglo XVIII, basándose en *Geschichte der komischen Literatur* de C. F. Flögel de 1784 y termina su ensayo con una lista de acepciones contemporáneas de la parodia. Para un estudio de la evolución de la noción teórica de la parodia véase también Y. Ikegami, "A Linguistic Essay on Parody," *Linguistics* 55 (Diciembre 1969): 13-33.

[9] Genette 17.

Notas a las páginas 4–9

[10] Mijail Bajtin [Mikhail Bakhtin], *Rabelais and His World*, trad. Hélène Iswolsky (Cambridge: MIT P, 1968); W. T. H. Jackson, *The Literature of the Middle Ages* (New York: Columbia U, 1960).

[11] La opinión de Goethe expresada en *Noten und Abhandlungen* comentada por Gilman 2.

[12] Andrés Sánchez Robayna, "Petrarquismo y parodia," *Diálogos* 18.108 (1982): 63.

[13] Hutcheon 4. Sobre la naturaleza parasítica de la parodia véase Israel Davidson, *Parody in Jewish Literature* (New York: AMS, 1966) xvii.

[14] Gilman 1; la idea de la incongruencia en cuanto *conditio sine qua non* de la comicidad está desarrollada también por Hans Robert Jauss, "On Why the Comic Hero Amuses," *Aesthetic Experience and Literary Hermeneutics* (Minneapolis: U of Minnesota P, 1982) 189-220.

[15] Abastado 14.

[16] Judith Priestman, "The Age of Parody: Literary Parody and Some Nineteenth Century Perspectives," tesis doctoral, U of Kent at Canterbury, 1980; Octave Delepierre, *La Parodie chez les Grecs, chez les Romains, et chez les Modernes* (London: N. Trübner, 1870); Paul Lehmann, *Die parodie im Mittelalter*, 2ª ed. (Stuttgart: A. Hiersemann, 1963).

[17] Murray K. Morton, "A Paradise of Parodies," *Satire Newsletter* 9 (1971): 35.

[18] La discusión siguiente de las teorías de los formalistas rusos está basada en Ladislav Matejka, Krystyna Pomorska, eds., *Readings in Russian Poetics: Formalist and Structuralist Views* (Cambridge y London: MIT P, 1971) 105-10; Yuri Tinianov, "Destruction, parodie," *Change* 2 (1969): 67-76; Peter Steiner, *Russian Formalism: A Metapoetics* (Ithaca-London: Cornell UP, 1984) 117-20. Para el concepto de *ostranen'e* véase Víctor Shklovski [Viktor Shklovsky], "Art as Technique," *Russian Formalist Criticism*, trad. Leo T. Lemon y Marion J. Reis (Lincoln: U of Nebraska P, 1965) 11-12.

[19] Margaret Rose, "Parody and Post-Structuralist Criticism," *Jahrbuch für Internationale Germanistik* 28.1 (1986): 97.

[20] "Parodie," *Larousse du XXe Siècle* (Paris, 1932) 387.

[21] Kiremidjian, "The Aesthetics" 234-35.

[22] Roland Barthes, *Le Degré zéro de l'écriture* (Paris: Seuil, 1972) 31.

[23] Kiremidjian, "The Aesthetics" 231.

[24] Raymond Williams, *Marxism and Literature* (Oxford: Oxford UP, 1977). En lo referente a la terminología (*Modernism, Postmodernism*, vanguardista, postvanguardista) hay una confusión. Octavio Paz se opone fervorosamente a la aplicación de los términos ingleses para los objetivos de la crítica hispánica. En

el ya citado "El romanticismo y la poesía contemporánea" dice Paz: "En realidad, las distintas tendencias, obras y autores que los angloamericanos engloban bajo el término 'modernismo' fueron siempre llamadas, en Francia y en el resto de Europa así como en la América Hispana, con un nombre no menos general de vanguardia. Desconocer esto y llamar *modernism* a un movimiento de lengua inglesa posterior en treinta años al nuestro, revela arrogancia cultural, etnocentrismo e insensibilidad histórica" (26).

[25] Geneviève Idt, "La Parodie: Rhétorique ou lecture?" en *Le Discours et le sujet* (Nanterre: Université de Paris X, 1972-73) 128-73; Michael Riffaterre, "Parodie et répétition," *Le Signe à la porte: Vers une théorie de la parodie*, ed. Groupar (New York–Frankfurt am Main: Lang, 1984) 87-94.

[26] Mary O'Connor, "Parodie et histoire littéraire: Lecture de *The Love Song of J. Alfred Prufrock* de T. S. Eliot," *Etudes Littéraires* 19.1 (1986): 125-38; Octavio Paz, *Poemas 1935-75* (Barcelona: Seix Barral, 1979) 237-345; Jurij Lotman, *The Structure of the Artistic Text* (Ann Arbor: U of Michigan P, 1977) 293.

[27] J. Gerald Kennedy, "Parody as Exorcism: *The Raven* and *The Jewbird*," *Genre* 13.2 (1980): 161-69; Jean Milly, *Les Pastiches de Proust: Edition critique et commentée* (Paris: Armand Colin, 1970).

[28] M.-Pierette Malcuzynski, "Parodie et carnavalisation: L'Exemple de Hubert Aquin," *Etudes Littéraires* 19.1 (1986): 51.

[29] Lionel Duisit, *Satire, parodie, calembour; Esquisse d'une théorie des modes dévalués* (Saratoga: Anma, 1978); Ziva Ben-Porat, "Ideology, Genre and Serious Parody," *Proceedings of the Xth Congress of the International Comparative Literature Association,* 3 vols. (New York, Garland, 1985) 2: 380-87.

[30] Michel Deguy, "Limitation ou illimitation de l'imitation: Remarques sur la parodie," Groupar, ed., *Le Signe à la porte* 1-11; Gonzalo Navajas, *Mímesis y cultura en la ficción: teoría de la novela* (London: Tamesis, 1986) 76.

[31] Kiremidjian, "The Aesthetics" 233.

[32] Raymond Federman, ed., *Surfiction: Fiction Now...and Tomorrow* (Chicago: Swallow, 1981); Robert Scholes, *Fabulation and Metafiction* (Urbana: U of Illinois P, 1978).

[33] Rose, *Parody/Metafiction* 59.

[34] Rosemary Freeman, "Parody as a Literary Form: George Herbert and Wilfred Owen," *Essays in Criticism* 13 (1963): 307-22; Erich Heller, "Parody, Tragic and Comic: Mann's *Doctor Faustus* and *Felix Krull*," *Sewanee Review* 66 (1958): 519-46.

[35] Hutcheon 25.

[36] En palabras de Vladimir Nabokov, "Sátira es una lección, parodia es un juego." Cito por el epígrafe en Daniel J. Ransom, *Poets at Play: Irony and Parody in the Harley Lyrics* (Norman: Pilgrim Books, 1985).
[37] Hutcheon 63.
[38] Gilman 3.
[39] Para Householder, la parodia imita a un autor o una obra concreta; otros críticos sostienen que se puede parodiar una convención, un género, etc. Cf. Jonathan Culler, *La poética estructuralista* (Barcelona: Anagrama, 1978) 217.
[40] La noción de la parodia constructiva es de Michał Głowiński, "Parodia konstruktywna (o *Pornografii* Gombrowicza)."
[41] Clive Thomson, "Parody/Genre/Ideology," Groupar, ed., *Le Signe à la porte* 95-103.
[42] Robert Scholes, "Metafiction," *Iowa Review* 1 (1970): 100-15.
[43] Paul St. Pierre, "*Watt:* Le Sens de la parodie," Groupar, ed., *Le Signe à la porte* 30.
[44] Mijail Bajtin [Mikhail Bakhtin], *Problems of Dostoyevsky's Poetics* (Minneapolis: U of Minnesota P, 1984) 106.
[45] Fuentes 17.
[46] Carlos Fuentes, "The Novel Always Says: The World Is Unfinished," *The New York Times Book Review*, 31 de marzo 1985: 25, cito por Ivan A. Schulman, "Las genealogías secretas de la narrativa: del modernismo a la vanguardia," Burgos, ed., *Prosa hispánica de vanguardia* 41.
[47] Cito por Schulman 30.
[48] Barthes, *S/Z*.
[49] Rodríguez Monegal 401-12.
[50] Emir Rodríguez Monegal, "Tradition of Laughter," *Review: Latin American Literature and Arts* 35 (1985): 3.
[51] Alfred MacAdam, *Textual Confrontations* 7.
[52] MacAdam, *Textual Confrontations* 23.
[53] Graciela Maturo, "Apuntes sobre la transformación de la conciencia en la vanguardia hispanoamericana," Burgos, ed., *Prosa hispánica de vanguardia* 44-45.
[54] Maturo 44.
[55] Paz 23.
[56] Merlin H. Foster, "Elementos de innovación en la narrativa de Vicente Huidobro: *Tres inmensas novelas*," Burgos, ed., *Prosa hispánica de vanguardia* 97-104; Margareta Vargas, "Las novelas de los Contemporáneos como 'textos de goce,'" *Hispania* 69.1 (1986): 40-44; Ana María Barrenechea, "Macedonio

Fernández y su humorismo de la nada," *Textos hispanoamericanos de Sarmiento a Sarduy* (Caracas: Monte Avila, 1978) 105-23; Claude Fell, "El centenario de Macedonio Fernández," *Estudios de literatura hispanoamericana contemporánea* (México: Sep-Setentas, 1976); Jorge Schwartz, *Vanguardia e cosmopolitismo* (São Paulo: Perspectiva, 1983).

[57] Fernando Alegría, "*Tres inmensas novelas:* la parodia como antiestructura," *Revista Iberoamericana* 45 (1979): 301-07.

[58] Francine Masiello, *Lenguaje e ideología: las escuelas argentinas de vanguardia* (Buenos Aires: Hachette, 1985) 95.

[59] Masiello 201.

[60] Masiello 196.

[61] Siebenmann 58.

[62] Graciela Coulson, *Marechal: la pasión metafísica* (Buenos Aires: Fernando García Cambeiro, 1974) 67.

[63] Coulson 73.

[64] Julio Cortázar, *La vuelta al día en ochenta mundos* (México: Siglo XXI, 1969) 34.

[65] Alberto Julián Pérez, *Poética de la prosa de Jorge Luis Borges: hacia una crítica bakhtiniana de la literatura* (Madrid: Gredos, 1986) 19.

[66] Ricardo Piglia, *Crítica y ficción* (Buenos Aires: Cuadernos de Extensión Universitaria, 1986) 42.

[67] Carmen del Río, *Jorge Luis Borges y la ficción: el conocimiento como invención* (Miami: Universal, 1983) 97-119.

[68] José Miguel Oviedo, "Laughing Is a Serious Matter," *Review* 35 (1985): 7.

[69] Roland Barthes, *El placer del texto* (México–Buenos Aires: Siglo XXI, 1974) 22.

[70] Jean Franco, "Memoria, narración y repetición: la narrativa hispanoamericana en la época de la cultura de masas," Rama et al., eds., *Más allá del boom* 112-29; el concepto de "escritores faros" es de Pierre Bourdieu, "Campo intelectual y proyecto creador," *Problemas del estructuralismo* (México: Siglo XXI, 1967) 142.

[71] Clive Thomson, "Bakhtin's 'Theory' of Genre," *Studies in Twentieth Century Literature* 9.1 (1984): 39.

CAPITULO 2: LA NOVELA HISTORICA REVISITADA: PARODIA Y REESCRITURA

[1] Ian Watt, *The Rise of the Novel* (Berkeley y Los Angeles: U of California P, 1958) 12-16.
[2] Alvin W. Gouldner, *The Dialectic of Ideology and Technology: The Origins, Grammar and Future of Ideology* (New York: Seabury, 1976) 30.
[3] Paul de Man, "Georg Lukács' Theory of the Novel," *MLN* 81 (1966): 527-35.
[4] Marc Angenot, "The Classical Structure of the Novel: Remarks on Georg Lukács, Lucien Goldmann and René Girard," *Genre* 3 (1970): 212.
[5] Michael Holquist, ed., *The Dialogic Imagination: Four Essays by Mikhail M. Bakhtin* (Austin: U of Texas P, 1981) 6-15.
[6] Pierre Macheray, *A Theory of Literary Production* (London-Boston: Routledge & Kegan Paul, 1978) 155; Fredric Jameson, *The Political Unconscious: Narrative as a Socially Symbolic Act* (Ithaca: Cornell UP, 1981).
[7] William Nelson, *Facts or Fiction: The Dilemma of the Renaissance Storyteller* (Cambridge: Harvard UP, 1973) 5.
[8] Philippe Hamon, "Un Discours constraint," *Poétique* 16 (1973): 411-45.
[9] Roland Barthes, "Historical Discourse," *Introduction to Structuralism*, ed. Michael Lane (New York: Basic Books, 1970) 153-54.
[10] La distinción entre varios tipos de ideología es de Terry Eagleton, *Criticism and Ideology: A Study in Marxist Literary Theory* (London: Humanities, 1976) 72-80. Sobre el discurso histórico, véase: Hayden White, *Metahistory: The Historical Imagination in Nineteenth Century Europe* (Baltimore-London: Johns Hopkins UP, 1973); György [Georg] Lukács, *The Historical Novel* (London: Merlin, 1962); Harry B. Henderson, *Versions of the Past: The Historical Imagination in American Fiction* (New York-London: Oxford UP, 1974); Lion Feuchtwanger, *The House of Desdemona: Or, The Laurels and Limitations of Historical Fiction*, trans. Harold A. Basilius (Detroit: Wayne State UP, 1963); Floyd C. Watkins, *In Time and Place: Some Origins of American Fiction* (Athens: U of Georgia P, 1977); Paul de Man, *Blindness and Insight: Essays in the Rhetoric of Contemporary Criticism* (New York: Oxford UP, 1971).
[11] Roberto González Echevarría, prólogo a *Historia y ficción en la narrativa hispanoamericana. Coloquio de Yale* (Caracas: Monte Avila, 1984) 11.
[12] Linda Hutcheon, *A Poetics of Postmodernism: History, Theory, Fiction* (New York-London: Routledge, 1988) 16, 50, 87-123; Brian McHale, *Postmodernist Fiction* (New York-London: Methuen, 1987) 86-96.

[13] Raquel Chang-Rodríguez, "Subversión y violencia en la *Relación de la conquista del Perú* de Titu Cusi Yupanqui," González Echevarría, ed., *Historia y ficción* 53.

[14] White 2.

[15] Carlos Fuentes, discurso, Caracas, 1978, publicado como *Discurso Premio Internacional de Novela Rómulo Gallegos* (Caracas: Ed. de la Presidencia de la República y del Consejo Nacional de Cultura, 1978) 14.

[16] Djelal Kadir, "Historia y novela: tramatización de la palabra," González Echevarría, ed., *Historia y ficción* 301.

[17] Jacques Ehrmann, "On Articulation: The Language of History and the Terror of Language," *Literature and Revolution* (Boston: Beacon, 1967) 23.

[18] Janina Montero, "Historia y novela en Hispanoamérica: el lenguaje de la ironía," *Hispanic Review* 47 (1979): 514.

[19] White 48.

[20] Emir Rodríguez Monegal, "La novela histórica —otra perspectiva," González Echevarría, ed., *Historia y ficción* 169-83; Amado Alonso, *Ensayo sobre la novela histórica: el modernismo en "La gloria de don Ramiro"* (Madrid: Gredos, 1984); Alfred MacAdam, *Modern Latin American Narratives* 7; John S. Brushwood, "Two Views of the Boom," *Latin American Literary Review* 15.29 (1987): 30; Adriana García de Aldridge, "Two Latin-American Theorists of the Historical Novel," *Clio* 4.2 (1975): 183-98.

[21] Enrique Pupo-Walker, "Primeras imágenes de América: notas para una lectura más fiel de nuestra historia," González Echevarría, ed., *Historia y ficción* 93.

[22] Barthes, *S/Z* passim.

[23] Cito según la versión española de Carlos Altamirano y Beatriz Sarlo, *Literatura/Sociedad* (Buenos Aires: Hachette, 1983) 42.

[24] Gustavo Alvarez Gardeazábal, *Pepe Botellas* (Bogotá: Plaza & Janés, 1984) 88.

[25] El concepto de la función poética es de Roman Jakobson. Sobre la vacilación entre varias funciones del lenguaje véase Jan Mukarovsky, *Escritos de estética y semiótica del arte* (Barcelona: Gustavo Gili, 1977) 51.

[26] Todas las citas de las novelas que aparecen a continuación son de las siguientes ediciones : Alejandro Paternain, *Crónica del descubrimiento* (Montevideo: Lectores de Banda Oriental, 1980); Abel Posse, *Los perros del paraíso* (Barcelona: Argos Vergara, 1983).

[27] Yuri Tinianov, *Avanguardia e tradizione* (Bari: Dedalo, 1968) 181.

[28] Joseph W. Turner, "The Kinds of Historical Fiction: An Essay in Definition and Methodology," *Genre* 12.3 (1979): 335.

[29] Para una bibliografía completa de y sobre Arenas véase Roberto Valero, "Humor y desolación en la obra de Reinaldo Arenas," tesis doctoral, Georgetown U, mayo 1988.

[30] Raymond D. Souza, *La historia en la novela hispanoamericana moderna* (Bogotá: Tercer Mundo, 1988) 51-54. Emir Rodríguez Monegal, "El mundo laberíntico de Reinaldo Arenas," *Vuelta* 101 (Abril 1985): 22. *El mundo alucinante* fue terminada en 1965, premiada en el concurso de UNEAC en 1966 y publicada por primera vez en México en 1969, según una nota del mismo autor fechada en Caracas en julio de 1980. En nuestro trabajo todas las referencias a la novela son de su primera edición corregida y vigilada directamente por el autor (Caracas: Monte Avila, 1982).

[31] Angel Rama, "Indagación de la ideología en la poesía (los dípticos seriados de *Versos sencillos*)," *Revista Iberoamericana* 46 (1980): 357.

[32] Richard Poirier, "The Politics of Self-Parody," *Partisan Review* 35 (1968): 339.

[33] Gladys Zaldívar, "La metáfora de la historia en *El mundo alucinante*," *Novelística cubana de los sesenta* (Miami: Universal, 1977) 50.

[34] Véase en particular: Alicia Borinsky, "Re-escribir y escribir: Arenas, Menard, Borges, Cervantes, Fray Servando," *Revista Iberoamericana* 41 (1975): 605-16; René Jara, "Aspectos de la intertextualidad en *El mundo alucinante*," *Texto Crítico* 5.13 (1979): 219-35; Emil Volek, "La carnavalización y la alegoría en *El mundo alucinante* de Reinaldo Arenas,"*Revista Iberoamericana* 51 (1985): 125-48; Eduardo C. Béjar, *La textualidad de Reinaldo Arenas: juegos de la escritura posmoderna* (Madrid: Playor, 1987), habla de los procedimientos paródicos cuando estudia los procedimientos auto-reflexivos e intertextuales en la narrativa de Arenas basándose en las teorías de Genette *(Palimpsestes)* y Hutcheon *(Narcissistic Narrative)*.

[35] Oscar Rodríguez Ortiz, "Reinaldo Arenas: la textualidad del yo: a propósito de *El mundo alucinante*," *Sobre narradores y héroes* (Caracas: Monte Avila, 1980) 55.

[36] Kadir 299.

[37] Nos ha servido de inspiración en estas reflexiones el agudo comentario de Hugo Rodríguez Vecchini, "*Don Quijote* y la *Florida* del Inca," González Echevarría, ed., *Historia y ficción* 105-48; la cita cervantina aparece en el artículo de Vecchini 108.

[38] Volek 125-43.

[39] MacAdam, *Modern Latin American Narratives* 6.

[40] Esta idea del *Pensamiento salvaje* de Lévi-Strauss aparece comentada por

Roberto González Echevarría en "*Biografía de un cimarrón* and the Novel of the Cuban Revolution," *Novel: A Forum on Fiction* 13.3 (1980): 249-63.

[41] Lucien Dällenbach, *Le Récit spéculaire* passim.

[42] Gustavo Alvarez Gardeazábal, *Pepe Botellas* (Bogotá: Plaza & Janés, 1984). Toda referencia se hace en base a esta edición. La crítica sobre la novela es todavía relativamente escasa. Véase Raymond D. Souza, "El discurso evaluativo de Alvarez Gardeazábal," *Ensayos de literatura colombiana,* ed. Raymond L. Williams (Bogotá: Plaza & Janés, 1985).

[43] Hutcheon 63.

[44] Hutcheon 52.

[45] Suzanne Dolores Valle-Killeen, *The Satiric Perspective: Analysis of Late Medieval, Early Renaissance Satiric Treatises* (New York: Senda Nueva, 1980) 13.

[46] Borinsky 605-16; Rodríguez Monegal, "El mundo laberíntico" 22.

[47] Jorge Ibargüengoitia, *Los relámpagos de agosto* (La Habana: Casa de las Américas, 1964). Todas las citas son de esta edición.

[48] Marta Portal, *Proceso narrativo de la revolución mexicana* (Madrid: Cultura Hispánica, 1977) 233.

[49] Juan Coronado, *Fabuladores de dos mundos* (México: UNAM, 1984) 79-93.

[50] Jorge Ibargüengoitia, "Memoria de novelas," *Vuelta* 29 (Abril 1979) 31.

[51] Portal 235. Para un breve comentario sobre la reescritura satírico-paródica efectuada por Ibargüengoitia véase Adriana Méndez Rodenas, "¿Texto, *Pretexta* o pre-texto? Historia y parodia en la narrativa mexicana contemporánea," Raquel Chang-Rodríguez y Gabriella de Beer, eds., *La historia en la literatura iberoamericana: memorias del XXVI Congreso del Instituto Internacional de Literatura Iberoamericana* (Hanover, NH: Ediciones del Norte, 1989) 379-92.

[52] Gary Saul Morson, *The Boundaries of Genre: Dostoyevsky's "Diary of a Writer" and the Tradition of Literary Utopia* (Austin: U of Texas P, 1981) 110.

[53] Portal 233.

[54] John S. Brushwood, "La novela mexicana 1967-1982: los que siguieron narrando," *Symposium* 37.2 (1983): 101; Jorge Edwards, "Humor latinoamericano," *Vuelta* 91 (Junio 1984): 49-50; Carlos Monsiváis, "Del *Quijote* a *Cien años de soledad*: el proceso narrativo de la novela hispanoamericana," *Al encuentro de la cultura hispanoamericana* (Bogotá: Banco de la República, 1985) 250-55.

[55] Ana Rosa Domenella, "La clase media no va al paraíso," *Diálogos* 19 (1983): 39-44.

Notas a las páginas 63–72

CAPITULO 3: *ETHOS LUDENS* Y LA PARODIA TOTAL

[1] Oviedo, "Una discusión permanente" 437.
[2] Linda Hutcheon, *Narcissistic Narrative: The Metafictional Paradox* (Waterloo, Ont.: Wilfrid Laurier UP, 1980) 31.
[3] Robert Alter, *Partial Magic: The Novel as Self-Conscious Genre* (Berkeley–Los Angeles: U of California P, 1975); Steven Kellman, *The Self-Begetting Novel* (New York: Columbia UP, 1980).
[4] Robert C. Spires, *Beyond the Metafictional Mode: Directions in the Modern Spanish Novel* (Lexington: U of Kentucky P, 1984) x.
[5] Alter x.
[6] Rose, *Parody/Metafiction* 13.
[7] Patricia Waugh, *Metafiction: The Theory and Practice of Self-Conscious Fiction* (New York: Methuen, 1984) 2.
[8] Waugh 53.
[9] Scholes, "Metafiction" 100-15; Spires 9; Hamon 411-45.
[10] Wolfgang Iser, "The Reading Process: A Phenomenological Approach," *The Implied Reader: Patterns of Communication in Prose Fiction from Bunyan to Beckett* (Baltimore: Johns Hopkins UP, 1974) 282.
[11] Guillermo Cabrera Infante, *Tres tristes tigres* (Barcelona: Seix Barral, 1968). Todas las citas son de esta edición.
[12] Suzanne Jill Levine, "La escritura como traducción: *Tres tristes tigres* y una *Cobra*," *Revista Iberoamericana* 41: 92-93 (1975): 557-67. Para la bibliografía más actual sobre Cabrera Infante véase William L. Siemens, "Selected Bibliography (1960-1987)," *World Literature Today* 61.4 (1987): 535-38.
[13] Ardis Nelson, *Cabrera Infante in the Menippean Tradition* (Newark: Juan de la Cuesta Hispanic Monographs, 1983).
[14] Robert Anchor, "Bakhtin's Truths of Laughter," *Clio* 14.3 (1985): 245.
[15] Gustavo Pérez Firmat, *Literature and Liminality: Festive Readings in the Hispanic Tradition* (Durham: Duke UP, 1982) 52-72; Jorge Mañach, *Indagación del choteo* (La Habana: La Verónica, 1940).
[16] Emil Volek, "*Tres tristes tigres* en la jaula verbal: las antinomías dialécticas y la tentativa de lo absoluto en la novela de Guillermo Cabrera Infante," *Cuatro claves para la modernidad* (Madrid: Gredos, 1984) 154-78.
[17] El nombre de este personaje también remite al lector al oscuro metalenguaje literario. Según el *Diccionario de términos literarios (Słownik terminów literackich)*, ed. Michał Głowiński et al. (Wrocław: Ossolineum, 1988) 67, *bustrophedon* es una palabra de origen griego (=regresar como los buyes arando) que

indica una manera de escribir de la derecha a la izquierda en un renglón y de la izquierda a la derecha en el renglón siguiente.

[18] Alfred MacAdam, "Tres tristes tigres: el vasto fragmento," *Revista Iberoamericana* 41 (1975): 549-56.

[19] Ziomek 371.

[20] Abastado 23.

[21] Julio Matas, "Orden y visión de Tres tristes tigres," *Revista Iberoamericana* 40 (1974): 102.

[22] Matas 102.

[23] Stephanie Merrim, "A Secret Idiom: The Grammar and Role of Language in Tres tristes tigres," *Latin American Literary Review* 8.16 (1980): 109-10.

[24] Stephanie Merrim, *The Novel of Language and Linguistic Motivation in "Grande Sertão: Veredas" and "Tres tristes tigres"* (Berne–Frankfurt am Main–New York: Lang, 1983) 76.

[25] Linda Hutcheon, "The Politics of Postmodernism: Parody and History," *Cultural Critique* 5 (1986-87): 179.

[26] Véase John Barth, "The Literature of Exhaustion," *Atlantic* (Agosto 1967): 98-133 y "The Literature of Replenishment: Postmodernist Fiction," *Atlantic* (Enero 1980): 65-71.

[27] Néstor Sánchez, *Cómico de la lengua* (Barcelona: Seix Barral, 1973). Hugo Hiriart, *Cuadernos de gofa* (México: Joaquín Martiz, 1981). Todas las referencias son a estas ediciones. El único comentario más analítico que conocemos sobre la novela de Hiriart es el de J. Ann Duncan, *Voices, Visions and a New Reality: Mexican Fiction since 1970* (Pittsburgh: U of Pittsburgh P, 1986) 211-16.

[28] Dwight MacDonald, citado por Linda Hutcheon, *A Theory of Parody* 26.

[29] Saúl Sosnowski, "Del texto de Morelli a la textura de Néstor Sánchez," *Vórtice* 1.3 (1975): 69-74.

[30] Marta Gallo, "Néstor Sánchez: parodoja del *Cómico de la lengua*," *Revista Iberoamericana* 49 (1983): 944.

[31] Gallo 947.

[32] Julio Cortázar, *Rayuela* (Madrid: Cátedra, 1984) 559-60.

[33] Jean Ricardou, "L'Aventure d'une écriture," *Le Nouveau Roman* (Paris: Garnier, 1972) 21-22.

[34] Rafael Núñez Ramos, "Semiótica del mensaje humorístico," *Teoría semiótica: lenguajes y textos hispánicos,* ed. Miguel Angel Garrido Gallardo, 2 vols. (Madrid: Consejo Superior de Investigaciones Científicas, 1984) 1: 269-75.

[35] Citado por Ernesto González Bermejo, *Cosas de escritores* (Montevideo: Marcha, 1971) 31-32.
[36] Thomas C. Meehan, *Essays on Argentine Narrators* (Valencia–Chapel Hill: Hispanófila, 1982) 16.
[37] Macedonio Fernández, "Para una teoría de la humorística," *Obras completas* (Buenos Aires: Corregidor, 1974) vol. 3.
[38] Ted Lyon, "The Serious Laughter of Jorge Luis Borges and Juan José Arreola," *Discurso Literario* 2.1 (1984): 193-202.
[39] Mario A. Rojas, "El texto auto-reflexivo," Garrido Gallardo, ed., *Teoría semiótica* 1: 585-91.
[40] Roberto González Echevarría, "Sarduy, the Boom, and the Post-Boom," *Latin American Literary Review* 15.29 (1987): 57-72.

CAPITULO 4: DEL ANACRONISMO A *LE SCRIPTIBLE*: LA PARODIA COMO RENOVACION

[1] Mario A. Rojas, "El texto auto-reflexivo," Garrido Gallardo, ed., *Teoría semiótica* 1: 589.
[2] Neil Larsen, "Latin America and Postmodernity: A Brief Theoretical Sketch," artículo inédito, 1988. Agradezco al autor el haberme facilitado el manuscrito.
[3] Larsen 4.
[4] Larsen 4-5.
[5] Larsen 12.
[6] Fredric Jameson, "El postmodernismo o la lógica cultural del capitalismo tardío," *Casa de las Américas* 155-56 (1986): 151; Margaret A. Rose, "Parody/Post-Modernism," *Poetics* 17 (1988): 49-56.
[7] Abastado 32.
[8] Vamos a citar de las ediciones siguientes: Gustavo Alvarez Gardeazábal, *El bazar de los idiotas* (Bogotá: Plaza & Janés, 1974); Marco Tulio Aguilera Garramuño, *Breve historia de todas las cosas* (Buenos Aires: Ed. de la Flor, 1975); Federico Arana, *Enciclopedia de latinoamericana omnisciencia* (México: Joaquín Mortiz, 1977).
[9] Rosalba Campra, "Intertextual-intratextual: el sistema de la narrativa

hispanoamericana," *Identidad cultural de Iberoamérica en su literatura*, ed. Saúl Yurkievich (Madrid: Alhambra, 1986) 118-19.

[10] Skármeta 11.

[11] Raymond L. Williams, "García Márquez y Alvarez Gardeazábal ante *Cien años de soledad*: un desafío a la interpretación crítica," *Revista Iberoamericana* 47 (1981): 167-74.

[12] Linda Hutcheon, "Postmodern Paratextuality and History," *Texte: Revue de Critique et de Théorie Littéraire* 5-6 (1986/87): 302.

[13] Peter Hutchison,*Games Authors Play* (London: Methuen, 1983) 84.

[14] Seymour Menton, "Breve historia de todas las cosas: un Macondo costarricense," *La novela colombiana: planetas y satélites* (Bogotá: Plaza & Janés, 1978) 325-56.

[15] Diógenes Fajardo, "La narrativa colombiana de la última década: valoración y perspectivas," *Revista Iberoamericana* 53 (1987): 891.

[16] Armando Durán, *Estructura y técnicas de la novela sentimental y caballeresca* (Madrid: Gredos, 1973) 125.

[17] A continuación vamos a referirnos a las ediciones siguientes: Hugo Hiriart, *Galaor* (México: Joaquín Mortiz, 1972); José Donoso, *La misteriosa desaparición de la marquesita de Loria* (Barcelona: Seix Barral, 1980).

[18] Jorge Luis Borges, "Pierre Menard, autor del *Quijote*," *Ficciones* (Buenos Aires: Emecé, 1965) 49.

[19] José Agustín, "La nueva novela mexicana," *Al encuentro de la cultura hispanoamericana* (Bogotá: Banco de la República, 1985) 189.

[20] Ricardo Gutiérrez Mouat, *José Donoso: impostura e impostación: la modelización lúdica y carnavalesca de una producción literaria* (Gaithersburgh, MD: Hispamérica, 1983) 249-70.

[21] Gutiérrez Mouat, *José Donoso* 261.

[22] Jorge Ruffinelli, "Al margen de la ficción: autobiografía y literatura mexicana," *Hispania* 69 (1986): 512.

[23] A continuación vamos a referirnos a las ediciones siguientes: Mario Vargas Llosa, *Pantaleón y las visitadoras* (Barcelona: Seix Barral, 1973); Humberto Costantini, *De dioses, hombrecitos y policías* (México: Nueva Imagen, 1979); Vicente Leñero, *Evangelio de Lucas Gavilán* (Barcelona: Seix Barral, 1979).

[24] D. C. Muecke, *The Compass of Irony* (London: Methuen, 1969) 7.

[25] Frank Dauster, "*Pantaleón* y *Tirant*: puntos de contacto," *Mario Vargas Llosa*, ed. José Miguel Oviedo (Madrid: Taurus, 1981) 237.

[26] Mario Vargas Llosa, *García Márquez: historia de un deicidio* (Barcelona-Caracas: Monte Avila, 1971) 177.

[27] Eduardo Mejía, reseña de *Evangelio de Lucas Gavilán*, de Vicente Leñero, *Siempre* 10 de febrero de 1982: 16.

CAPITULO 5: TRANSGRESION PARODICA DE LA FORMULA POLICIAL

[1] Las definiciones de la novela policial van desde las muy generales (que incluyen todas las narraciones del crimen a partir de la historia de *Edipo Rey*) hasta las más restrictivas (investigación de un crimen por parte del detective o la policía). Nosotros vamos a emplear el término en su sentido restringido pero incluyendo las modalidades de la novela negra y el *thriller* político, o sea la novela de espionaje/contraespionaje. El término "fórmula literaria" se refiere a la literatura basada en modelos altamente convencionalizados y un repertorio de temas recurrentes cuyo objetivo principal es el entretenimiento. Cf. John G. Cawelti, *Adventure, Mystery and Romance: Formula Stories as Art and Popular Culture* (Chicago: U of Chicago P, 1976). Sobre el empleo de las fórmulas como modelos parodiados, véase Myrna Solotorevsky, *Literatura-Paraliteratura* (Gaithersburgh, MD: Hispamérica, 1988).

[2] Jorge Lafforgue y Jorge B. Rivera, eds., *Asesinos de papel* (Buenos Aires: Calicanto, 1977) 23. Eugenia Revueltas, "La novela policíaca en México y en Cuba," *Cuadernos Americanos* 1 (1987): 108.

[3] Cito por Luis Rogelio Nogueras, ed., *Por la novela policial* (La Habana: Unión, 1982) 10.

[4] Lafforgue y Rivera 7-46; Rafael Ramírez Heredia, "La novela policíaca en México," *La Palabra y el Hombre* 53-54 (Enero-junio 1985): 29-31; Vicente Francisco Torres, "La novela policíaca mexicana," *La Palabra y el Hombre* 53-54 (Enero-junio 1985): 37-42.

[5] Cito por Lafforgue y Rivera 15.

[6] Fernando Savater, "Novela detectivesca y conciencia moral," *Vuelta* 78 (Mayo 1983): 35.

[7] Mempo Giardinelli, "Coincidencias y divergencias en la literatura 'negra' (apuntes para una explicación de las relaciones de la novela latinoamericana con la norteamericana del género policial)," *Revista Mexicana de Ciencias Políticas y Sociales* 100 (1980): 142.

[8] Enrique Sacerio-Garí, "Detectives North and South," *Proceedings of the Xth Congress of the International Comparative Literature Association* (New

York: Garland, 1985) 3: 91-97; José M. Fernández Pequeño, "Teoría y práctica de la novela policial revolucionaria," *Unión* 1 (1987): 5-16.

[9] Pérez 133-34.

[10] Stanco [Stanko] Lasič, *Poetyka powieści kryminalnej* (Warszawa: PIW, 1976); Tzvetan Todorov, "Typologie du roman policier," *Poétique de la prose* (Paris: Seuil, 1978) 9-19; Desiderio Navarro, "La novela policial y la literatura artística," *Texto Crítico* 16-17 (1980): 135-48.

[11] Sacerio-Garí 91.

[12] S. S. Van Dine, "Twenty Rules for Writing Detective Stories," *The Art of the Mystery Story*, ed. Howard Haycraft (New York: Simon, 1946) 189-93; Ronald A. Knox, "Detective Story Decalogue," Haycraft, ed., *The Art of the Mystery Story* 194-96.

[13] Navarro 142.

[14] Por el "código hermenéutico" entendemos la estructuración del misterio, tal como quedó definida por Roland Barthes en *S/Z*.

[15] Lafforgue y Rivera 7.

[16] Cito por Lafforgue y Rivera 15.

[17] Cito por Nogueras 117.

[18] Michael Holquist, "Whodunit and Other Questions: Metaphysical Detective Stories in Post-War Fiction," *New Literary History* 3 (1971-72): 137.

[19] Myrna Solotorevsky, "*La muerte y la brújula:* parodia irónica de una convención genérica," *Neophilologus* 70 (1986): 547-54; Alfred MacAdam, "Un modelo para la muerte: la apoteosis de Parodi," *Revista Iberoamericana* 46 (1980): 545-52.

[20] Lucille Kerr, "*The Buenos Aires Affair*: un caso de repetición criminal," *Texto Crítico* 16-17 (1980): 201-32.

[21] Juan Armando Epple, "*The Buenos Aires Affair* y la estructura de la novela policíaca," *La Palabra y el Hombre* 18 (1978): 44.

[22] Savater 32.

[23] Lafforgue y Rivera 28.

[24] José Antonio Portuondo, *Astrolabio* (La Habana: Arte y Literatura, 1972) 131.

[25] Angel Rama, "García Márquez entre la tragedia y la policial o Crónica y pesquisa de la crónica de una muerte anunciada," *Sin Nombre* 13.1 (1982): 7-27.

[26] Saúl Sosnowski, "Lectura sobre la marcha" 191-236.

[27] Juan Manuel Marcos, "Antonio Skármeta en blanco y negro: Vicky Menor se traga el teleobjetivo," Burgos, ed., *Prosa hispánica de vanguardia* 150.

[28] Carlos Rincón, *El cambio de la noción de la literatura* (Bogotá: Instituto Colombiano de Cultura, 1978).

[29] Antonio Planells, "El género detectivesco en Hispanoamérica," *Revista Interamericana de Bibliografía* 36 (1986): 460-72.

[30] Vamos a citar por las ediciones siguientes: Jorge Ibargüengoitia, *Las muertas* (México: Joaquín Mortiz, 1977); *Dos crímenes* (México: Joaquín Mortiz, 1979).

[31] René Delgado, "Jorge Ibargüengoitia: los historiadores echan a perder la historia," Varios, *Los escritores* (México: Proceso, 1981) 113.

[32] Peter Hühn, "The Detective as Reader: Narrativity and Reading Concepts in Detective Fiction," *Modern Fiction Studies* 33.3 (1987): 451-66.

[33] Stefano Tani, *The Doomed Detective: The Contribution of the Detective Novel to Postmodern American and Italian Fiction* (Carbondale: Southern Illinois UP, 1984) 43.

[34] Juan Manuel Marcos, "El género popular como meta-escrutura textual del post-boom latinoamericano," *Monographic Review/Revista Monográfica* 3.1-2 (1987): 268-78.

[35] Juan Manuel Marcos, "Mempo Giardinelli in the Wake of Utopia," *Hispania* 70 (1987): 240-48.

[36] Vamos a citar a continuación de Paco Ignacio Taibo II, *De paso* (México: Leega Literaria, 1986).

[37] Navarro 142.

[38] Piglia 13.

[39] Fereydoun Hoveyda, *Historia de la novela policíaca* (Madrid: Alianza, 1967). Cito por Epple 146.

[40] Epple 46.

[41] Vamos a citar a continuación de Osvaldo Soriano, *Triste, solitario y final* (Buenos Aires: Bruguera, 1983); para la "génesis" de la novela véase la colección de artículos periodísticos de Soriano, *Artistas, locos y criminales: personajes en "La Opinión," 1971-74* (Buenos Aires: Bruguera, 1983).

[42] Hiber Conteris, *El diez por ciento de vida: el test de Chandler* (Barcelona: Laia, 1985).

[43] Carlos Roberto Morán, "A Latin American Reading of Chandler," *Review* 17 (1976): 50.

[44] Lafforgue y Rivera 45-46.

[45] Lafforgue y Rivera 57.

[46] Holquist, "Whodunit and Other Questions" 149.

[47] Lizabeth Paravisini y Carlos Yorio, "Is it or isn't it? The Duality of Parodic Detective Fiction," Earl F. Bargainnier, ed., *Comic Crime* (Bowling Green, OH: Bowling Green State UP, 1987) 181.

CAPITULO 6: LA ESCRITURA FEMENINA: UNA CONTRA-CORRIENTE PARODICA

[1] Julia Kristeva, citada por Donna Przybylowicz, "Contemporary Issues in Feminist Theory," *Criticism without Boundaries*, ed. Joseph A. Buttiegieg (Notre Dame, IN: U of Notre Dame P, 1987) 137.

[2] Elaine Showalter, *A Literature of Their Own: British Women Novelists from Brontë to Lessing* (Princeton: Princeton UP, 1977) 13.

[3] Bouché 195.

[4] Marcelo Coddou, "Dimensión del feminismo en Isabel Allende," *Los libros tienen sus propios espíritus*, ed. Marcelo Coddou (Xalapa: Universidad Veracruzana, 1986) 29.

[5] Showalter, citada por Toril Moi, *Sexual/Textual Politics: Feminist Literary Theory* (London–New York: Methuen, 1985) 50.

[6] Sobre la novela de Robles véase mi artículo "El discurso de *Hagiografía de Narcisa la Bella* de Mireya Robles en el contexto de la prosa femenina hispanoamericana," *Kwartalnik Neofilologiczny* 23 (1986): 487-98.

[7] Przybylowicz 140.

[8] Przybylowicz 141.

[9] Sandra M. Gilbert y Susan Gubar, *The Madwoman in the Attic: The Woman Writer and the Nineteenth-Century Literary Imagination* (New Haven: Yale UP, 1979) 80.

[10] Deguy 2.

[11] Tomamos prestada de Bouché la imagen de "biblioteca mental."

[12] Jean-Louis Boudry, "Ecriture, fiction, idéologie," *Tel Quel* 31 (1967): 22.

[13] Diana Sorensen Goodrich, *The Reader and the Text: Interpretative Strategies for Latin American Literatures* (Amsterdam-Philadelphia: Benjamins, 1986) 100.

[14] Francine Masiello, "Texto, ley, transgresión: especulación sobre la novela feminista de vanguardia," *Revista Iberoamericana* 51 (1985): 804-22.

[15] Todas las referencias se indican en el texto y corresponden a la edición siguiente: Mireya Robles, *Hagiografía de Narcisa la Bella* (Hanover, NH: Ediciones del Norte, 1985).

[16] Rose, *Parody/Metafiction* 185.

[17] Hernán Vidal, "Narrativa de mitificación satírica: equivalencias socio-literarias," *Hispamérica*, añejo 1 (1975): 57.

[18] Mario Rodríguez Fernández, "García Márquez / Isabel Allende: relación textual," Coddou, ed., *Los libros tienen* 79-82.

[19] Isabel Allende, *La casa de los espíritus* (Bogotá-Madrid: Plaza & Janés, 1982).

[20] Antonio Gómez Moriana, "La subversión del discurso ritual," *Co-textes* 8 (1984): 50.

[21] Marcelo Coddou, "Las ficciones de Isabel Allende," *Literatura Chilena: Creación y Crítica* 11.39 (1987): 11.

[22] Masiello, *Lenguaje e ideología* 196.

[23] Masiello, *Lenguaje e ideología* 195.

[24] Angélica Gorodischer, "Las mujeres y las palabras," *Hispamérica* 39 (1984): 47.

[25] Robert Antoni, "Parody and Piracy: The Relationship of *The House of the Spirits* to *One Hundred Years of Solitude*," *Latin American Literary Review* 16:32 (1988): 16. El concepto del contratexto es de Marcelo Coddou, "La poesía femenina chilena como contratexto," *Literatura Chilena: Creación y Crítica* 7.26 (1983): 10-11.

[26] Coddou, "Las ficciones" 12.

[27] Lotman 293.

[28] Ihab Hassan, *The Dismemberment of Orpheus: Toward a Postmodern Literature* (Madison: U of Wisconsin P, 1982) 267-68.

[29] Jean Franco, "Apuntes sobre la crítica feminista y la literatura hispanoamericana," *Hispamérica* 45.15 (1986): 33. Diamela Eltit, *Lumpérica* (Santiago de Chile: Ornitorrinco, 1983). Todas las citas son de esta edición. Para un estudio de la escritura femenina en relación a la postmodernidad véase Bonnie Zimmerman, "Feminist Fiction and the Postmodern Challenge," *Postmodern Fiction: A Bio-Bibliographical Guide,* ed. Larry McCaffery (New York–Westport, CT–London: Greenwood, 1986) 175-88.

[30] Hassan 259-71.

[31] Kerr, *Suspended Fictions: Reading Novels by Manuel Puig* 7.

[32] Deguy 7.

[33] La noción de los códigos es de Roland Barthes, *S/Z.*

[34] Luisa Valenzuela, *Como en la guerra* (Buenos Aires: Sudamericana, 1977). Todas las citas son de esta edición.

[35] Véase el número monográfico dedicado a Luisa Valenzuela de *The Review of Contemporary Fiction* 11.3 (1986).

[36] Emily Hicks, "That Which Resists: The Code of the Real in Luisa Valenzuela's *He Who Searches,*" *The Review of Contemporary Fiction* 11.3 (1986): 55-61.

[37] Hicks 59.

[38] Gustavo Pérez Firmat, "Apuntes para un modelo de la intertextualidad," *Romanic Review* 69 (1978): 1-14.

[39] Lida B. Aronne-Amestoy, "Grafomanía del silencio: para una acción *Como en la guerra*," ponencia en Twentieth Convention of the Northeast Modern Language Association, Providence, marzo, 1988.

[40] Ben-Porat 380-87.

Bibliografía

I. NOVELAS ANALIZADAS

Aguilera Garramuño, Marco Tulio. *Breve historia de todas las cosas.* Buenos Aires: Ed. de la Flor, 1975.
Allende, Isabel. *La casa de los espíritus.* Bogotá-Madrid: Plaza & Janés, 1982.
Alvarez Gardeazábal, Gustavo. *El bazar de los idiotas.* Bogotá: Plaza & Janés, 1974.
―――. *Pepe Botellas.* Bogotá: Plaza & Janés, 1984.
Arana, Federico. *Enciclopedia de latinoamericana omnisciencia.* México: Joaquín Mortiz, 1977.
Arenas, Reinaldo. *El mundo alucinante.* Caracas: Monte Avila, 1982.
Cabrera Infante, Guillermo. *Tres tristes tigres.* Barcelona: Seix Barral, 1968.
Costantini, Humberto. *De dioses, hombrecitos y policías.* México: Nueva Imagen, 1979.
Donoso, José. *La misteriosa desaparición de la marquesita de Loria.* Barcelona: Seix Barral, 1980.
Eltit, Diamela. *Lumpérica.* Santiago de Chile: Ornitorrinco, 1983.
Giardinelli, Mempo. *Luna caliente.* México: Oasis, 1983.
Hiriart, Hugo. *Cuadernos de gofa.* México: Joaquín Mortiz, 1981.
―――. *Galaor.* México: Joaquín Mortiz, 1972.
Ibargüengoitia, Jorge. *Dos crímenes.* México: Joaquín Mortiz, 1979.
―――. *Las muertas.* México: Joaquín Mortiz, 1977.
―――. *Los relámpagos de agosto.* La Habana: Casa de las Américas, 1964.
Leñero, Vicente. *Evangelio de Lucas Gavilán.* Barcelona: Seix Barral, 1979.
Paternain, Alejandro. *Crónica del descubrimiento.* Montevideo: Lectores de Banda Oriental, 1980.
Posse, Abel. *Los perros del paraíso.* Barcelona: Argos Vergara, 1983.

Robles, Mireya. *Hagiografía de Narcisa la Bella.* Hanover, NH: Ediciones del Norte, 1985.
Sánchez, Néstor. *Cómico de la lengua.* Barcelona: Seix Barral, 1973.
Soriano, Osvaldo. *Triste, solitario y final.* Buenos Aires: Bruguera, 1983.
Taibo, Paco Ignacio II. *De paso.* México: Leega Literaria, 1985.
Valenzuela, Luisa. *Como en la guerra.* Buenos Aires: Sudamericana. 1977.
Vargas Llosa, Mario. *Pantaleón y las visitadoras.* Barcelona: Seix Barral, 1973.

II. CRITICA LITERARIA Y OTRAS OBRAS CITADAS (BIBLIOGRAFIA SELECTA)

Abastado, Claude. "Situation de la parodie." *Cahiers du XX Siècle* 6 (1976): 9-37.
Aden, John. "Towards a Uniform Satiric Terminology." *Satire Newsletter* 2 (1964): 30-31.
Agustín, José. "La nueva novela mexicana." *Al encuentro de la cultura hispanoamericana.* Bogotá: Banco de la República, 1985. 185-92.
Ainsa, Fernando. *Identidad cultural en Iberoamérica en su narrativa.* Madrid: Gredos, 1986.
Alegría, Fernando. *Nueva historia de la novela hispanoamericana.* Hanover, NH: Ediciones del Norte, 1986.
———. "*Tres inmensas novelas*: la parodia como antiestructura." *Revista Iberoamericana* 45 (1979): 301-07.
Alonso, Amado. *Ensayo sobre la novela histórica: el modernismo en "La gloria de don Ramiro."* Madrid: Gredos, 1984.
Altamirano, Carlos, y Beatriz Sarlo. *Literatura/Sociedad.* Buenos Aires: Hachette, 1983.
Alter, Robert. *Partial Magic: The Novel as Self-Conscious Genre.* Berkeley–Los Angeles: U of California P, 1975.
Anchor, Robert. "Bakhtin's Truths of Laughter." *Clio* 14.3 (1985): 237-57.
Anderson, Danny J. "Genre and Subgenre in the Novels of Vicente Leñero." Tesis doctoral. U of Kansas, 1985.
Angenot, Marc. "The Classical Structure of the Novel: Remarks on Georg Lukács, Lucien Goldmann and René Girard." *Genre* 3 (1970): 205-13.
Antoni, Robert. "Parody or Piracy: The Relationship of *The House of the Spirits* to *One Hundred Years of Solitude.*" *Latin American Literary Review* 16.32 (1988): 16-28.

Bibliografía

Aronne-Amestoy, Lida B. "Grafomanía del silencio: por una acción *Como en la guerra*." Ponencia en Twentieth Convention of the Northeast Modern Language Association, Providence, marzo 1988.

Bajtin, Mijail [Mikhail Bakhtin]. *The Dialogic Imagination: Four Essays by Mikhail M. Bakhtin*. Ed. Michael Holquist. Trad. Michael Holquist y Caryl Emerson. Austin: U of Texas P, 1981.

―――. *Problems of Dostoyevsky's Poetics*. Trad. Caryl Emerson. Minneapolis: U of Minnesota P, 1984.

―――. *Rabelais and His World*. Trad. Hélène Iswolsky. Cambridge: MIT P, 1968.

Balderston, Daniel, ed. *The Historical Novel in Latin America*. Gaithersburgh, MD: Hispamérica, 1986.

Bargainnier, Eral F., ed. *Comic Crime*. Bowling Green, OH: Bowling Green State UP, 1987.

Barranechea, Ana María. *Textos hispanoamericanos de Sarmiento a Sarduy*. Caracas: Monte Avila, 1978.

Barrientos, Juan José. "Nueva novela histórica hispanoamericana." *Revista de la Universidad de México* 40.416 (1985): 16-24.

Barth, John. "The Literature of Exhaustion." *Atlantic* (Agosto 1967): 98-133.

―――. "The Literature of Replenishment: Postmodernist Fiction." *Atlantic* (Enero 1980): 65-71.

Barthes, Roland. *Le Degré zéro de l'écriture* (Paris: Seuil, 1972).

―――. "Historical Discourse." *Introduction to Structuralism*. Ed. Michael Lane. New York: Basic Books, 1970. 144-55.

―――. *El placer del texto*. México–Buenos Aires: Siglo XXI, 1974.

―――. *S/Z*. Paris: Seuil, 1970.

Begak, Boris, ed. *Russkaia literaturnaia parodia*. Ann Arbor: Ardis, 1980.

Béjar, Eduardo C. *La textualidad de Reinaldo Arenas: juegos de la escritura posmoderna*. Madrid: Playor, 1987.

Bellini, Giuseppe. *Historia de literatura hispanoamericana*. Madrid: Castalia, 1985.

Bennett, David. "Parody, Postmodernism, and the Politics of Reading." Ed. Pavel Petr, David Roberts et al.*Comic Relations: Studies in the Comic, Satire and Parody*. Frankfurt: Lang, 1985. 193-200.

Ben-Porat, Ziva. "Ideology, Genre and Serious Parody." *Proceedings of the Xth Congress of the International Comparative Literature Association*. 3 vols. New York: Garland, 1985. 2: 380-87.

Bereza, Aleksander. "Parodia wobec struktury groteski." *Styl i kompozycja*. Ed. Jan Trzynadlowski. Wrocław: Ossolineum, 1965.

Bergson, Henri. *Le Rire: Essai sur la signification du comique.* Paris: Presses Universitaires, 1947.
Bilous, Daniel. "Intertexte/Pastiche: L'Intermimotexte." *Texte* 2 (1983): 135-60.
Bloom, Harold. *The Anxiety of Influence.* New York: Oxford UP, 1973.
Borinsky, Alicia. "Re-escribir y escribir: Arenas, Menard, Borges, Cervantes, Fray Servando." *Revista Iberoamericana* 41 (1975): 605-16.
Bouché, Claude. *Lautréamont: Du lieu commun à la parodie.* Paris: Larousse, 1974.
Boudry, Jean-Louis. "Ecriture, fiction, idéologie." *Tel Quel* 31 (1967): 15-30.
Bromwich, David. "Parody, Pastiche and Allusion." *Lyric Poetry: Beyond New Criticism.* Ed. Chaviva Hosek, Patricia Parker. Ithaca: Cornell UP, 1985. 328-44.
Bruce-Novoa, Juan. "*La Onda* as Parody and Satire." *José Agustín: "La Onda" and Beyond.* Ed. June Carter y Donald L. Schmidt. Columbia: U of Missouri P, 1986.
Brushwood, John S. *La novela hispanoamericana del siglo XX.* México: Fondo de Cultura Económica, 1984.
——. "La novela mexicana 1967-1982: los que siguieron narrando." *Symposium* 37.2 (1983): 91-105.
——. "Teoría literaria: práctica hispanoamericana." *Revista de Estudios Colombianos* 4 (1987): 7-14.
——. "Two Views of the Boom." *Latin American Literary Review* 15.29 (1987): 13-32.
Burgos, Fernando, ed. *Prosa hispánica de vanguardia.* Madrid: Orígenes, 1986.
Buttiegieg, Joseph A., ed. *Criticism without Boundaries.* Notre Dame, IN: U of Notre Dame P, 1987.
Cawelti, John G. *Adventure, Mystery and Romance: Formula Stories as Art and Popular Culture.* Chicago: U of Chicago P, 1976.
Chang-Rodríguez, Raquel, y Gabriella de Beer, eds. *La historia en la literatura iberoamericana: memorias del XXVI Congreso del Instituto Internacional de Literatura Iberoamericana.* Hanover, NH: Ediciones del Norte, 1989.
Coddou, Marcelo. "Las ficciones de Isabel Allende." *Literatura Chilena: Creación y Crítica* 11.39 (1987): 11-12.
——, ed. *Los libros tienen sus propios espíritus.* Xalapa: Universidad Veracruzana, 1986.
——. "La poesía femenina chilena como contratexto." *Literatura Chilena: Creación y Crítica* 7.26 (1983): 10-11.
Coronado, Juan. *Fabuladores de dos mundos.* México: UNAM, 1984.
Cortázar, Julio. *La vuelta al día en ochenta mundos.* México: Siglo XXI, 1969.

Bibliografía

Cortázar, Julio. *Rayuela*. Madrid: Cátedra, 1984.
Coulson, Graciela. *Marechal: la pasión metafísica*. Buenos Aires: Fernando García Cambeiro, 1974.
Crespo Matellán, Salvador. *La parodia dramática en la literatura española*. Salamanca: Ed. de la Universidad, 1979.
Culler, Jonathan. *La poética estructuralista*. Barcelona: Anagrama, 1978.
———. "Presupposition and Intertextuality." *MLN* 91 (1976): 1380-96.
Dällenbach, Lucien. *Le Récit spéculaire: Essai sur la mise en abyme*. Paris: Seuil, 1977.
Dane, Joseph A. "Parody and Satire: A Theoretical Model." *Genre* 13.2 (1980): 145-60.
———. *Parody: Critical Concepts versus Literary Practices: Aristophanes to Sterne*. Norman: U of Oklahoma P, 1988.
Davidson, Israel. *Parody in Jewish Literature*. New York: AMS, 1966.
Deffoux, Léon. *Le Pastiche littéraire des origines á nos jours*. Paris: Delagrave, 1932.
Delepierre, Octave. *La Parodie chez les Grecs, chez les Romains, et chez les Modernes*. London: N. Trübner, 1870.
Del Río, Carmen. *Jorge Luis Borges y la ficción: el conocimiento como invención*. Miami: Universal, 1983.
De Man, Paul. *Blindness and Insight: Essays in the Rhetoric of Contemporary Criticism*. New York: Oxford UP, 1971.
———. "Georg Lukács' Theory of the Novel." *MLN* 81 (1966): 527-35.
Domenella, Ana Rosa. "La clase media no va al paraíso." *Diálogos* 19 (1983): 39-44.
Duisit, Lionel. *Satire, parodie, calembour: Esquisse d'une théorie des modes dévalués*. Stanford French and Italian Studies, 9. Saratoga: Anma, 1978.
Duncan, J. Ann. *Voices, Visions and a New Reality: Mexican Fiction since 1970*. Pittsburgh: U of Pittsburgh P, 1986.
Durán, Armando. *Estructura y técnicas de la novela sentimental y caballeresca*. Madrid: Gredos, 1973.
Eagleton, Terry. *Criticism and Ideology: A Study in Marxist Literary Theory*. London: Humanities, 1976.
Edwards, Jorge. "Humor latinoamericano." *Vuelta* 91 (Junio 1984): 49-50.
Ehrmann, Jacques. "On Articulation: The Language of History and the Terror of Language." *Literature and Revolution*. Boston: Beacon, 1967.
Epple, Juan Armando. "*The Buenos Aires Affair* y la estructura de la novela policíaca." *La Palabra y el Hombre* 18 (1978): 43-59.

Fajardo, Diógenes. "La narrativa colombiana de la última década: valoración y perspectivas." *Revista Iberoamericana* 53 (1987): 887-901.

Federman, Raymond, ed. *Surfiction: Fiction Now...and Tomorrow* (Chicago: Swallow, 1981).

Fell, Claude. *Estudios de literatura hispanoamericana contemporánea*. México: Sep-Setentas, 1976.

Fernández, Macedonio. *Obras completas*. 3 vols. Buenos Aires: Corregidor, 1974.

Fernández Moreno, César, ed. *América Latina en su literatura*. México: Siglo XXI y UNESCO, 1972.

Feuchtwanger, Lion. *The House of Desdemona: Or, The Laurels and Limitations of Historical Fiction*. Trad. A. Basilius. Detroit: Wayne State UP, 1963.

Fineman, Daniel D. "The Parodic and Production: Criticism and Labor." *Minnesota Review* 18 (1982): 69-85.

Foster, David William. *Alternate Voices in the Contemporary Latin American Narrative*. Columbia: U of Missouri P, 1985.

Freeman, Rosemary. "Parody as a Literary Form: George Herbert and Wilfred Owen." *Essays in Criticism* 13 (1963): 307-22.

Freidenberg, O. M. "The Origin of Parody." *Semiotics and Structuralism: Readings from the Soviet Union*. Ed. Henryk Baran. White Plains, NY: International Arts and Sciences, 1975.

Frye, Northrop. *The Anatomy of Criticism*. New York: Atheneum, 1970.

Fuentes, Carlos. *Discurso*. Caracas, 1978. Publicado como *Discurso Premio Internacional de Novela Rómulo Gallegos*. Caracas: Ed. de la Presidencia de la República y del Consejo Nacional de Cultura, 1978.

———. *La nueva novela hispanoamericana*. México: Joaquín Mortiz, 1969.

Gallo, Marta. "Néstor Sánchez: paradoja del *Cómico de la lengua*." *Revista Iberoamericana* 49 (1983): 943-54.

García, Gustavo. "Jorge Ibargüengoitia: la burla en primera persona." *Revista de la Universidad de México* 32 (Agosto 1978): 19-23.

García de Aldridge, Adriana. "Two Latin-American Theorists of the Historical Novel." *Clio* 4.2 (1975): 183-99.

Garrad, Ken. "Parody in Cervantes." *Southern Review* [Adelaide] 13.1 (1980): 21-29.

Garrido Gallardo, Angel, ed. *Teoría semiótica: lenguajes y textos hispánicos*. 2 vols. Madrid: Consejo Superior de Investigaciones Científicas, 1984.

Genette, Gérard. *Palimpsestes: La Littérature au second degré*. Paris: Seuil, 1982.

Bibliografía

Giardinelli, Mempo. "Coincidencias y divergencias en la literatura 'negra' (apuntes para una explicación de las relaciones de la novela latinoamericana con la norteamericana del género policial)." *Revista Mexicana de Ciencias Políticas y Sociales* 100 (1980): 125-42.

———. "Dictaduras y el artista en el exilio."*Discurso literario* 3.1 (1985): 41-49.

Gilbert, Sandra M., y Susan Gubar. *The Madwoman in the Attic: The Woman Writer and the Nineteenth-Century Literary Imagination.* New Haven: Yale UP, 1979.

Gilman, Sander L. *The Parodic Sermon in European Perspective: Aspects of Liturgical Parody from the Middle Ages to the Twentieth Century.* Wiesbaden: Franz Steiner, 1974.

Głowiński, Michał. "Document as Novel." *New Literary History* 18.2 (1987): 385-401.

———. "Parodia konstruktywna (o *Pornografii* Gombrowicza)." *Gry powieściowe.* Warszawa: PWN, 1973. 279-303.

Golopentia-Eretescu, Sanda. "Grammaire de la parodie." *Cahiers de Linguistique Théorique et Appliquée* 6 (1969): 167-81.

Gómez Moriana, Antonio. "Intertextualidad, interdiscursividad y parodia."*Dispositio* 8 (1983): 123-44.

———. "La subversión del discurso ritual." *Co-textes* 8 (1984): 49-76.

González Bermejo, Ernesto. *Cosas de escritores.* Montevideo: Marcha, 1971.

González Echevarría, Roberto. "*Biografía de un cimarrón* and the Novel of the Cuban Revolution." *Novel: A Forum on Fiction* 13.3 (1980): 249-63.

———, ed. *Historia y ficción en la narrativa hispanoamericana. Coloquio de Yale.* Caracas: Monte Avila, 1984.

———. "Sarduy, the Boom, and the Post-Boom." *Latin American Literary Review* 15.29 (1987): 57-72.

———. *The Voice of the Masters: Writing and Authority in Modern Latin American Literature.* Austin: U of Texas P, 1985.

Goodrich, Diana Sorensen. *The Reader and the Text: Interpretative Strategies for Latin American Literatures.* Amsterdam-Philadelphia: Benjamins, 1986.

Gorodischer, Angélica. "Las mujeres y las palabras." *Hispamérica* 39 (1984): 45-48.

Gouldner, Alvin W. *The Dialectic of Ideology and Technology: The Origins, Grammar and Future of Ideology.* New York: Seabury, 1976.

Groupar, ed. *Le Signe à la porte: Vers un théorie de la parodie.* New York–Frankfurt am Main: Lang, 1984.

Gutiérrez Mouat, Ricardo. *José Donoso: impostura e impostación: la modelización lúdica y carnavalesca de una producción literaria.* Gaithersburgh, MD: Hispamérica, 1983.

———. "La narrativa latinoamericana del postboom." *Revista Interamericana de Bibliografía* 38.1 (1988): 3-10.

Hamm, J. J., ed. *Parodie.* Número especial de *Etudes Littéraires* 19.1 (1986).

Hamon, Philippe. "Un Discours constraint." *Poétique* 16 (1973): 411-45.

Hassall, Anthony J. "Fielding and the Novel as Parody." *Southern Review* [Adelaide] 13.1 (1980): 30-39.

Hassan, Ihab. *The Dismemberment of Orpheus: Toward a Postmodern Literature.* Madison: U of Wisconsin P, 1982.

Hayman, David. "Um passo além de Bakhtine: por uma mecánica dos modos." *Tempo Brasileiro* 62 (1980): 29-52.

Heller, Erich. "Parody, Tragic and Comic: Mann's *Doctor Faustus* and *Felix Krull.*" *Sewanee Review* 66 (1958): 519-46.

Henderson, Harry B. *Versions of the Past: The Historical Imagination in American Fiction.* New York–London: Oxford UP, 1974.

Hicks, Emily. "That Which Resists: The Code of the Real in Luisa Valenzuela's *He Who Searches.*" *The Review of Contemporary Fiction* 11.3 (1986): 55-61.

Holman, Hugh C. *A Handbook to Literature.* Indianapolis: Educational Publishing, 1981.

Holquist, Michael. "Whodunit and Other Questions: Metaphysical Detective Stories in Post-War Fiction." *New Literary History* 3 (1971-72): 135-50.

Householder, Fred W. "Parodia." *Classical Philology* 39.1 (1944): 1-9.

Hühn, Peter. "The Detective as Reader: Narrativity and Reading Concepts in Detective Fiction." *Modern Fiction Studies* 33.3 (1987): 451-66.

Hutcheon, Linda. *Narcissistic Narrative: The Metafictional Paradox.* Waterloo, Ont.: Wilfrid Laurier UP, 1980.

———. *A Poetics of Postmodernism: History, Theory, Fiction.* New York–London: Routledge, 1988.

———. "The Politics of Postmodernism: Parody and History." *Cultural Critique* 5 (1986-87): 179-208.

———. "Postmodern Paratextuality and History." *Texte: Revue de Critique et de Théorie Littéraire* 5-6 (1986/87): 301-12.

———. *A Theory of Parody: The Teachings of Twentieth Century Art Forms.* New York–London: Methuen, 1985.

Hutchison, Peter. *Games Authors Play.* London: Methuen, 1983.

Idt, Geneviève. "La Parodie: Rhétorique ou lecture?" *Le Discours et le sujet.* Nanterre: Université de Paris X, 1972-73. 128-73.

Ikegami, Y. "A Linguistic Essay on Parody." *Linguistics* 55 (Diciembre 1969): 13-33.

Iser, Wolfgang. *The Implied Reader: Patterns of Communication in Prose Fiction from Bunyan to Beckett.* Baltimore: Johns Hopkins UP, 1974.

Jackson, Robert Louis. *Russian Formalism: A Retrospective Glance.* New Haven: Yale Center for International Studies, 1985.

Jackson, W. T. H. *The Literature of the Middle Ages.* New York: Columbia U, 1960.

Jameson, Fredric. *The Political Unconscious: Narrative as a Socially Symbolic Act.* Ithaca: Cornell UP, 1981.

———. "El postmodernismo o la lógica cultural del capitalismo tardío." *Casa de las Américas* 155-56 (1986): 141-74.

Jara, René. "Aspectos de la intertextualidad en *El mundo alucinante.*" *Texto Crítico* 5.13 (1979): 219-35.

Jauss, Hans Robert. *Aesthetic Experience and Literary Hermeneutics.* Minneapolis: U of Minnesota P, 1982.

Jozef, Bella. "O espaço da paródia: o problema da intertextualidade e a carnavalização." *Tempo Brasileiro* 62 (1980): 53-88.

Jump, John D. *Burlesque.* London–New York: Methuen, 1972.

Kellman, Steven. *The Self-Begetting Novel.* New York: Columbia UP, 1980.

Kennedy, J. Gerald. "Parody as Exorcism: *The Raven* and *The Jewbird.*" *Genre* 13.2 (1980): 161-69.

Kerr, Lucille. *Suspended Fictions: Reading Novels by Manuel Puig.* Urbana: U of Illinois P, 1987.

Kiremidjian, David. "The Aesthetics of Parody." *Journal of Aesthetics and Art Criticism* 28.2 (1969): 231-42.

———. *A Study of Modern Parody: James Joyce's "Ulysses," Thomas Mann's "Doctor Faustus."* New York: Garland, 1985.

Lafforgue, Jorge, y Jorge B. Rivera, eds. *Asesinos de papel.* Buenos Aires: Calicanto, 1977.

Landy-Houillon, Isabelle, y Maurice Menard, eds. *Burlesque et formes parodiques: Actes du Colloque du Mans (4-7 décembre 1986).* Paris-Seattle-Tuebingen: Papers on French Seventeenth Century Literature, 1987.

Larsen, Neil. "Latin America and Postmodernity: A Brief Theoretical Sketch." Artículo inédito, 1988.

Lasič, Stanco [Stanko]. *Poetyka powieści kryminalnej.* Warszawa: PIW, 1976.

Lehmann, Paul. *Die Parodie im Mittelalter.* 2ª ed. Stuttgart: A. Hiersemann, 1963.
Levine, Suzanne Jill. "La escritura como traducción: *Tres tristes tigres* y una *Cobra.*" *Revista Iberoamericana* 41.92-93 (1975): 557-67.
Lord, George de Forest. *Heroic Mockery: Variations on Epic Themes from Homer to Joyce.* Newark: U of Delaware P, 1977.
Lotman, Jurij. *The Structure of the Artistic Text.* Ann Arbor: U of Michigan P, 1977.
Lukács, György [Georg]. *The Historical Novel.* London: Merlin, 1962.
Lyon, Ted. "The Serious Laughter of Jorge Luis Borges and Juan José Arreola." *Discurso Literario* 2.1 (1984): 193-202.
MacAdam, Alfred J. "Un modelo para la muerte: la apoteosis de Parodi." *Revista Iberoamericana* 46 (1980): 545-52.
———. *Modern Latin American Narratives: The Dreams of Reason.* Chicago: U of Chicago P, 1977.
———. *Textual Confrontations: Comparative Readings in Latin American Literature.* Chicago: U of Chicago P, 1987.
———. "*Tres tristes tigres*: el vasto fragmento." *Revista Iberoamericana* 41 (1975): 549-56.
Macheray, Pierre. *A Theory of Literary Production.* Trad. Geoffrey Wall. London-Boston: Routledge & Kegan Paul, 1978.
Malcuzynski, M.-Pierette. "*Tres tristes tigres* or the Treacherous Play on Carnival." *Ideologies and Literatures* 3.15 (1981): 33-53.
Mañach, Jorge. *Indagación del choteo.* La Habana: La Verónica, 1940.
Marcos, Juan Manuel. *De García Márquez al post-boom.* Madrid: Orígenes, 1985.
———. "El género popular como meta-estructura textual del post-boom latinoamericano." *Monographic Review/Revista Monográfica* 3.1-2 (1987): 268-78.
———. "Mempo Giardinelli in the Wake of Utopia." *Hispania* 70 (1987): 240-48.
Markiewicz, Henryk. "On the Definitions of Literary Parody." *To Honor Roman Jakobson: Essays on the Occasion of His Seventieth Birthday.* 2 vols. The Hague: Mouton, 1967. 2: 1264-72.
———. "Parodia i inne gatunki literackie: Problemy terminologiczne." *Nowe przekroje i zbliżenia.* Warszawa: PIW, 1974. 102-18.
Masiello, Francine. *Lenguaje e ideología: las escuelas argentinas de vanguardia.* Buenos Aires: Hachette, 1985.

Masiello, Francine. "Texto, ley, transgresión: especulación sobre la novela feminista de vanguardia.: *Revista Iberoamericana* 51 (1985): 804-22.

Matas, Julio. "Orden y visión en *Tres tristes tigres*." *Revista Iberoamericana* 40 (1974): 87-104.

Matejka, Ladislav, y Krystyna Pomorska, eds. *Readings in Russian Poetics: Formalist and Structuralist Views*. Cambridge y London: MIT UP, 1971.

McHale, Brian. *Postmodernist Fiction*. New York–London: Methuen, 1987.

Meehan, Thomas C. *Essays on Argentine Narrators*. Valencia–Chapel Hill: Hispanófila, 1982.

Mejía, Eduardo. Reseña de *Evangelio de Lucas Gavilán*, de Vicente Leñero. *Siempre* 10 de febrero de 1982: 16.

Menton, Seymour. *La novela colombiana: planetas y satélites*. Bogotá: Plaza & Janés, 1978.

Merrim, Stephanie. "A Secret Idiom: The Grammar and Role of Language in *Tres tristes tigres*." *Latin American Literary Review* 8.16 (1980): 96-117.

———. *The Novel of Language and Linguistic Motivation in "Grande Sertão Veredas" and "Tres tristes tigres."* Berne–Frankfurt am Main–New York: Lang, 1983.

Milly, Jean, ed. *Les Pastiches de Proust: Edition Critique et commenté*. Paris: A. Colin, 1970.

Moi, Toril. *Sexual/Textual Politics: Feminist Literary Theory*. London–New York: Methuen, 1985.

Monsiváis, Carlos. "Del *Quijote* a *Cien años de soledad*: el proceso de la novela hispanoamericana." *Al encuentro de la cultura hispanoamericana*. Bogotá: Banco de la República, 1985. 250-55.

Montero, Janina. "Historia y novela en Hispanoamérica: el lenguaje de la ironía." *Hispanic Review* 47 (1979): 505-19.

Morán, Carlos Roberto. "A Latin American Reading of Chandler." *Review* 17 (1976): 47-53.

Morson, Gary Saul. *The Boundaries of Genre: Dostoyevsky's "Diary of a Writer" and the Traditions of Literary Utopia*. Austin: U of Texas P, 1981.

Morton, Murray K. "A Paradise of Parodies." *Satire Newsletter* 9 (1971): 33-42.

Muecke, D. C. *The Compass of Irony*. London: Methuen, 1969.

Mukarovsky, Jan. *Escritos de estética y semiótica del arte*. Barcelona: Gustavo Gili, 1977.

Navajas, Gonzalo. *Mímesis y cultura en la ficción: teoría de la novela*. London: Tamesis, 1985.

———. *Teoría y práctica de la novela española posmoderna*. Barcelona: Mall, 1987.

Navarro, Desiderio. "Intertextualidad, canon, juego y realidad histórica en la poesía de Luis Rogelio Nogueras." *Casa de las Américas* 154 (1986): 145-51.

———. "La novela policial y la literatura artística." *Texto Crítico* 16-17 (1980): 135-48.

Nelson, Ardis. *Cabrera Infante in the Menippean Tradition*. Newark: Juan de la Cuesta Hispanic Monographs, 1983.

Nelson, William. *Facts and Fiction: The Dilemma of the Renaissance Storyteller*. Cambridge: Harvard UP, 1973.

Nogueras, Luis Rogelio, ed. *Por la novela policial*. La Habana: Unión, 1982.

Nycz, Ryszard. *Sylwy współczesne: Problem konstrukcji tekstu*. Wrocław: Ossolineum, 1984.

Ortega, Julio. *La contemplación y la fiesta*. Caracas: Monte Avila, 1969.

Oviedo, José Miguel, ed. *Mario Vargas Llosa*. Madrid: Taurus, 1981.

Paz, Octavio. *Poemas 1935-75*. Barcelona: Seix Barral, 1979.

———. "El romanticismo y la poesía contemporánea." *Vuelta* 127 (Junio 1987): 20-27.

Pérez, Alberto Julián. *Poética de la prosa de Jorge Luis Borges: hacia una crítica bakhtiniana de la literatura*. Madrid: Gredos, 1986.

Pérez Firmat, Gustavo. "Apuntes para un modelo de la intertextualidad." *Romanic Review* 69 (1978): 1-14.

———. *Literature and Liminality: Festive Readings in the Hispanic Tradition*. Durham: Duke UP, 1982.

Piglia, Ricardo. *Crítica y ficción*. Buenos Aires: Cuadernos de Extensión Universitaria, 1986.

Planells, Antonio. "El género detectivesco en Hispanoamérica." *Revista Interamericana de Bibliografía* 36 (1986): 460-72.

Poirier, Richard. "The Politics of Self-Parody." *Partisan Review* 35 (1968): 339-53.

Portal, Marta. *Proceso narrativo de la revolución mexicana*. Madrid: Cultura Hispánica, 1977.

Portuondo, José Antonio. *Astrolabio*. La Habana: Arte y Literatura, 1972.

Priestman, Judith. "The Age of Parody: Literary Parody and Some Nineteenth Century Perspectives." Tesis doctoral. U of Kent at Canterbury, 1980.

Rama, Angel. "García Márquez entre la tragedia y la policial o la Crónica y pesquisa de la crónica de una muerte anunciada." *Sin Nombre* 13.1 (1982): 7-27.

———. "Indagación de la ideología en la poesía (los dípticos seriados de *Versos sencillos*)." *Revista Iberoamericana* 46 (1980): 353-400.

Rama, Angel. *La novela en América Latina*. Xalapa: Universidad Verzacruzana, 1986.

Rama, Angel, et al., eds. *Más allá del boom: literatura y mercado*. México: Marcha, 1981.

Ramírez Heredia, Rafael. "La novela policíaca en México." *La Palabra y el Hombre* 53-54 (Enero-junio 1985): 29-31.

Ransom, Daniel J. *Poets at Play: Irony and Parody in the Harley Lyrics*. Norman: Pilgrim Books, 1985.

Revueltas, Eugenia. "La novela policíaca en México y en Cuba." *Cuadernos Americanos* 1 (1987): 102-22.

Reyes, Graciela. *Polifonía textual: la citación en el relato literario*. Madrid: Gredos, 1984.

Ricardou, Jean. "L'Aventure d'une écriture." *Le Nouveau Roman*. Paris: Garnier, 1972. 21-22.

Riewald, J. G. "Parody as Criticism." *Neophilologus* 50 (1966): 125-48.

Riffaterre, Michael. "The Poetic Foundations of Intertextual Humor." *Romanic Review* 65 (1974): 278-93.

Rincón, Carlos. *El cambio de la noción de la literatura*. Bogotá: Instituto Colombiano de Cultura, 1978.

Rodríguez Monegal, Emir. "Carnaval, antropofagia, parodia." *Revista Iberoamericana* 45 (1979): 401-12.

―――. "El mundo laberíntico de Reinaldo Arenas." *Vuelta* 101 (Abril 1985): 22-25.

―――. "Tradition of Laughter." *Review: Latin American Literature and Arts* 35 (1985): 3-6.

Rodríguez Ortiz, Oscar. *Sobre narradores y héroes*. Caracas: Monte Avila, 1980.

Rose, Margaret A. "Parody and Post-Structuralist Criticism." *Jahrbuch für Internationale Germanistik* 28.1 (1986): 96-101.

―――. *Parody/Metafiction*. London: Croom Helm, 1979.

―――. "Parody/Post-modernism." *Poetics* 17 (1988): 49-56.

Ruffinelli, Jorge. "Al margen de la ficción: autobiografía y literatura mexicana." *Hispania* 69 (1986): 512-20.

Ruthorf, Horst. "Parodic Narrative." *The Reader's Construction of Narrative*. London: Routledge & Kegan Paul, 1981.

Sacerio-Garí, Enrique. "Detectives North and South." *Proceedings of the Xth Congress of the International Comparative Literature Association*. New York: Garland, 1985. 3: 91-97.

Said, Edward. *The World, the Text and the Critic*. Cambridge: Harvard UP, 1983.

Sánchez Robayna, Andrés. "Petrarquismo y parodia." *Diálogos* 18.108 (1982): 63-64.
Sant'Anna, Affonso Romano de. *Para um novo conceito de paródia, paráfrase, estilizacão e apropriacão.* Rio de Janeiro: Pontifícia Universidade Católica, 1980.
Sarduy, Severo. "Notas a las notas a las notas." *Revista Iberoamericana* 37 (1971): 555-68.
Savater, Fernando. "Novela detectivesca y conciencia moral." *Vuelta* 78 (Mayo 1983): 32-35.
Scholes, Robert. *Fabulation and Metafiction.* Urbana: U of Illinois P, 1978.
———. "Metafiction." *Iowa Review* 1 (1970): 100-15.
Schwartz, Jorge. *Vanguardia e cosmopolitismo.* São Paulo: Perspectiva, 1983.
Seidel, Michael. *Satiric Inheritance: Rabelais to Sterne.* Princeton: Princeton UP, 1979.
Shaw, Donald L. *Nueva narrativa hispanoamericana.* Madrid: Cátedra, 1981.
Shklovski, Víctor [Viktor Shklovsky]. "Art as Technique." *Russian Formalist Criticism.* Trad. Leo T. Lemon y Marion J. Reis. Lincoln: U of Nebraska P, 1965. 11-12.
Shlonsky, Tuvia. "Literary Parody: Remarks on Its Method and Function." *Proceedings of the IVth Congress of the International Comparative Literature Association.* Ed. Francois Jost. 2 vols. The Hague: Mouton, 1966. 2: 797-801.
Showalter, Elaine. *A Literature of Their Own: British Women Novelists from Brontë to Lessing.* Princeton: Princeton UP, 1977.
Siebenmann, Gustav. "Técnica narrativa y éxito literario: su correlación a la luz de algunas novelas latinoamericanas." *Iberoromania* 7 (1978): 50-66.
Siemens, William L. "Guillermo Cabrera Infante: Selected Bibliography (1960-87)." *World Literature Today* 61.4 (1987): 535-38.
Skármeta, Antonio. "La novísima generación: varias características y un límite." *Revista de Literatura Hispanoamericana* 10 (1976): 9-18.
Solotorevsky, Myrna. *Literatura-Paraliteratura: Puig, Borges, Donoso, Cortázar, Vargas Llosa.* Gaithersburgh, MD: Hispamérica, 1988.
———. "*La muerte y la brújula*: parodia irónica de una convención genérica." *Neophilologus* 70 (1986): 547-54.
Sosnowski, Saúl. "Del texto de Morelli a la textura de Néstor Sánchez." *Vórtice* 1.3 (1975): 69-74.
Souza, Raymond D. *La historia en la novela hispanoamericana.* Bogotá: Tercer Mundo, 1988.

Bibliografía

Spires, Robert C. *Beyond the Metafictional Mode: Directions in the Modern Spanish Novel.* Lexington: U of Kentucky P, 1984.
Steiner, Peter. *Russian Formalism: A Metapoetics.* Ithaca-London: Cornell UP, 1984.
Sykucka, Danuta, ed. *Ksiega parodii.* Warszawa: WAiF, 1978.
Tani, Stefano. *The Doomed Detective: The Contribution of the Detective Novel to Postmodern American and Italian Fiction.* Carbondale: Southern Illinois UP, 1984.
Tanner, Roy L. *The Humor of Irony and Satire in the "Tradiciones peruanas."* Columbia: U of Missouri P, 1986.
Thomson, Clive. "Bakhtin's 'Theory' of Genre." *Studies in Twentieth Century Literature* 9.1 (1984): 29-40.
Tittler, Jonathan. *Narrative Irony in the Contemporary Spanish American Narrative.* Ithaca-London: Cornell UP, 1984.
Tinianov, Yuri. *Avanguardia e tradizione.* Bari: Dedalo, Libri, 1968.
―――. "Destruction, parodie." *Change* 2 (1969): 67-76.
Todorov, Tzvetan. "Typologie du roman policier." *Poétique de la prose.* Paris: Seuil, 1978. 9-19.
Torres, Francisco. "La novela policíaca mexicana." *La Palabra y el Hombre* 53-54 (1985): 37-42.
Torres, Teodoro. *Humorismo y sátira.* México: Mexicana, 1943.
Turner, Joseph W. "The Kinds of Historical Fiction: An Essay in Definition and Methodology." *Genre* 12.3 (1979): 333-57.
Valero, Roberto. "Humor y desolación en la obra de Reinaldo Arenas." Tesis doctoral. Georgetown U, mayo 1988.
Valle-Killeen, Suzanne Dolores. *The Satiric Perspective: Analysis of Late Medieval, Early Renaissance Satiric Treatises.* New York: Senda Nueva, 1980.
Vargas, Margareta. "Las novelas de los contemporáneos como 'texto de goce.'" *Hispania* 69.1 (1986): 40-44.
Vargas Llosa, Mario. *García Márquez: historia de un deicidio.* Barcelona-Caracas: Monte Avila, 1971.
Vidal, Hernán. "Narrativa de mitificación satírica: equivalencias socio-literarias." *Hispamérica* añejo 1 (1975): 57-75.
Vilas, Santiago. *El humor y la novela española contemporánea.* Madrid: Guadarrama, 1968.
Volek, Emil. "La carnavalización y la alegoría en *El mundo alucianante* de Reinaldo Arenas." *Revista Iberoamericana* 51 (1985): 125-48.

Volek, Emil. *Cuatro claves para la modernidad.* Madrid: Gredos, 1984.
Watkins, Floyd C. *In Time and Place: Some Origins of American Fiction.* Athens: U of Georgia P, 1977.
Watt, Ian. *The Rise of the Novel.* Berkeley y Los Angeles: U of California P, 1959.
Waugh, Patricia. *Metafiction: The Theory and Practice of Self-Conscious Fiction.* New York: Methuen, 1984.
Weisstein, Ulrich. "Parody, Travesty and Burlesque: Imitations with a Vengeance." *Proceedings of the IVth Congress of the International Comparative Literature Association.* 2 vols. The Hague: Mouton, 1966. 2: 802-11.
White, Hayden. *Metahistory: The Historical Imagination in Nineteenth Century Europe.* Baltimore-London: Johns Hopkins UP, 1973.
Williams, Raymond. *Marxism and Literature.* Oxford: Oxford UP, 1977.
Williams, Raymond L. "García Márquez y Alvarez Gardeazábal ante *Cien años de soledad*: un desafío a la interpretación crítica." *Revista Iberoamericana* 47 (1981): 167-74.
——, ed. *Ensayos de literatura colombiana.* Bogotá: Plaza & Janés, 1985.
Wolin, Richard. "Modernismo versus Postmodernismo." *Revista de la Universidad de México* 42 (Junio 1987): 10-15.
Yurkievich, Saúl. "Eros ludens (juego, amor, humor según *Rayuela*)." *Escritura* 3 (1977): 133-48.
——, ed. *Identidad cultural de Iberoamérica en su literatura.* Madrid: Alhambra, 1986.
Zaldívar, Gladys. *Novelística cubana de los sesenta.* Miami: Universal, 1977.
Zimmerman, Bonnie. "Feminist Fiction and the Postmodern Challenge." *Postmodern Fiction: A Bio-Bibliographical Guide.* Ed. Larry McCaffery. New York–Westport, CT–London: Greenwood, 1986. 175-88.
Ziomek, Jerzy. "Parodia jako problem retoryki." *Powinowactwa literatury.* Warszawa: PWN, 1980. 355-90.

Indice alfabético

Abastado, Claude, 5, 6, 10, 73
Addison, Joseph, 5
Aguilera Garramuño, Marco Tulio, xvii, 91, 95, 97-100, 110, 138, 154, 173
Agustín, José, xv, 83, 102
Ainsa, Fernando, x, 172
Alegría, Fernando, xii
Allende, Isabel, xv, xviii, 142, 143, 152-55
Alonso, Amado, 32
Alter, Robert, 64
Alvarez Gardeazábal, Gustavo, xvi, xvii, 33, 50-56, 60, 61, 91, 95, 97, 98, 100, 110, 138, 154, 173
Amaya, Juan Gualberto, 56
Anchor, Robert, 71
Angel, Albalucía, 142
Antoni, Robert, 154
Apollinaire, Guillaume, 79
Arana, Federico, xvii, 95-97, 100, 110
Arciniegas, Germán, 44
Arenas, Reinaldo, xv, xvi, 30, 33, 43-51, 53, 55, 60, 61, 131, 134, 145
Aridjis, Homero, 34
Aristófanes, 3, 69
Aristóteles, 2
Arlt, Roberto, 20, 21

Aronne-Amestoy, Lida B., 164, 165
Arrom, José Juan, 7
Artaud, Antonin, 78
Asturias, Miguel Angel, x
Azuela, Mariano, 55

Bajtin, Mijail, xvi, 3, 4, 7, 10, 11, 15, 16, 17, 23, 26, 30, 50, 70, 71, 72, 76, 145, 169, 172
Balzac, Honoré de, 26
Barnet, Miguel, 29, 30, 31, 34, 93, 131
Barth, John, 13, 16, 77, 81, 89
Barthes, Roland, xvii, 8, 16, 23, 27, 32, 44, 72, 82, 83, 101, 164
Beckett, Samuel, 84
Bécquer, Gustavo Adolfo, 84, 86
Benítez Rojo, Antonio, 35
Ben-Porat, Ziva, 10, 167
Bergson, Henri, 5, 6
Bioy Casares, Adolfo, x, 115, 117
Bloom, Harold, xii, 47
Boileau, Nicolas, 4, 5
Bombal, María Luisa, 146

Borges, Jorge Luis, x, 13, 22, 64, 77, 78, 82, 84, 87, 101, 102, 105, 115, 117, 138
Bouché, Claude, xvi, 9, 10, 13, 21, 142, 169
Braudel, Fernand, 49
Brecht, Bertolt, 26
Breton, André, 103
Brushwood, John S., xv, 32, 60
Buitrago, Fanny, 142

Cabrera, Lydia, 73, 74
Cabrera Infante, Guillermo, xi, xv, xvii, 45, 51, 54, 70-76, 83, 89, 107, 145
Caicedo, Andrés, 51
Campra, Rosalba, 96
Capote, Truman, 121
Carpentier, Alejo, x, xv, xiii, 30, 34, 35, 37, 38, 40, 44, 51, 54, 57, 73, 74, 87, 145
Casal, Julián del, 103
Castelnuovo, Elías, 19, 20
Caviedes, Juan de, 17
Cawelti, John G., 113, 137
Cervantes Saavedra, Miguel de, 4, 7, 16, 64, 84, 101, 102, 106, 153
Chandler, Raymond, 112, 124, 127, 134-37
Chavarría, Daniel, 112
Chesterton, Gilbert Keith, 111
Cicero, 27
Coddou, Marcelo, 142, 153, 154
Conan Doyle, Arthur, 137
Conteris, Hiber, 134
Coover, Robert, 13

Coronado, Juan, 56
Cortázar, Julio, xv, 21, 51, 69, 77, 78, 81, 83, 89, 117, 119, 156, 168
Cortés, Hernán, 37
Costantini, Humberto, xvii, 92, 105, 107-08, 110
Coulson, Graciela, 21
Cronk, Nicholas, 2
Cruz, Sor Juana Inés de la, 16, 17, 84

Dällenbach, Lucien, 49
Dane, Joseph A., 1, 2, 3, 5, 10, 12, 15, 66, 169
Darío, Rubén, 88, 103
Defoe, Daniel, 25
Deguy, Michel, 10, 145, 153, 162
De Man, Paul, 27
Denevi, Marco, 115
Descartes, René, 25
Dickens, Charles, 26
Domenella, Ana Rosa, 60
Donoso, José, xvii, 92, 94, 101, 103-04, 108, 110, 170
Dorfman, Ariel, 168
Dos Passos, John, x
Dostoievski, Fiodor, 13
Duisit, Lionel, 10

Eco, Umberto, 13
Edwards, Jorge, 60
Ehrmann, Jacques, 30
Eliot, T. S., 6, 19
Elizondo, Salvador, 82, 89

Indice alfabético

Eloy Martínez, Tomás, 34
Eltit, Diamela, xviii, 143, 155, 159, 160, 162, 168
Epple, Juan Armando, 117
Eurípides, 69

Faulkner, William, x
Federman, Raymond, 11, 64, 173
Fernández, Macedonio, x, 19, 20, 21, 83, 84
Fernández Retamar, Roberto, 92
Ferré, Rosario, 142, 144
Feuchtwanger, Lion, 27
Fielding, Henry, 4, 25
Flaubert, Gustave, 10
Fleming, Ian, 137
Foster, David William, xv
Foucault, Michel, 11, 172
Franco, Jean, 156
Freeman, Rosemary, 11
Freidenberg, O. M., 10
Freud, Sigmund, 164, 165
Frye, Northrop, 14, 48, 58, 66, 68, 106
Fuentes, Carlos, xiii, 15, 29, 30, 34, 35, 37, 59, 60, 119

Gallegos, Rómulo, 18
Gallo, Marta, 81
García Márquez, Gabriel, xv, 37, 51, 53, 78, 83, 87, 119, 151-54, 168
Garmendia, Salvador, xi
Gass, William, 64

Genette, Gérard, xvi, 2, 3, 4, 5, 9, 10, 13, 21
Giardinelli, Mempo, xiii, xviii, 112, 119, 120, 126-27, 133, 138, 165
Gibbon, Edward, 32
Gilbert, Sandra M., 144
Gilman, Sander L., 6, 12
Głowiński, Michał, xii, 14, 61, 114, 138, 156
Goethe, Johann Wolfgang von, 4
Goič, Cedomil, 7
Goldmann, Lucien, 26
Golopentia-Eretescu, Sanda, 2, 9
Gombrowicz, Witold, 60
Gómez, Carlos María, 120
Gómez Moriana, Antonio, 152, 155
González Echevarría, Roberto, 28, 89, 92
Gónzalez Martínez, Enrique, 101
Gorki, Maxim, 111
Gorodischer, Angélica, 154
Goytisolo, Juan, 59
Gubar, Susan, 144
Guillén, Nicolás, 73, 74
Güiraldes, Ricardo, 18
Gutiérrez Mouat, Ricardo, 103
Gutiérrez Nájera, Manuel, 103
Guzmán, Martín Luis, 56

Hammett, Dashiell, 112, 127, 137
Hamon, Philippe, 27, 68, 69
Hassan, Ihab, 156, 158
Hegel, Friedrich, 32
Hegemon de Thaso, 2
Heller, Erich, 11
Henderson, Harry B., 27

Heredia, José María, 44, 47, 49
Herrera y Reissig, Julio, 16
Hicks, Emily, 164
Hiriart, Hugo, xvii, 77, 78, 82-87, 92, 94, 101-03, 106, 108, 110, 170
Homero, 84
Householder, Fred W., 2, 3, 9
Hugo, Victor, 8
Huidobro, Vicente, x, 19, 21, 79
Huizinga, Johan, 38
Hutcheon, Linda, xvi, 2, 6, 9, 10-14, 28, 52, 63-69, 72, 73, 76, 78, 82, 83, 88, 109, 122, 124, 169

Ibargüengoitia, Jorge, xvi, xviii, 33, 55-61, 106, 107, 120-27, 133, 138
Idt, Geneviève, 9
Ikegami, Y., 9
Iser, Wolfgang, 11

Jakobson, Roman, 101
Jameson, Fredric, 26, 92, 93, 94, 104, 170
Jauss, Hans Robert, 11, 20
Jencks, Charles, 94
Joyce, James, 10, 19, 64, 78, 157, 159

Kadir, Djelal, 29, 48
Kafka, Franz, 87
Kant, Immanuel, 6

Kellman, Steven, 64
Kennedy, J. Gerald, 10
Kerr, Lucille, xiv, 117, 161, 169
Kiremidjian, David, xvi, 2, 8, 10, 11, 13, 169
Knox, Ronald A., 114
Krasicki, Ignacy, 4
Kristeva, Julia, 12, 141, 147, 172

Lacan, Jacques, 164, 165
Lafforgue, Jorge, 118, 138
Larreta, Enrique, 101
Larsen, Neil, 92, 93
Lasič, Stanco, 113
Lautréamont, Conde de, 13
Lem, Stanisław, 13
Leñero, Vicente, xi, xvii, 95, 105, 107, 108-10, 115
Levine, Suzanne Jill, 70
Lévi-Strauss, Claude, 39, 49
Lezama Lima, José, 37, 44, 45, 57, 73, 74, 86, 145, 157, 159
Locke, John, 25
Lotman, Yuri, 7, 10, 155
Lowry, Malcolm, 84
Lugones, Leopoldo, 16
Lukács, György, 4, 16, 25-27, 50
Lyotard, François, 89, 92

MacAdam, Alfred J., xiv, 17, 32, 48, 100, 107, 138, 169
Machado, Antonio, 84
Macheray, Pierre, 26

Indice alfabético

Malcuzynski, M.-Pierette, 70, 72
Mallarmé, Stéphane, 78, 81
Mann, Thomas, 10
Mañach, Jorge, 71
Manzoni, Alessandro, 27
Marcos, Juan Manuel, 119, 126
Marechal, Leopoldo, x, 21
Mariani, Roberto, 19, 20
Markiewicz, Henryk, xvi, 2-5, 9, 21
Martí, José, 73, 74, 145
Martínez Moreno, Carlos, 120
Masiello, Francine, 19, 20, 146, 147, 151
Matas, Julio, 74
Maturo, Graciela, 18
Meehan, Thomas C., 83
Menchú, Rigoberta, 93
Menton, Seymour, 30, 99
Merrim, Stephanie, 75
Michelet, Jules, 32
Mier, Fray Servando Teresa de, 44-50
Montero, Janina, 31
Monsiváis, Carlos, 35
Morán, Carlos Roberto, 136
Morson, Gary Saul, 13, 57
Murena, Héctor A., 8

Navajas, Gonzalo, 10
Navarro, Desiderio, 113, 137
Nelson, Ardis, 70, 107, 138
Neruda, Pablo, x, 157, 158, 160
Nogueras, Luis Rogelio, 112
Novás Calvo, Lino, 73, 74
Novo, Salvador, 19
Nycz, Ryszard, 138

O'Connor, Mary, 9
Onetti, Juan Carlos, x, xiii
Otero, Lisandro, 30
Otero Silva, Miguel, 34, 35
Oviedo, José Miguel, 63
Owen, Gilberto, 19

Padilla, Heberto, 50
Palacio, Pablo, 19
Paravisini, Lizabeth, 139
Parra, Teresa de la, 146
Paso, Fernando del, 34
Passi, Isaak, 14
Paternain, Alejandro, xvi, 33, 35-37, 43, 57, 60, 61
Paz, Octavio, ix, 10, 92, 138
Pérez, Alberto Julián, 22
Pérez Firmat, Gustavo, 71, 166
Pérez Galdós, Benito, 51, 54
Peri Rossi, Cristina, 142, 144
Piglia, Ricardo, 22, 129
Piñeira, Virgilio, 51, 73
Poe, Edgar Allan, 111, 137
Poirier, Richard, 46
Poniatowska, Elena, 29, 34, 131
Pope, Alexander, 4
Portal, Marta, 56, 60
Posse, Abel, xvi, 33, 37-43, 51, 55, 60, 61, 96
Pound, Ezra, 6, 19, 157
Proust, Marcel, 6, 10
Przybylowicz, Donna, 144
Puig, Manuel, xv, 117, 118, 125
Pynchon, Thomas, 13

Queneau, Raymond, 75
Quintiliano, 2

Rabelais, François, 3, 4, 16
Rama, Angel, 44, 45, 173
Reverdy, Paul, 78
Reyes, Antonio, 84, 115
Richardson, Samuel, 4, 25
Riffaterre, Michael, 9
Rincón, Carlos, 138
Rivera, José Eustasio, 18
Roa Bastos, Augusto, xiii, xv, 30, 34, 131
Robbe-Grillet, Alain, 13, 157, 158
Robles, Mireya, xviii, 143, 147, 149, 151, 155-56
Robles, Vito Alessio, 44
Rodríguez Monegal, Emir, xiv, 8, 16, 17, 32, 43, 70, 169
Rodríguez Ortiz, Oscar, 47
Rodríguez Rivera, Guillermo, 112
Rodríguez Vecchini, Hugo, 41
Rose, Margaret, xvi, 2, 7, 9, 10, 11, 13, 21, 65, 68, 94, 148, 169, 172
Ruffinelli, Jorge, 104
Rulfo, Juan, x, 56, 59, 157, 159

Sábato, Ernesto, x, xiii, 115
Said, Edward, x
Sáinz, Gustavo, xv, 83
Salviati, Lionardo, 2
Sánchez, Luis Rafael, xv
Sánchez, Néstor, xvii, 78-82, 87, 162

Sánchez Robayna, Andrés, 5
Sarduy, Severo, xi, 22, 82
Savater, Fernando, 118
Schlegel, Friedrich, 5
Scholes, Robert, 11, 14, 57, 58, 64, 66, 68, 106, 107
Schopenhauer, Arthur, 6
Shakespeare, William, 84
Shklovski, Víctor, xvi, 7, 9, 11
Shlonsky, Tuvia, 2, 10
Showalter, Elaine, 141, 143, 154
Siebenmann, Gustav, 20
Skármeta, Antonio, xiii, 8, 97, 98
Soler Puig, José, 30
Soriano, Osvaldo, xviii, 119, 133-36, 138
Sosnowski, Saúl, 78, 81
Souza, Raymond D., 43
Spires, Robert C., 64, 66, 68
Staël, Madame de, 49
Stendhal, Henri, 85
Sterne, Laurence, 7, 64
Stoppard, Tom, 13
St. Pierre, Paul, 15
Swift, Jonathan, 84

Taibo, Paco Ignacio II, xviii, 119, 120, 127-34, 137, 138
Tani, Stefano, 122
Tassoni, Alessandro, 4
Thomson, Clive, 1, 10, 14, 23
Tinianov, Yuri, xvi, 7, 9, 11, 15, 17, 39, 42, 98, 164
Tittler, Jonathan, xiv
Todorov, Tzvetan, 36, 113
Tolkien, J. R. R., 82

Indice alfabético

Tolstoi, Lev, 26, 85
Torres Bodet, Jaime, x, 19
Torri, Julio, 84
Turner, Joseph W., 41
Turón, Carlos Eduardo, 120

Usigli, Rodolfo, 115

Valenzuela, Luisa, xviii, 143, 144, 155, 163-68
Valéry, Paul, 103
Valle-Arizpe, Artemio de, 44
Vallejo, César, x
Van Dine, S. S., 114
Vargas Llosa, Mario, xiii, xv, xvii, 92, 105-07, 110, 119
Vidal, Hernán, 148
Volek, Emil, 45, 48

Walsh, Rodolfo, 34, 115, 121
Watkins, Floyd C., 27
Watt, Ian, 25
Waugh, Patricia, 64-66
Weisstein, Ulrich, 2, 4
White, Hayden, 27, 28, 31-33
Williams, Raymond, 8, 18, 32, 92, 173
Williams, Raymond L., 98
Woolf, Virginia, 19, 44

Yáñez, Agustín, x, 56
Yates, Donald, 112, 116
Yorio, Carlos, 139
Yourcenar, Marguerite, 84

Ziomek, Jerzy, xvi, 9, 10, 21, 73

Desde sus orígenes en 1980, PURDUE UNIVERSITY MONOGRAPHS IN ROMANCE LANGUAGES ha ganado una reputación estimable por su calidad y sus valiosas contribuciones a los estudios romances. La colección contiene trabajos críticos de importancia filológica o literaria en las lenguas o literaturas de la península Ibérica, la América Latina o Francia. También se incluyen en ocasiones ediciones críticas de textos importantes en esas literaturas. Entre los autores publicados se encuentran algunos de los escritores más destacados de la actualidad, tanto de la nueva generación de estudiosos como de aquéllos más reconocidos de la profesión. Ya sea en inglés, francés o español los autores tratan sus temas con erudición y originalidad en obras de aproximadamente 200 páginas.

PARA INFORMARSE SOBRE LA PRESENTACIÓN DE MANUSCRITOS, dirigirse al Editor General, Howard Mancing, Stanley Coulter Hall, Purdue University, West Lafayette, IN 47907 USA.

PURDUE UNIVERSITY MONOGRAPHS IN ROMANCE LANGUAGES

1. John R. Beverley: *Aspects of Góngora's "Soledades."* Amsterdam, 1980. xiv, 139 pp. Tela.
2. Robert Francis Cook: *"Chanson d'Antioche," chanson de geste: Le Cycle de la Croisade est-il épique?* Amsterdam, 1980. viii, 107 pp. Tela.
3. Sandy Petrey: *History in the Text: "Quatrevingt-Treize" and the French Revolution.* Amsterdam, 1980. viii, 129 pp. Tela.
4. Walter Kasell: *Marcel Proust and the Strategy of Reading.* Amsterdam, 1980. x, 125 pp. Tela.
5. Inés Azar: *Discurso retórico y mundo pastoral en la "Egloga segunda" de Garcilaso.* Amsterdam, 1981. x, 171 pp. Tela.
6. Roy Armes: *The Films of Alain Robbe-Grillet.* Amsterdam, 1981. x, 216 pp. Tela.
7. David M. Dougherty and Eugene B. Barnes, eds.: *Le "Galien" de Cheltenham.* Amsterdam, 1981. xxxvi, 203 pp. Tela.
8. Ana Hernández del Castillo: *Keats, Poe, and the Shaping of Cortázar's Mythopoesis.* Amsterdam, 1981. xii, 135 pp. Tela.
9. Carlos Albarracín-Sarmiento: *Estructura del "Martín Fierro."* Amsterdam, 1981. xx, 336 pp. Tela.
10. C. George Peale et al., eds.: *Antigüedad y actualidad de Luis Vélez de Guevara: Estudios críticos.* Amsterdam, 1983. xii, 298 pp. Tela.
11. David Jonathan Hildner: *Reason and the Passions in the "Comedias" of Calderón.* Amsterdam, 1982. xii, 119 pp. Tela.
12. Floyd Merrell: *Pararealities: The Nature of Our Fictions and How We Know Them.* Amsterdam, 1983. xii, 170 pp. Tela.
13. Richard E. Goodkin: *The Symbolist Home and the Tragic Home: Mallarmé and Oedipus.* Amsterdam, 1984. xvi, 203 pp. Rústica.
14. Philip Walker: *"Germinal" and Zola's Philosophical and Religious Thought.* Amsterdam, 1984. xii, 157 pp. Rústica.
15. Claire-Lise Tondeur: *Gustave Flaubert, critique: Thèmes et structures.* Amsterdam, 1984. xiv, 119 pp. Rústica.
16. Carlos Feal: *En nombre de don Juan (Estructura de un mito literario).* Amsterdam, 1984. x, 175 pp. Rústica.
17. Robert Archer: *The Pervasive Image: The Role of Analogy in the Poetry of Ausiàs March.* Amsterdam, 1985. xii, 220 pp. Rústica.
18. Diana Sorensen Goodrich: *The Reader and the Text: Interpretative Strategies for Latin American Literatures.* Amsterdam, 1986. xii, 150 pp. Rústica.

19. Lida Aronne-Amestoy: *Utopía, paraíso e historia: inscripciones del mito en García Márquez, Rulfo y Cortázar.* Amsterdam, 1986. xii, 167 pp. Rústica.
20. Louise Mirrer-Singer: *The Language of Evaluation: A Sociolinguistic Approach to the Story of Pedro el Cruel in Ballad and Chronicle.* Amsterdam, 1986. xii, 128 pp. Rústica.
21. Jo Ann Marie Recker: *"Appelle-moi 'Pierrot'": Wit and Irony in the "Lettres" of Madame de Sévigné.* Amsterdam, 1986. x, 128 pp. Rústica.
22. J. H. Matthews: *André Breton: Sketch for an Early Portrait.* Amsterdam, 1986. xii, 176 pp. Rústica.
23. Peter V. Conroy, Jr.: *Intimate, Intrusive, and Triumphant: Readers in the "Liaisons dangereuses."* Amsterdam, 1987. xii, 139 pp. Rústica.
24. Mary Jane Stearns Schenck: *The Fabliaux: Tales of Wit and Deception.* Amsterdam, 1987. xiv, 168 pp. Rústica.
25. Joan Tasker Grimbert: *"Yvain" dans le miroir: Une Poétique de la réflexion dans le "Chevalier au lion" de Chrétien de Troyes.* Amsterdam, 1988. xii, 226 pp. Tela y rústica.
26. Anne J. Cruz: *Imitación y transformación: el petrarquismo en la poesía de Boscán y Garcilaso de la Vega.* Amsterdam, 1988. x, 156 pp. Tela y rústica.
27. Alicia G. Andreu: *Modelos dialógicos en la narrativa de Benito Pérez Galdós.* Amsterdam, 1989. xvi, 126 pp. Tela y rústica.
28. Milorad R. Margitić, ed.: *Le Cid: Tragi-comédie.* Por Pierre Corneille. Una edición crítica. Amsterdam, 1989. lxxxvi, 302 pp. Tela y rústica.
29. Stephanie A. Sieburth: *Reading "La Regenta": Duplicitous Discourse and the Entropy of Structure.* Amsterdam, 1990. viii, 127 pp. Tela.
30. Malcolm K. Read: *Visions in Exile: The Body in Spanish Literature and Linguistics: 1500-1800.* Amsterdam, 1990. xii, 211 pp. Tela.
31. María Alicia Amadei-Pulice: *Calderón y el Barroco: exaltación y engaño de los sentidos.* Amsterdam, 1990. xii, 258 pp. Tela.
32. Lou Charnon-Deutsch: *Gender and Representation: Women in Spanish Realist Fiction.* Amsterdam, 1990. xiv, 205 pp. Tela.
33. Thierry Boucquey: *Mirages de la farce: Fête des fous, Bruegel et Molière.* Amsterdam, 1990. xviii, 145 pp. Tela.
34. Elżbieta Skłodowska: *La parodia en la nueva novela hispanoamericana (1960-1985).* Amsterdam, 1990. xx, 219 pp. Tela.